FREDERICO GLITZ

CONTRATOS

INTERNACIONAIS

GUIA PARA O DIREITO CONTRATUAL INTERNACIONAL BRASILEIRO

Dados Internacionais de Catalogação na Publicação (CIP) de acordo com ISBD

G561c   Glitz, Frederico
          Contratos internacionais: guia para o direito contratual internacional brasileiro / Frederico Glitz. - Indaiatuba, SP : Editora Foco, 2024.
          272 p. ; 16cm x 23cm.

          Inclui bibliografia e índice.

          ISBN: 978-65-6120-164-3

          1. Direito. 2. Direito internacional. 3. Contratos internacionais. I. Título.

2024-2575   CDD 341   CDU 341

Elaborado por Vagner Rodolfo da Silva – CRB-8/9410

Índices para Catálogo Sistemático:

1. Direito internacional 341

2. Direito internacional 341

FREDERICO GLITZ

CONTRATOS INTERNACIONAIS

GUIA PARA O DIREITO CONTRATUAL INTERNACIONAL BRASILEIRO

2024 © Editora Foco

Autor: Frederico Glitz

Diretor Acadêmico: Leonardo Pereira

Editor: Roberta Densa

Coordenadora Editorial: Paula Morishita

Revisora Sênior: Georgia Renata Dias

Capa Criação: Leonardo Hermano

Diagramação: Ladislau Lima e Aparecida Lima

Impressão miolo e capa: FORMA CERTA

Impresso no Brasil (8.2024) – Data de Fechamento (8.2024)

2024

Todos os direitos reservados à
Editora Foco Jurídico Ltda.
Rua Antonio Brunetti, 593 – Jd. Morada do Sol
CEP 13348-533 – Indaiatuba – SP

E-mail: contato@editorafoco.com.br
www.editorafoco.com.br

Dedico este livro a

Marina, porque,
se você não existisse,
precisaria ser imaginada,
Se assim se permitisse,
à alma inspirada.

ÍNDICE DE ILUSTRAÇÕES

ÍNDICE DE QR CODES

LISTA DE SIGLAS

ANEC – Associação Nacional dos Exportadores de Cereais

BL – *Bill of Lading* ou conhecimento de embarque marítimo

B2B – *Business to businesses*

B2C – *Business to consumer*

CCB – Código Civil brasileiro ou Lei nº 10.406/2002

CCI – Câmara do Comércio Internacional

CCRF – *Code of Conduct for Responsible Fisheries* ou Código de Conduta para a Pesca Responsável

CFM – Conselho Federal de Medicina

CFMV – Conselho Federal de Medicina Veterinária

CFN – Conselho Federal de Nutrição

CISG – Convenção das Nações Unidas sobre Contratos de Compra e Venda Internacional de Mercadorias (Viena, 1980) ou Decreto nº 8.327/2014

CJF – Conselho da Justiça Federal

CLT – Consolidação das Leis do Trabalho ou Decreto-lei nº 5.452/1943

CNJ – Conselho Nacional de Justiça

COFEN – Conselho Federal de Enfermagem

CPC – Código de Processo Civil brasileiro ou Lei nº 13.105/2015

CR – Constituição da República Federativa do Brasil de 1988

CRM – Conselho Regional de Medicina

CRN – Conselho Regional de Nutrição

EAD – Educação à distância

ESG – *Environmental, Social and Governance* (Governança socioambiental)

EUA – Estados Unidos da América

FAO – *Conference of the Food and Agriculture Organization* ou Organização das Nações Unidas para Alimentação e Agricultura

FIDIC – *International Federation of Consulting Engineers* ou Federação Internacional de Engenheiros Consultores

IA – Inteligência artificial

IBGE – Instituto Brasileiro de Geografia e Estatística

ICA - *International Cotton Association* (Associação Internacional do Algodão)

ICC – International Commercial Chamber. Ver CCI.

IFRS – *International Financial Reporting Standards* ou Normas Internacionais de Contabilidade.

INCOTERMS – International commercial terms, ou Condições comerciais internacionais

INEP – Instituto Nacional de Estudos e Pesquisas Educacionais Anísio Teixeira

IPEA – Instituto de Pesquisa Econômica Aplicada

ISO – International Organization for Standardization (Organização Internacional de Normalização)

LINDB – Lei de Introdução às Normas do Direito Brasileiro ou Decreto-lei nº 4.657/1942

LRP – Lei de Registros Públicos

LUG – Lei Uniforme de Genebra ou Decreto nº 57.663/1966

MDICS – Ministério do Desenvolvimento, Indústria, Comércio e Serviços

MEI – Microempreendedor Individual

MRE – Ministério das Relações Exteriores

OCDE – *Organisation for Economic Co-operation and Development* ou Organização para a Cooperação e Desenvolvimento Econômico

OMC – Organização Mundial do Comércio

ONU – Organização das Nações Unidas

OPEP – Organização dos Países Exportadores de Petróleo

PDL – Projeto de Decreto legislativo

PIB – Produto Interno Bruto

PL – Projeto de Lei

PLS – Projeto de Lei do Senado

PNAD – Pesquisa Nacional por Amostra de Domicílios do IBGE

P2P – *Peer to peer* (entre partes paritárias)

R$ – Reais

SAC – Serviço de atendimento ao consumidor

SEBRAE – Serviço brasileiro de Apoio às Micro e Pequenas Empresas

STF – Supremo Tribunal Federal

STJ – Superior Tribunal de Justiça

SUS – Sistema único de Saúde

TIC – Tecnologia da informação e comunicação

TJPR – Tribunal de Justiça do Paraná

TJRS – Tribunal de Justiça do Rio Grande do Sul

TJSP – Tribunal de Justiça de São Paulo

TRF1 – Tribunal Regional Federal da 1ª Região

UCP – *Uniform Customs and Practice for Documentary Credits* (Regras e usos uniformes para créditos documentários)

UPICC – Princípios UNIDROIT relativos aos Contratos Comerciais Internacionais

UNCITRAL – Conferência das Nações Unidas para o Direito Comercial internacional

UNCTAD – Conferência das Nações Unidas sobre Comércio e Desenvolvimento

UNIDROIT – Instituto Internacional para a unificação do Direito privado

US$ – dólares norte-americanos

AGRADECIMENTOS

A gradecer não é algo simples. Tentando evitar eventuais indelicadezas motivadas pela memória é que agradeço, por meio de elogiosa representação, a todos aqueles que criaram o ambiente propício para que eu pudesse me dedicar – com a teimosa obstinação que mencionei na apresentação – ao objetivo de imaginar que exporia o tema de forma distinta daqueles que me antecederam.

Assim, registro meu reconhecimento aos meus alunos da Faculdade de Direito da Universidade Federal do Paraná (calouros de 2023) por terem me desafiado a imaginar como neles semear, sem limitar sua imaginação, mas visando cooptar sua visão para futuros possíveis. Eles representam todos aqueles a quem tive oportunidade de lecionar nas últimas duas décadas.

De outro lado, assinalo minha gratidão aos meus próprios Professores, orientadores e supervisores que, de distintas formas, me demonstraram a riqueza das possibilidades contribuindo para a visão plural e interdisciplinar que costumo me atribuir. Eles são representados, neste momento, por Eroulths Cortiano Jr., aquele a quem recorro sempre que preciso de um conselho ou da pergunta que ninguém mais me fará. Não só é alma extremamente gentil, como se dispôs a ler o esqueleto inicial deste Guia, fazendo, assim, com que seu encargo que assumiu no início dos anos 2000 nunca prescreva.

Também aos amigos, representados pela Profa. Glenda Gonçalves Gondim e pela Profa. Fernanda Schaefer, agradeço o encorajamento e apoio à questionável ideia que lhes descrevi. Fernanda, em especial, com seu rigor e excelência foi preciosa partícipe do raro diálogo da escrita. Lendo e relendo o esboço deste Guia, fez os comentários e correções necessários.

Projeto meu agradecimento também aos futuros leitores deste livro, que, de alguma forma, me desafiaram a me reinventar.

Não posso deixar de expressar minha gratidão a minha esposa Marina que além de inspirar soube me proporcionar as condições necessárias para a exorcização deste texto.

SOBRE O AUTOR

Frederico Glitz é advogado, Consultor jurídico e Professor universitário em Curitiba, Paraná. Pós-doutor em Direito e novas tecnologias (Reggio Calabria), Doutor e Mestre em Direito das relações sociais pela Universidade Federal do Paraná; especialista em Direito dos negócios internacionais pela Universidade Federal de Santa Catarina e em Direito empresarial pelo Instituto de Ciências Sociais do Paraná. Graduou-se em Direito pela Universidade Federal do Paraná, onde hoje é Professor de Direito Civil. Também já lecionou Direito Civil (Obrigações e Contratos) e Direito Internacional Privado nos cursos de Direito da graduação, pós-graduação *lato* e *stricto sensu* em diversas Instituições de Ensino no Paraná e Santa Catarina. É autor de livros e artigos especializados, publicados no Brasil e no exterior, além de membro do Conselho Editorial de periódicos especializados nacionais e internacionais. Advogado com atuação eminentemente não contenciosa em matérias de Direito Contratual, Societário e Internacional Privado; compõe, também, a lista de árbitros da Câmara de Arbitragem e Mediação da Federação das Indústrias do Paraná (CAMFIEP), Câmara de arbitragem da Federação de Entidades Empresariais do Rio Grande do Sul (CAF) e da Câmara de Mediação e Arbitragem do Brasil (CAMEDIARB).

| SITE | Currículo | Linkedin | Instagram | Youtube |

APRESENTAÇÃO

SOBRE RINOCERONTES E UNICÓRNIOS

Quem já se pôs a escrever sabe que a página em branco deve ser mais convencida que invadida. Embora inexista uma fórmula para quebrarmos sua resistência, acredito que sempre devamos começar por uma explicação: nossas escolhas. Daí porque usualmente esclarecemos o tema que abordaremos, assim como os porquês de fazê-lo e como o faríamos. Embora a(o) leitor(a) aqui encontre estes elementos, gostaria que encarasse as próximas linhas mais como uma carta de intenções.

Em **primeiro** lugar, entendo ser necessário lhe justificar a escolha do tema. Para tanto, faço um pequeno recorte histórico. Em meados dos anos 1990, conviviam dois Brasis: aquele que colhia os primeiros frutos da reabertura da economia nacional ao mercado externo e que dava boas-vindas à *internet*; com aquele outro que ainda tratava, em grande medida, os temas de Direito Internacional como coadjuvantes. Certo é que ilhas de boas práticas existiam, mas, muitas(os) bacharéis em Direito graduavam-se sem sequer ter enfrentado e entendido – em ambiente seguro e controlado – as complexidades de um negócio internacional. Seria razoável, portanto, que poucas(os) se dessem conta de que tais transações ocorriam. Sem saber que rinocerontes existem, é possível aceitá-los por unicórnios (**Figura 1**)[1].

Figura 1 – *Unicornis*

---

1. (MAGNUS, 1545).

Naquela época era comum, portanto, que os contratos internacionais fossem tratados como fenômenos raros, limitados a grandes empreendimentos com negociação complexa e custosa. Sua realidade, assim, não seria a de todas(os) e, dados os estreitos limites de seu ecossistema, seu interesse e explicação seriam estritamente comerciais. Eis o nosso unicórnio.

Em pleno século XXI, contudo, não parece ser possível nos darmos ao luxo de ignorar a realidade. A forma como vivemos atualmente; as amplas possibilidades de mobilidade populacional; o grau de interação e conectividade com que desempenhamos nossas atividades diárias; o grau de datificação de nossa vida privada e economia e a forma como a tecnologia e os contratos permeiam nossa existência cotidiana exigem que tenhamos um olhar mais atento para os seus efeitos internacionais. Continuar a encarar um rinoceronte como unicórnio ou, na melhor hipótese, imaginar que eles têm escamas e vestem armaduras (**Figura 2**)[2], pode ser um tremendo erro.

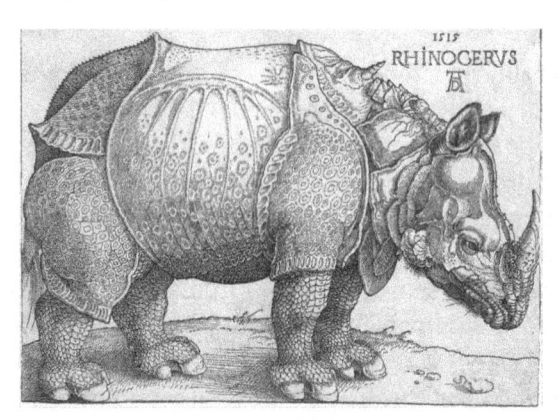

Figura 2 – *Rhinocerus* de Dürer

Ganda, a rinoceronte

Talvez o(a) leitor(a) não conheça a inspiração para o desenho de *Dürer* (Figura 2). Conto-lhe, então, o interessante caso do rinoceronte presenteado pelo sultão *Modafar*, de Cambaia, a Alfonso de Albuquerque, enviado em missão diplomática pelo rei lusitano, Manuel I, com o objetivo de construir uma fortaleza em Diu, cidade situada naquele reino do subcontinente indiano. Embora a embaixada não tenha sido bem-sucedida em seu objetivo principal, o rei português acabou presenteado com um rinoceronte.

---

2. (DÜRER, Rhinocerus , 1515).

QR Code 1 – Rhinocerus

O magnífico mamífero foi enviado a Portugal junto ao seu treinador e lá teria chegado em 1515, no local onde estava sendo construída a Torre de Belém[3] (que imortalizou o rinoceronte em sua arquitetura, em detalhe[4] usualmente despercebido pelos milhares de turistas que ainda a visitam). O animal causou imediata sensação, afinal, pouquíssimos europeus sequer sabiam de sua existência e, até então, habitava mais os mitos que a realidade. Estes animais ainda eram chamados, indistintamente, de '*monoceros*' assim como a constelação de Unicórnio e o fabuloso animal (Figura 1), criando a confusão que podemos imaginar. É talvez por isso que o seu nome científico presta homenagem a este mal-entendido.

QR Code 2 – Torre de Belém

O rinoceronte era uma fêmea, provavelmente da espécie indiana (*Rhinoceros unicornis*), e foi chamada de *Ganda*. Seu nome teria origem no termo sânscrito[5] "*ganda*" ou "*khadga*", mas a palavra tornou-se sinônimo, no português, do fabuloso animal. Diz-se, até mesmo, que o verbete teria inspirado a corruptela de 'grande', ainda hoje utilizada pelos lusitanos.

Visando garantir o apoio papal as suas novas conquistas territoriais asiáticas, ainda em 1515, o rei português organizou uma nova missão diplomática, desta vez a Roma e, como presente ao Papa, Leão X, enviou *Ganda* enfeitada com uma riquíssima coleira de veludo verde, adornada de cravos e rosas douradas[6]. No caminho, ela fez escala em Marselha, França, onde conheceu Francisco I, o rei que iniciou o Renascimento francês e que questionou o Tratado de Tordesilhas, exigindo que lhe apontassem a dotação testamentária de Adão que teria dividido o mundo entre Espanha e Portugal.

Retomada a jornada, o navio que a carregava acabou naufragando ao largo de Gênova, Itália, e aquela improvável embaixadora afogou-se. Ao que se sabe, ela saberia nadar, mas

---

3. (PORTUGAL. Direção Geral do Património Cultural, s.d.).
4. (PORTUGAL. Torre de Lisboa, s.d.).
5. Segundo Martins, significaria salpicado ou pintado. Haveria ainda outros termos na mesma língua para identificar o animal ekaśṛṅga (que tem um chifre), kroḍīmukha (boca de serra), gaṇḍāṅga (pernas salpicadas), gaṇḍaka, khaḍga (espada ou faca), ekacara (solitário) (MARTINS R. d., 2014).
6. (MARTINS R. d., 2014).

acorrentada ao mastro do navio, não pode se salvar. Por ordem de Manuel I, seu corpo foi resgatado e ela acabou conhecendo a Cidade Eterna, mas empalhada[7] e sem atingir o mesmo sucesso de sua *estreia* lisboeta e do presente papal anterior, o elefante Hanno[8]. Alguns anos mais tarde, durante o saque de Roma (1527) pelas tropas francesas amotinadas, perdeu-se a notícia do paradeiro de seus restos.

Ainda em Lisboa, ela foi partícipe involuntária de uma rinha organizada para entretenimento da família real. Colocada diante de um elefante, teria feito este fugir em pânico. A existência do animal foi, então, noticiada em toda Europa por aqueles que assistiram ao vulgar espetáculo. O relato e sua descrição, acompanhados de um rudimentar esboço, acabaram alcançando a Alemanha e os ouvidos curiosos de *Albrecht Dürer*. O pintor, então, traçou o fabuloso "*Rhinocerus*" (1515) (Figura 2) sem nunca ter visto o animal original.

Dos vários sentidos possíveis, colho desta história o poder da mistificação e como ela pode condicionar nosso entendimento de coisas cotidianas. Afinal, até hoje, o *Rhinocerus* é alegoria da imaginação como ato de criação, uma vez que durante séculos a imagem moldou a forma como os europeus conheciam o paquiderme e o chamavam. É provável mesmo que, até hoje, muitos imaginem que o desenho é realista, embora um olhar mais atento revele como é estilizado. A questão é que *Ganda* ganhou a eternidade por meio do *Rhinocerus*.

Além disso, a rinoceronte teria sido um dos primeiros exemplos relatados das cadeias de fornecimento que transformariam o mundo a partir do século XVI. Partindo da atual Índia (então Cochim), passando pelo sudeste africano (Moçambique) e pelo Cabo da Boa Esperança, ela teria feito escala em Cabo Verde e nos Açores para finalmente, alcançar Lisboa. Ainda que não possamos falar de um contrato no sentido atual, ela foi um pioneiro objeto de exportação/importação.

Basta, por enquanto e para reforçar este argumento, lembrar que cada um(a) das(os) leitores(as) destas linhas provavelmente já comprou alguma mercadoria por meio de aplicativos ou plataformas que oportunizam compras internacionais. Trata-se, pois, de uma importação (ou compra e venda internacional de mercadoria). Se não o fez, seguramente já 'baixou' algum aplicativo estrangeiro no celular (licença internacional de uso). O interessante é que ambas as operações só foram possíveis porque a tecnologia viabilizou o contato entre as duas partes deste negócio internacional e a logística mais integrada garantiu seu cumprimento. Embora, em essência, a humanidade realize este tipo de operação desde sempre[9], até pouco tempo atrás, no Brasil,

---

7. (MARQUES A. P., 2014).
8. Também enviado ao Papa Leão X pelo rei Manuel I em 1514, o elefante ganhou seu nome em homenagem a Anibal, o famoso general cartaginês da Antiguidade. Foi acompanhado de um cortejo de 140 pessoas e de outros animais (leopardos, papagaios e uma pantera). Trava-se de exemplar albino da subespécie indiana que, em seu dorso, carregava um castelo de prata e, durante a audiência, fez três reverências ao Papa e assombrou a audiência ao soprar o conteúdo de um balde d´água pela tromba (CROWLEY, 2016). Teria sido retratado por Rafael em um grande afresco que, infelizmente, já não mais existe (GOOGLE, s.d.).
9. Fontes arqueológicas associam as primeiras representações de comércio internacional às primeiras civilizações sedentárias, como aquelas expedições comerciais/diplomáticas egípcias do século XV a. C. ao atual Sudão e ao *Punt* (provavelmente a atual Etiópia, embora não se tenha certeza) (VENTURA, 2020).

estavam restritas aos maiores *players* do comércio internacional e a profissionais dedicados a esta Arte.

Hoje, contudo, particulares passaram, também, a ser importadores. O volume destes negócios ganhou tamanha expressão que o Estado brasileiro está se vendo obrigado a enfrentar o tema de sua tributação (não sem certa dose de polêmica), mas, o fato de terem se tornado cotidianos, parece ter pouco alterado sua percepção como instrumentos de internacionalização.

Assim, ao invés de unicórnios nos deparamos, com uma realidade cada vez mais plural de rinocerontes indianos, brancos[10], negros[11], indianos[12] e de Sumatra[13]. Alguns, como sabemos, são mais comuns que outros, mas todos existem ou existiram, são relevantes e merecem ser conhecidos. Não adianta, por teimosia, chamá-los pelo que não são. A(o) leitor(a) precisará de muito mais do que isso se pretende com eles coexistir e, certamente, *Ganda*, nos agradeceria.

Em **segundo** lugar, notará, a(o) leitor(a), que tomei liberdades em relação à redação e à forma de apresentação deste Guia. Utilizo, por exemplo, a primeira pessoa do singular e do plural sempre que possível. Seu uso é consciente e proposital, ainda que não seja recomendado a qualquer iniciativa formal e acadêmica[14]. Ao contrário da impessoalidade que lá se busca, aqui o objetivo é a de aproximação e familiaridade.

Esta será minha deixa para adotar a linguagem mais coloquial e, sempre que viável ou recomendável, tomar uma posição mais explicativa e didática, nada típica de livros resultantes da pesquisa científica avançada. O tom menos formal, contudo, não deve ser pensado como excessiva simplificação ou de despreocupação com o conteúdo. Busco redigir para instigar e incentivar novos questionamentos sobre as possibilidades do tema e não para encerrá-las, no duplo sentido que possamos atribuir a este verbo. Afinal, acredito que as respostas

---

10. Podendo pesar até 5 toneladas, é o maior dos rinocerontes. São menos "antissociais" que os seus primos negros, raramente atacando. A competição, com a atividade pecuária, pelo pasto causou sua quase extinção em seu território original (África).

11. São a espécie conhecida pela irascibilidade, quando atacam podem chegar à velocidade de 50km/h. São objeto de caça "esportiva", bem como por conta do valor de seus chifres. Habitam o leste da África.

12. São os irmãos prováveis de Ganda. É o maior dos rinocerontes asiáticos. Seu único chifre é cobiçado por supostas características medicinais, o que fez com que hoje existam apenas cerca de 600 animais protegidos em santuários. Seu território original (todo o subcontinente indiano) acabou reduzido a reservas no Nepal e em Bengala.

13. É o menor de todos os rinocerontes. Também possuindo dois chifres habita as densas florestas do sudoeste asiático. Virtualmente em extinção, seu território original cobriria o Nepal, Myanmar, Tailândia, Malásia e as ilhas de Sumatra e Borneo.

14. Por exemplo, o Manual de Redação da Presidência da República (BRASIL. Presidência da República, 2011).

certas nada importam, pois essencial, como admite o poeta, é a pergunta[15] que é única e insubstituível[16].

Também por isso, peço licença para me dirigir a(o) leitor(a) pelo pronome de familiaridade adotado de onde venho: você. Não o leia como sinal de arrogância, mas como expressão de cordialidade. Além disso, gostaria que você se sentisse como meu(minha) convidada(o) para uma conversa sobre o tema. E as melhores conversas não são as formais. Desta forma, embora trate de tema relevante, complexo e sério, tentei lhe emprestar leveza.

Outra opção de redação é a de me apropriar de personagens; alegorias; figuras de linguagem, pensamento e harmonia; além de outras ferramentas linguísticas que acabem imprimindo não só um pouco de minha própria personalidade ao texto, mas que colaborem com sua fluidez e ritmo. Também por isso acabei minimizando o uso das citações diretas e o emprego de redação formal e sisuda.

De mesma forma, quando julguei apropriado, fiz uso das notas de rodapé, *links*, mapas, gráficos e referências adicionais. Tudo isso é pensado para trazer uma informação adicional, uma contextualização ou, até mesmo, para explorar aspectos interessantes do tema ou da referência. Elas não serão, entretanto, essenciais para todos, especialmente para aqueles mais preocupados com a temática essencialmente jurídica. Neste último sentido, as muitas notas de rodapé servem para não poluir o texto base e para abri-lo a cogitações interdisciplinares e explicações técnicas não essenciais ao texto central. Já o recurso e mídia adicionados pelo QR *code* têm sua ligação com o raciocínio desenvolvido e visam à indicação de recursos adicionais para consulta.

Devo advertir, ainda, que não busquei certezas estatísticas; exaustão das referências bibliográficas; e, menos ainda, a técnica da redação científica. Estas seriam necessárias se este trabalho se voltasse a conclusões científicas e ao público estritamente acadêmico. Assim, quando eventuais julgados, casos, teorias ou referências forem apresentados, eles devem ser tomados exclusivamente como exemplos.

Em **terceiro** lugar, aquela autoconcedida liberdade também se manifestou na organização e exposição do tema. Isso porque sempre tive a sensação de que um livro de temática técnica surgiria de duas perguntas e de uma insistência. Se, de um lado, o(a) autor(a) se perguntaria por que ainda era relevante tratar daquele tema e como poderia fazê-lo de forma diferente; de outro, ele(a) enfrentaria sua própria teimosia em fazê-lo.

---

15. (QUINTANA M. , 2013).
16. (QUINTANA M. , 2013).

A abordagem de um tema jurídico seria, então, comparável à punição de Sísifo[17], isto é, por mais que tenhamos certeza de estar prestes a alcançar o fim de uma discussão (o alto da montanha), sempre haverá uma abordagem, um argumento ou uma circunstância que poderia alterar nossas próprias conclusões e nos impor o recomeço da tarefa (de escalar). Não se engane, não encaro este tema como punição (e a finalização do texto como expiação[18]). Se assim o fosse, a personagem escolhida seria Prometeu[19]! Apenas encaro a tarefa como inacabada e, nisto, está sua beleza.

QR Code 3 – Sísifo

Não tenho dúvidas de que muito já se escreveu (e se escreverá) sobre a internacionalidade do contrato, em especial com a profundidade necessária à abordagem acadêmica de qualidade. Como edificação social que é, sempre demandará (re)construção. Com esta certeza em mente é que me propus escrever este Guia. Ele reflete aquela inquietação que me acompanha há alguns anos, aliada à oportunidade que tive de conjugar docência, pesquisa e prática. Também nele, portanto, estão refletidas as minhas próprias escolhas, conclusões, leituras, estilo e preferências. É por isso, então, que personagens, técnica de escrita, metodologia e abordagem não usuais a livros jurídicos nos acompanharão. Nisso há um toque de egoísmo de minha parte: confesso que escrevi o livro que gostaria de ter

---

17. Segundo a mitologia grega, foi o astuto mortal que teria enganado a morte duas vezes: a primeira quando a própria Morte o perseguia para cumprir ordem de Zeus e a segunda quando ludibriou o deus do submundo (*Hades*) que permitiu seu regresso para o mundo dos mortais. Por sua má-fé, Sísifo foi condenado a rolar, eternamente, uma grande rocha montanha acima, apenas para ver sempre frustrado seu objetivo quando estava prestes a alcançar o topo (GUIRAND, 1987).
18. Atribui-se ao irônico e polêmico escritor irlandês *George Bernard Shaw* a máxima de que escrever um livro não seria um ato de conclusão do tema pelo autor, mas de desistência.
19. Segundo a mitologia grega, teria sido o titã encarregado de criar a humanidade (com barro e água – ou suas próprias lágrimas). Seja por orgulho da criação, seja por inveja dos deuses olímpicos, Prometeu favoreceu os homens sempre que pode, inclusive roubando o fogo que lhes havia sido retirado por Zeus. Como punição divina por seu comportamento, foi acorrentado no Monte Cáucaso onde seria visitado, diariamente, por uma águia que lhe devoraria o fígado (que crescia novamente durante a noite). Após trinta mil anos desta pena, acabou sendo libertado por Hércules, com a permissão de Zeus, durante a realização dos famosos doze trabalhos (GUIRAND, 1987). O tema é consagrado no teatro e na literatura ocidentais para representar a busca humana – muitas vezes irrefreável – pelo conhecimento. Você conhece, provavelmente, a derivação literária deste mito: Frankenstein (SHELLEY).

lido e escrito, em que a aridez jurídica pudesse ser suavizada pela reconfortante umidade trazida de outros lugares.

Em **quarto** lugar, é preciso alertar que a redação do Guia busca uma perspectiva de contextualização. Volta-se, portanto, não apenas àqueles que são ou serão especialistas no tema, mas para, eventualmente, abrir uma janela àqueles que já se dedicam a outra área ou, até mesmo, àqueles que não estudam exclusivamente o Direito Contratual, mas que buscam compreender a lógica inerente à internacionalidade de um negócio. Destina-se, ainda, ao público não necessariamente familiarizado com o Direito contratual brasileiro. É, portanto, ao mesmo tempo, um salto atrás e um passo além. Este Guia, assim, se destina ao exercício interdisciplinar e, quem sabe, até mesmo a fomentar algum debate futuro, projetando-se, portanto, à desatualização.

Além disso, este não é um livro para quem busca certezas e verdades confortáveis à sombra dos conhecidos lugares comuns. Nossos lugares de partida são a inquietação e a autocrítica.

Em **quinto** lugar, justifico a escolha do nome dado ao livro. Por que chamá-lo de Guia? Não busquei uma metodologia específica. Aqui o docente e o prático falaram mais alto que o pesquisador. Neste sentido, portanto, pontuo desde já a autocrítica formal necessária. De fato, inspirei-me na técnica atualmente adotada por diversos organismos internacionais para a promoção de harmonização jurídica. Algumas delas, inclusive, quanto a matérias vinculadas ao tema central deste Guia e que serão, oportunamente, identificadas e referenciadas.

Já quanto ao subtítulo, reconheço que pode parecer paradoxal falar de um "Direito Contratual internacional brasileiro". O que pretendo, é enfatizar a perspectiva e contribuição brasileira para a construção mais ampla e global do tratamento dado aos contratos internacionais. Você perceberá que muitas opções, conclusões e dificuldades com o tema refletem, em algum sentido, características da sistematização normativa nacional.

Assim, o propósito central deste livro é o de apresentação de um recorte atual da discussão sobre a internacionalidade do contrato sob a perspectiva do Direito Contratual brasileiro, promovendo, no que for possível, debate sobre o tema e fomentando conexões. Talvez se possam, ainda, apontar, pontos de destaque que venham a receber a atenção do debate legislativo e jurisprudencial ou o seu interesse profissional e acadêmico. Se conseguir atingir estes objetivos, o Guia terá alcançado sua finalidade.

Por outro lado, como iniciativa de contextualização, este Guia não se propõe a esgotar qualquer debate teórico e, menos ainda, a enveredar por desnecessária – para os objetivos deste trabalho – digressões acadêmicas. Espaços mais adequados a este fim estão reservados em outros lugares.

Também é importante que se diga que o Guia não busca a abordagem de manuais. Isso porque este livro se volta não apenas à abordagem básica de estudo, necessária aos graduandos em Direito. O Guia busca o apoio de uma realidade mais complexa e rica, menos afeita à linguagem estática daquele gênero. O formato proposto teria, ainda, a vantagem de permitir uma escrita mais livre e acesso a recursos não disponíveis/recomendados aos manuais. Volta-se, ainda, a um público, potencialmente, muito mais amplo e à valorização e construção do debate. Foi com estas ideias em mente que tentei adaptar aquela inspiração metodológica aos meus próprios propósitos.

Em **sexto** e último lugar, ainda sobre estes aspectos mais metodológicos, cabe a advertência: este Guia se volta a análise apenas dos contratos privados. Estão excluídas de suas conclusões, em geral, portanto, segundo a ótica jurídica brasileira, as relações de emprego no sentido dado pela legislação trabalhista brasileira e os contratos públicos.

Dito tudo isso, considero que não basta conhecer o nome e descrição científicos, precisamos que nos sejam apresentados nossos rinocerontes (os contratos internacionais). Este é, portanto, o primeiro convite que lhe faço: que trilhemos este caminho juntos, aprendendo a identificar as características de internacionalidade de um contrato, (re)conhecendo-os em sua relevância e seus efeitos. Gostaria, ao final, que *Ganda* não fosse confundida como um unicórnio ou com o *Rhinocerus*.

Antes, contudo, de iniciarmos nosso percurso talvez seja oportuno advertir que, embora o tema analisado neste Guia seja extremamente atual, muitas vezes ele ainda é tratado por meio de filtros que acabam turvando sua adequada percepção. O resultado desta análise ganha, ainda, ocasionalmente, contornos de mito e, assim, proporções distintas daquelas que poderia ter, passando a fundar conclusões precipitadas. Antes, portanto, de avançarmos sobre o próprio entendimento da internacionalidade de um contrato, é importante que saibamos exatamente sobre o que estamos conversando. Nosso papel, então, ao iniciar nosso estudo, é apresentar o *habitat* daquele paquiderme e entender como ele difere de um unicórnio. Vamos começar a conhecer *Ganda*, portanto.

Para que esta contextualização ganhe contornos mais alinhados com o objetivo proposto para este Guia, formulei, no **primeiro capítulo**, algumas perguntas que nos servirão de balizas e que são apresentadas em seus subitens. As respostas que alcançarmos nos ajudarão a situar nosso rinoceronte em seu *habitat*. No **segundo capítulo**, o objetivo é destacar como – historicamente – é construída a noção de 'contrato' e como ela deve ser – hoje – desconstruída. Alegoricamente, ali buscaremos entender como a mitologia concebe o unicórnio para explicar o rinoceronte. Já no **terceiro capítulo**, apresentarei aquilo que torna internacional um contrato, ou seja, porque o *Rhinocerus* não é um rinoceronte. No **quarto capítulo**, nosso objetivo será entender a principal característica da internacionalidade de um contrato: a necessidade de identificação do Direito material aplicável a cada negócio.

Após todo este percurso, por fim, no **quinto capítulo**, como oportunidade para algumas conclusões, pretendo retomar alguns dos questionamentos do primeiro e segundo capítulos, para abordar uma das realidades da contratação internacional pelo viés brasileiro: os contratos com vulneráveis. Este será um capítulo exploratório, portanto.

Dito isso, espero, então, ter-lhe convencido de que este Guia propõe algo distinto do que já lhe foi apresentado antes e, ao final de sua leitura, gostaria de lhe ter retribuído a confiança que me foi depositada e diversificado sua experiência. Agradeço-lhe, portanto e desde já, pela companhia[20].

---

20. "O livro traz a vantagem de a gente poder estar só e ao mesmo tempo acompanhado" (QUINTANA M., 2013).

SUMÁRIO

Capítulo um:
CAMINHANDO ENTRE MITOS

A prática jurídica internacional parece, algumas vezes, ser permeada de simbolismos e falso *glamour*. Talvez esta ainda seja a projeção de uma Era em que a Diplomacia europeia era conduzida por uma aristocracia não profissional e as negociações, realizadas em meio a bailes e banquetes, temperados por uma mistura de escândalo e ostentação[1]. Se esta não é a realidade nas atuais negociações públicas internacionais, certamente também não o é nas relações privadas. Ao contrário daquelas, que muitas vezes acabam personificadas e recebem cobertura jornalística (sem divulgação de todo o trabalho profissional prévio e posterior), estas passam, usualmente, despercebidas.

Figura 3 – Versalhes 1919

Não se trata de uma questão de importância dos temas. Afinal, ainda que o Presidente da República faça a visita ao Chefe de Estado estrangeiro e o corpo

---

1. Destaco dois interessantes livros para sua leitura futura. Eles não têm conteúdo jurídico, mas acabam mostrando como a diplomacia europeia muitas vezes lidava com temas extremamente complexos de forma um tanto frívola condicionando: a forma como ainda imaginamos as negociações internacionais. Em relação ao final das guerras napoleônicas e a reconstrução política do continente europeu após a Revolução francesa, sugiro a leitura de (ZAMOYSKI, Ritos de Paz, 2012). Já sobre o desenho do novo e controverso mapa global após a primeira guerra mundial, recomendo a leitura de (MACMILLAN, 2004). A Figura 03, (JOHANSEN, 1919), representa o momento retratado pelo último livro.

diplomático tenha, antes, negociado a abertura do mercado daquele país; é o exportador que alcançará muitos dos objetivos pretendidos. Trata-se de um esforço coordenado em que diversos setores e interesses nacionais (atores) se conjugam para ampliação do espaço de atuação (político e/ou econômico). Metaforicamente, portanto, na busca de um novo *blockbuster* nacional não bastam as filmagens (visita), sem o roteiro (negociações diplomáticas) e a bilheteria (exportações).

Por que, então, pouco ouvimos falar dos contratos internacionais de natureza privada? A pergunta, como você perceberá, além de retórica é enganosa. Vejamos o porquê.

Ganda & Ferdinando

Quando Ganda chegou a Lisboa, os poucos que a viram conheceram um animal magnífico, mas de carne e osso. Sua pele, embora grossa e dura, não era formada de placas ósseas, mas de pregas no couro e seu chifre, formado do mesmo material que nossas unhas (a queratina), não era usado como arma de ataque. Os rinocerontes são animais relativamente tímidos e solitários. Sua visão, dizem, é bastante precária e, como herbívoros, a maior parte do seu tempo é gasta com a pastagem e ruminação. Provavelmente você deve ainda associá-los a incomum disparada para afugentar uma ameaça. É só isso: um imponente blefe. Em resumo, ainda que impressionante exemplo anatômico, nada seria de ameaçador se deixado e paz.

Pessoalmente gosto de imaginá-los como substitutos perfeitos do touro Ferdinando[2], o clássico personagem da animação que venceu o Óscar de melhor curta de animação de 1938.

Colocada para lutar contra o elefante, *Ganda* provavelmente deve ter se comportado da maneira usual: apenas se ameaçada investiria contra o outro paquiderme, tal como outros animais em uma arena romana, mil anos antes e nas ruas de Pamplona[3], Espanha, quinhentos anos depois. Dizem, inclusive, que o tal elefante não passava de um filhote e que teria se assustado mais com a cacofonia dos espectadores e das ruas de Lisboa que com a visão do rinoceronte a sua frente.

Claro que, meio milênio depois, não sabemos exatamente o que aconteceu naquele bizarro evento. Arrisco dizer que nada muito emocionante. Mas assim como ocorreu a Ferdinando,

---

2. Não o confunda com o filme – O Touro Ferdinando –, mais longo e recente (2017), também produto Disney, distribuído pela 20th *Century Fox* e com direção do brasileiro Carlos Saldanha. O curta a que me refiro não tem muito mais de sete minutos e ainda conserva uma certa inocência pré-guerra e retrata a história de um touro que, por uma infeliz confusão, acaba escolhido para lutar em uma arena (não deixarei *spoilers* além destes). Talvez seja uma excelente alegoria da necessidade de percebermos as diferenças e não nos guiarmos por convenções, rótulos ou expectativas. É relativamente simples de encontrá-lo *online*.

3. Cidade espanhola situada na rota de peregrinação de Santiago, ainda hoje é conhecida pela infeliz "Corrida de touros", ponto supostamente alto da Festa de São Firmino que ocorre no verão europeu. No Brasil, estes exemplos de 'tradições' importadas também insistem em ser encenados, apesar de o Supremo Tribunal já ter se manifestado no sentido de que "a submissão de animais a atos de crueldade (...) não permite sejam eles qualificados como inocente manifestação cultural, de caráter meramente folclórico" (Ação Direta de Inconstitucionalidade, 2011) em caso que tratava da rinha de galos e que faz referência ao mais antigo precedente, sobre a farra do boi (Recurso Extraordinário, 1997). Mais recentemente, o Superior Tribunal de Justiça definiu, para fins tributários de dedução de crédito presumido de PIS e Cofins, o animal vivo como "carne" (Agravo em Recurso Especial, 2024).

a possível investida do rinoceronte era muito mais simbólica. A representação ganhava força, já que seria 'natural' esperar que um animal dotado pela natureza de espessa couraça e imponente chifre fosse beligerante. Talvez esta conclusão decorra de nossa necessidade de antropomorfizar os demais condôminos deste pequeno planeta.

Desta anedota convido-a(o) a tomar a seguinte conclusão: algumas vezes, rinocerontes comportam-se apenas como rinocerontes, apesar do que mais neles projetemos. O mesmo se aplica a nossas conclusões contratuais.

QR Code 4 – Ferdinando

1.1 CONTRATOS INTERNACIONAIS SÃO COMUNS?

Não se engane com a falsa sensação de que a relevância jurídica de um determinado fenômeno estaria atrelada à frequência de sua ocorrência. Se assim pensarmos, não haveria muitos motivos para dedicarmos tantas horas de estudo ao tema do descumprimento contratual. Afinal, é infinitamente mais comum que contratos sejam cumpridos sem complicações, que a hipótese contrária, ou seja, que acabem internados em algum hospital judicial ou arbitral precisando de transplante de cláusula[4]. Tanto é assim que, no Brasil, ainda associamos a ideia da existência de um contrato (no sentido de instrumento escrito) com a maior segurança dos contratantes (no sentido de efetividade). Apesar disso, ainda é a notícia da crise na execução contratual que nos ocupa a mente.

---

4. Dados do Conselho Nacional de Justiça (CNJ) para 2023 indicam que o principal tema das demandas julgadas pela Justiça Estadual é, justamente, aquele que envolve relações obrigacionais e contratos em espécie. Estas causas, no entanto, representam apenas, a média nacional de 3,74% do total de casos, sendo seguidas de dois temas tributários: IPTU (2,18%) e Dívida ativa (1,92%). Se estes temas forem somados (até porque usualmente estão no mesmo procedimento), poderíamos concluir que, na verdade, a cobrança de impostos e a discussão de seu montante é a principal tarefa da Justiça estadual brasileira. Embora, o relatório não indique qual o percentual de causas envolvendo, exclusivamente, o inadimplemento contratual, ele é detalhado: no primeiro grau de jurisdição as causas obrigacionais seriam 4,20% do total e 3,44% do total nos Juizados Especiais. Já nos Tribunais estaduais, o cenário seria de 3,71% para as causas obrigacionais e 1,37% e 0,96% para temas bancários e de consumo (BRASIL. Conselho Nacional de Justiça, 2023). Difícil, portanto, afirmar, com estes números, que não se cumprem contratos no Brasil.

Ganda, a narval

Quando *Ganda* chegou a Lisboa, a mentalidade da época ainda não havia se desprendido completamente do bestiário medieval. Certo é que a cada retorno, os marinheiros lusitanos traziam novas informações geográficas, mas também notícias das maravilhas e exotismo da fauna e flora de onde estiveram. Estas informações muitas vezes, aos seus olhos, confirmavam a existência daqueles seres e realidades imaginados.

A subespécie indiana do mamífero que aportava na praia de Belém talvez nunca tivesse sido vista na Europa. Seu primo africano, de duplo corno, não a visitava havia dois mil anos. A notícia da existência destes animais, contudo, havia sido deixada pelos clássicos romanos, redescobertos pelos glosadores e perpetuados na fábula dos unicórnios. Era aqui que a característica em comum (o chifre), tornava-se definidora.

Ocorre que, ocasionalmente em águas ártico-europeias, surgia um outro mamífero que, à primeira vista, teria um único longo chifre. Era a narval (*Monodon monoceros*), uma baleia prima da beluga. Ocasionalmente estes 'chifres' encontrados em praias ou levados por comerciantes nórdicos, alcançavam o sul europeu e ajudavam a confirmar a existência do unicórnio[5].

Tal "chifre", contudo, é um dente (canino), de marfim, com função sexual (sinalização e agressão)[6] e eventualmente utilizado para golpear suas presas (bacalhau, por exemplo), embora esta conclusão ainda não seja consenso científico. Normalmente o dente especializado é encontrado em machos, mas ocasionalmente fêmeas o desenvolvem também. Seu nome tem origem escandinava e significaria "baleia cadáver", em razão de sua cor acinzentada de sua pele (Figura 4)[7]. Nem sempre os 'chifres' são, de fato, chifres. Eles podem se revelar dentes.

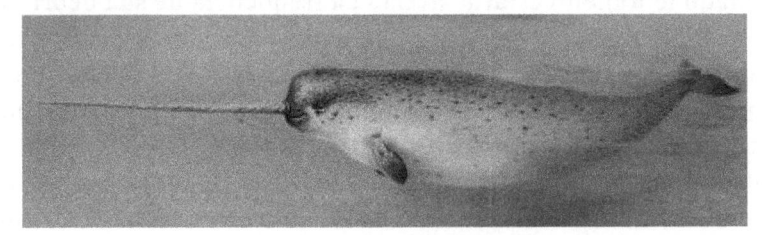

Figura 4 – Narval

No Direito contratual brasileiro, note que utilizamos um mesmo termo técnico para dois fenômenos distintos. Chamamos de "contrato" aquele negócio jurídico bilateral por meio do qual, por expressão de autonomia privada, criamos, extinguimos, modificamos, transferimos e atribuímos efeitos (com maior ou menor grau de liberdade) às relações jurídicas de conteúdo patrimonial. Ou seja, em termos simplificados, contrato é o negócio, o acordo de vontades (entendidas como manifestações de liberdade), a fonte voluntária principal das obrigações. Contudo, também adotamos a palavra "contrato" com um significado distinto: a instrumentalização do negócio, ou em termos simples, a mídia em que se registram os

---

5. (SOOKE, 2019); (LE GOFF, 2013) e (STEIN, 2021).
6. (GRAHAM, GARDE, HEIDE-JORGENSEN, & PALAORO, 2020).
7. (THORBURN, 1920-1921).

termos daquele acordo[8]. Conteúdo e embalagem acabam, infelizmente, confundindo-se na nomenclatura.

Para que este cenário não nos atrapalhe, lembremos que, dentre as suas múltiplas funções, o instrumento serve para provar o seu conteúdo, perpetuá-lo para além da lembrança dos contratantes, disponibilizá-lo – eventualmente – a terceiros e mesmo para ajudar a interpretar a intenção original e suas eventuais modificações. Neste sentido, seria possível falarmos de contrato sem contrato, ou seja, do negócio jurídico sem instrumentalização (papel ou outra mídia). Exemplo disso seriam os ajustes contratuais verbais ou aqueles que ocorrem por mera manifestação de comportamento socialmente relevante (usualmente repetitivos). Em termos mais precisos, a forma (instrumento) é quase sempre livre[9] para a contratação (formação do vínculo obrigacional) no Direito brasileiro e, claro, o negócio independe desta formalização[10].

Apesar de irrelevante como justificativa, não se pode dizer que contratos de natureza internacional sejam escassos. Na verdade, vivemos um momento em que existem condições para que eles sejam extremamente comuns.

Quantas vezes já ouvimos que vivemos em um mundo sem fronteiras? A frase, claro, é bastante pretensiosa e não reflete uma verdade política. Serve mais ao *marketing*, portanto, que à realidade. O que se quer dizer com ela, contudo, é que do ponto de vista tecnológico, o planeta nunca foi menor. Embora as distâncias não tenham se alterado, o que mudou foi como conseguimos vencê-las e como as interações e movimentações populacionais ficaram mais frequentes, simplificadas e rápidas.

Isso quer dizer que se *Ganda* fosse enviada da Índia a Portugal hoje, não precisaria ser embarcada em uma nau[11] e passar sabe-se lá quantos meses balançando ao sabor ondas e intempéries do Atlântico Sul e depender das monções asiáticas. Em algumas horas chegaria ao aeroporto internacional Humberto Delgado, em Lisboa, sedada e tendo a tramitação alfandegária simplificada. Ousaria dizer que lá

---

8. Não podemos pensar, exclusivamente, em 'papel'. Isto porque se esta tem sido a nossa realidade nos últimos séculos, ela vem sendo progressiva e aceleradamente substituída pela lógica digital. Cite-se, por exemplo, o parágrafo (§ 4º) recentemente incluído no art. 784 Código de Processo Civil brasileiro (BRASIL, 2015) por meio da Lei nº 14.620/2023 que dispensa o requisito da assinatura das duas testemunhas quando o título executivo extrajudicial for constituído ou atestado por meio eletrônicos, quando sua integridade for conferida por provedor de assinatura eletrônica (BRASIL, 2023). Por outro lado, existiam formas mais antigas de registro destas transações, como as tábuas de argila encontradas no Iraque com pouco mais de 4 mil anos de idade (BBC, 2017).

9. Existem é claro exceções, sendo a mais relevante delas os negócios imobiliários de valor superior a trinta vezes o salário-mínimo (art. 108 do Código Civil) (BRASIL, 2002). Sobre o tema: (GLITZ F. E., O princípio da liberdade de forma e prova do contrato na CISG., 2014).

10. Veja, por exemplo, o caso do contrato de seguro em que o Código Civil expressamente menciona (art. 758) que o "contrato de seguro prova-se com a exibição da apólice ou do bilhete do seguro, e, na falta deles, por documento comprobatório do pagamento do respectivo prêmio" (BRASIL, 2002).

11. Embarcações à vela, movidas pelo vento exclusivamente. A primeira viagem à Índia (a ida), de uma delas, estendeu-se por, aproximadamente, 300 dias.

chegaria mais confortavelmente que muitos dos passageiros da classe econômica das principais companhias aéreas internacionais.

Podemos ter outra certeza: esta sensação nem mesmo é nova. A cada momento de maior integração global (econômica ou política), o discurso volta a ser usado: já foi assim quando as cores britânicas se impunham a $^2/_3$ da população mundial[12], assim como provavelmente se ouviria, entre mercadores que navegassem o mediterrâneo romano quase dois mil anos antes (*mare nostrum*). Trata-se de um dos efeitos do que costumamos chamar de globalização ou mundialização[13].

Sobre o tema da globalização, há alguns anos uma importante iniciativa de entrevistas foi realizada com alguns dos principais pensadores brasileiros do Direito Internacional, este material está disponível *on-line*[14]:

QR Code 5 – Rangel   QR Code 6 – Baptista   QR Code 7 – Huck   QR Code 8 – Lafer

Não está convencida(o)? Pense, então, em termos estritamente de deslocamento. Ainda que não seja, infelizmente, a realidade de todos, hoje é mais provável que possamos viajar ao exterior[15] ou viver em outro país que há quatro décadas. Não só passamos a ter maior disponibilidade de equipamentos, transporte e prestadores do serviço, como o preço se tornou menos proibitivo[16] e mais mecanismos de financiamento encontram-se a disposição do consumidor-viajante.

---

12. Como demonstram os mapas – da época – do Império britânico, como (COLOMB, 1886).

13. Além da nomenclatura, não há consenso sobre o conceito e conteúdo da globalização. Para uma visão internacionalista e histórica, recomendo a leitura dos três volumes da obra "Teorias Globais" de Odete Maria de Oliveira (OLIVEIRA O. M., Teorias globais: Impérios de Poder e modos de produção, 2005), (OLIVEIRA O. M., Teorias globais: elementos e estruturas, 2005) e (OLIVEIRA O. M., Teorias globais: fragmentações do mundo, 2005).

14. (RANGEL, 2014); (BAPTISTA, Luiz Olavo Baptista - O Brasil e a Globalização -- Pensadores do Direito Internacional, 2014); (HUCK, Hermes Marcelo Huck - O Brasil e a Globalização -- Pensadores do Direito Internacional, 2014) e (LAFER, 2014).

15. Dados do terceiro trimestre de 2019 (imediatamente anterior aos primeiros efeitos da crise sanitária COVID-19 que impossibilitou em grande parte este tipo de viagem) cerca de 4% do total de viagens dos brasileiros (21,4 milhões) tiveram como destino outros países (BRASIL. Instituto Brasileiro de Geografia e estatística, 2019).

16. Na década de 1980, por exemplo, o Estado brasileiro chegava a tributar (pelo eufemisticamente denominado "empréstimo compulsório") as passagens internacionais como suposta tentativa de controle cambial, mas com indistintas cores de tributação de renda e patrimônio (BRASIL. Banco Central, 1986).

Esta maior interação, é claro, não se dá apenas de forma física, com, por exemplo, turistas e migrantes (voluntários[17] ou não[18]); mercadorias e serviços cruzando as fronteiras, mas também com relações que se dão por meio da *internet*, exemplificadas pelas compras, jogos *online*[19] e *sites* de relacionamento e aposta[20]. Este é, aliás, um importante aspecto[21] da elevação do número de contratações internacionais: o maior acesso e disponibilidade de serviços e produtos internacionais contratados por meio da utilização de recursos tecnológicos (plataformas e aplicativos, por exemplo).

---

17. O relatório do Ministério das Relações Exteriores brasileiro (MRE) indica um total de, aproximadamente, 4,6 milhões de brasileiros vivendo fora do território brasileiro em 2022. O principal destino destes migrantes é a América do Norte (45,19%, especialmente os EUA com 1.9 milhões de migrantes), seguido da Europa (32,42%, especialmente Portugal e Reino Unido, 360 mil e 220 mil aproximadamente). Na América do Sul, a principal comunidade de expatriados fica no Paraguai (254 mil brasileiros) (BRASIL. Ministério das Relações Exteriores, 2023). Os dados indicam que a partir de 2016 houve forte crescimento da população expatriada (13%, 16% em 2018 e 17% em 2020) que começa a se estabilizar em 2022 (8% somando, 2021 e 2022). Importante que se tenha em mente que estes números podem não representar a real dimensão desta população, uma vez que parte da comunidade de expatriados acaba estando em condição ilegal no país de destino e que até a promulgação da Emenda Constitucional nº 131 (BRASIL, 2023) havia a possibilidade de perda da nacionalidade brasileira para aqueles que se naturalizassem, como decidiu o Supremo Tribunal Federal (STF) no famoso caso Cláudia Sobral (Mandado de Segurança, 2016).

18. O impacto da migração em determinado território pode ser exemplificado pelos dados do Censo brasileiro de 2022 que indicou que Boa Vista, capital de Roraima, é a única capital brasileira e cidade com mais de 300 mil habitantes a figurar dentre os municípios que mais crescem no Brasil: 3,17% por ano desde 2010. O próprio relatório atribui estes números ao influxo de migrantes venezuelanos (BRASIL. Instituto Brasileiro de Geografia e Estatística, 2023). Além disso, segundo levantamento feito pelo SEBRAE já seriam mais de 74 mil estrangeiros registrados como Microempreendedores Individuais (MEI) no Brasil, atuando nas mais diversas atividades (UOL, 2023). Já o relatório de riscos globais do Fórum Econômico Mundial para o ano de 2023 apontava a migração involuntária em larga escala como os mais graves riscos para os próximos dois anos (10º lugar) e dez anos (5º lugar), relevando, ainda, a ineficácia majoritária (acima dos 50%) dos atuais mecanismos para prevenir sua ocorrência e mitigar seus efeitos (WORLD ECONOMIC FORUM, 2023).

19. Embora o tema da internacionalização não tenha sido abordado pelo chamado marco legal dos jogos eletrônicos (BRASIL., 2024) e apenas indiretamente se abordem os temas da contratação por menores e mecanismos de proteção de dados pessoais.

20. Para as apostas e loterias o cenário atual é o da vedação: a Lei nº 14.790 de 2023 (BRASIL, 2023) expressamente proíbe a exploração de loterias ou a subcontratação por pessoas jurídicas estrangeiras (art. 35-A), assim como exige que a exploração de apostas de quota fixa seja realizada apenas por pessoas jurídicas constituídas de acordo com o Direito brasileiro e com sede e administração em território nacional (art. 7º).

21. Sem a necessidade de exaurirmos o tema, podemos citar aspectos culturais e linguísticos (e até mesmo a existência de ferramentas de tradução) e, claro, de facilitação de pagamento (desde cartões de crédito, até mecanismos de pagamento e recebimento *online*). Promete-se uma nova revolução com as Fintechs e a flexibilização dos atuais entraves para a contratação de câmbio, ao ponto de já circularem notícias de lojas – físicas – estrangeiras que já estariam aceitando o PIX.

Assim, é possível que, aquele que resida no Brasil, importe mercadorias por meio de *marketplaces*[22] (vide *Amazon*, Mercado Livre, *Shein*, *Shopee* etc.). Nestes casos, para os quais, infelizmente ainda não há estatística oficial[23], estaríamos diante de verdadeiras importações e, como tais, contratos de compra e venda internacional de mercadorias, ou seja, um contrato que merece o adjetivo "internacional".

Em algumas destas mesmas plataformas é possível, ainda, que aqueles que residam no Brasil possam se cadastrar para vender seus produtos para eventuais interessados localizados em outros países. Estaríamos, então, diante de verdadeira exportação[24]. A logística, por exemplo, poderia vir a ser suprida pelo programa Exporta Fácil dos Correios[25] ou, em casos ainda mais emblemáticos e substancialmente menos formais, pelo mero despacho da correspondência dentro dos limites de isenção fiscal.

---

22. A ideia seria a de aproximação entre compradores e vendedores como em um autêntico mercado. A utilização da *internet* acaba permitindo que esta aproximação ocorra sem os obstáculos fronteiriços, por exemplo. É neste contexto que se encontram as empresas que promovem a intermediação de negócios (por exemplo, Mercado Livre). Assim, por hipótese, um vendedor argentino teria meios de oferecer seus produtos para um comprador brasileiro. Vários são os pontos chaves deste negócio: a ampliação da oferta internacional B2B para B2C, ou seja, de negócios estritamente empresariais para aqueles de consumo; a necessidade (e a pressão para seu desenvolvimento) de estruturas de logística mais eficientes (rodovias, ferrovias, portos); a redução ou facilitação de dificuldades aduaneiras e tributárias locais etc.

23. Dada a popularidade de alguns produtos e dos preços significativamente mais competitivos de algumas destas plataformas é de se supor que os números das importações são tão relevantes que justificaram, em março de 2022, iniciativa da Receita Federal brasileira para combater eventual sonegação de impostos (PUPO, 2022). A UNCTAD, contudo, aponta um crescimento, em média, de 7% ao ano (entre 2010 e 2022) nas exportações globais de serviços digitais. A América Latina seria responsável por apenas 2% de todo este mercado no ano de 2022 (ONU. UNCTAD, 2024).

24. Nos acostumamos a pensar no Brasil como um país exportador, especialmente pela pujança dos números do agronegócio. Recente pesquisa da Secretaria de Comércio Exterior revelou, no entanto, que "a exportação é uma atividade pouco comum entre as empresas brasileiras". A conclusão é baseada em dados consolidados até 2020. Seriam apenas 0,88% das empresas ativas que teriam por objeto a exportação de bens (majoritariamente máquinas e aplicações mecânicas, 43% delas), isto é, menos de 25 mil exportadoras ativas no país (concentradas majoritariamente – 72,3% – em São Paulo, Rio Grande do Sul, Paraná e Santa Catarina). Na América Latina, os números variam entre 0,18% (Paraguai) e 1,05% (Uruguai), por exemplo. O relatório revela ainda que o Brasil é apenas o quinto colocado em volume de exportação, atrás do Uruguai, Argentina, México e Chile; enquanto ocupa a segunda colocação dos custos totais para exportar. Nossas exportações são feitas preferencial e quase que totalmente para a América Latina (42%, sem considerar Mercosul) e o Mercosul (41%), ainda que tenham crescido para outros destinos (aumento de 21% das exportações para os EUA entre 2018 e 2020, por exemplo) (BRASIL. Ministério do Desenvolvimento, Indústria, Comércio e Serviços, 2023).

25. O exportador brasileiro contrataria a logística via Correios, que se responsabilizaria, inclusive, pelos trâmites aduaneiros necessários (CORREIOS, 2023).

Se pensarmos em produtos digitais (conteúdo, por exemplo), as possibilidades são ainda mais amplas, uma vez que várias plataformas possibilitam sua monetização[26] e alcance muito maior que os estritos limites cogitados para o mercado nacional e físico. São os casos do *Amazon* e *Google Play* para *ebooks*, do *Youtube* para vídeos, *Spotify*, *Deezer* e *Amazon Music* para músicas e do Instagram, *TikTok* e *Onlyfans* para conteúdo e publicidade, para citar os exemplos mais evidentes.

Em termos de acesso a serviços importados, em geral lembramos dos serviços de *streaming* (música e vídeo), conteúdo e comunicação, como também os jogos *on-line*, redes sociais e, até mesmo, visitas virtuais a museus. É óbvio, contudo, que tais possibilidades não se limitam aos serviços de entretenimento e cultura. Também tem sido cada vez mais comum que serviços não necessariamente digitais sejam prestados de forma internacional. Assim, não é raro ouvirmos sobre professores 'nativos' que oferecem seus serviços a partir de seus próprios países; cursos de aperfeiçoamento oferecidos de forma *online* e internacional[27]; e mesmo os serviços de outros profissionais (terapeutas, advogados, consultores, arquitetos, nutricionistas, fisioterapeutas, preparadores físicos etc.) que, apesar de terem migrado (Figura 5)[28], continuam a prestá-los 'no' Brasil. Até mesmo o atendimento médico (clínico e até cirúrgico) a partir de bases estrangeiras passou a ser, em tese, viável pela chamada telemedicina, como veremos.

---

26. O termo importado/adaptado da palavra inglesa "*money*" (dinheiro) significa a possibilidade gerar recursos por meio da venda de publicidade (permitida e gerenciada por algumas redes sociais/plataformas) atrelada ao conteúdo divulgado. Assim, quanto maior for a visibilidade daquele material, maior será a remuneração do criador. Em termos concretos esta ferramenta acaba sendo, em parte, responsável por novas profissões (o influenciador, por exemplo), novas tendências (coreografias, desafios, moda etc.) e, claro, formatos de conteúdo (limite de tempo máximo, vídeos, filtros etc.). As próprias redes sociais e plataformas promovem mudanças periódicas em sua programação(algoritmos)/diretrizes para incentivar a adequação de conteúdo e ampliação/diminuição de visibilidade. Este último aspecto talvez seja o mais criticado por acabar, indiretamente, padronizando conteúdo e limitando a diversidade de formas de expressão.
27. Para aqueles interessados em Direito internacional, a grande iniciativa neste sentido talvez sejam os Cursos da Academia de Haia (de verão e inverno) que passaram a ser disponibilizados também no formato *online*, concomitantemente ao evento presencial realizado anualmente na Holanda (HAGUE ACADEMY, 2023).
28. O mapa tenta ilustrar os números totais e os principais destinos dos emigrantes brasileiros até 2020 a partir de dados colhidos pelo Departamento de Assuntos Sociais e Econômicos da ONU. O gráfico foi desenvolvido por (OUR WORLD IN DATA, 2024).

Total number of international immigrants, 2020

The total number of people living in a given country that were born in another country. This measures the cumulative migrant stock.

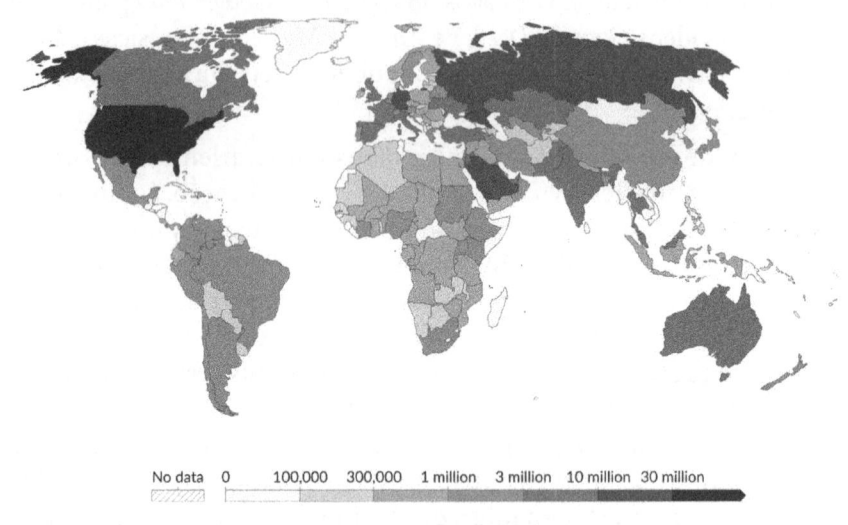

No data   0   100,000   300,000   1 million   3 million   10 million   30 million

Data source: United Nations Department of Economic and Social Affairs (UN DESA)   CC BY

Figura 5 – Emigrados brasileiros

Advirta-se, contudo, que, ainda que do ponto de vista fático nada impedisse que você consultasse um profissional estrangeiro muitas vezes a execução de seus serviços poderia esbarrar em disposições regulamentares ou exigências formais, usualmente pensadas estritamente para serviços executados de forma física, presencial e em contexto definido, algumas vezes, como "protecionista"[29].

Outro fenômeno que se intensificou a partir do fechamento das fronteiras durante a crise sanitária do COVID-19 foi o do *outsourcing* digital, ou seja, o caso de profissionais brasileiros contratados por empresas estrangeiras para 'lá' executarem os trabalhos, mas que nunca deixaram nosso país. Afinal, se a nuvem não é um lugar, você pode estar em qualquer lugar.

---

29. Caso recente e emblemático foi o comunicado da Ordem dos Advogados Portugueses a Ordem dos Advogados do Brasil de que deixaria de admitir a reciprocidade para a inscrição de advogados brasileiros em seus quadros sem o cumprimento das exigências feita aos demais estrangeiros (Ordem dos Advogados Portugueses, 2023).

Em outros termos: se estudar[30] e trabalhar passaram a ser possíveis à distância, o mesmo ocorre com outras parcelas da vida das pessoas, tais como o exercício da atividade empresarial[31] (*e-commerce*, por exemplo), a participação e deliberação em assembleias societárias e reuniões de sócios[32] e a participação nas mal afamadas assembleias de condomínio[33], por meio do uso da tecnologia. A partir daí é uma conclusão simples lembrarmos de sua internacionalização.

Estas novas possibilidades profissionais, contudo, exigem cuidado. O prestador do serviço/trabalhador que se engaja neste tipo de negociação precisa estar ciente que ela traz complexidades próprias: do Direito que rege o negócio (o aspecto chamado conflitual ou de Direito internacional privado, como veremos no **Capítulo 4.1**), passando pela jurisdição competente para julgar eventuais litígios, até os custos e procedimentos adicionais para viabilização da remuneração (tributários, contratos de câmbio e tarifas bancárias específicas, tempo para operacionalização etc.)[34]. Além disso, aspectos éticos; os deveres de informação, de proteção do consumidor e dos dados pessoais; os limites e exigências regulatórias; e as consequências tributárias e previdenciárias também precisariam ser levadas em consideração. Neste sentido, é emblemática a experiência da telemedicina[35] e os desafios que vêm sendo colocados para sua realização e ampla efetivação.

Infelizmente muito desta realidade acaba, ainda, não sendo alcançada pelos dados estatísticos oficiais brasileiros, razão pela qual ainda não se pode afirmar – categoricamente – os números de sua participação no Produto Interno Bruto (PIB) brasileiro.

---

30. Interessante exemplo desta perspectiva é a promulgação da Lei nº 14.627/2023 que visa promover os direitos educacionais dos brasileiros residentes no exterior (BRASIL, 2023) e da Lei nº 14.913/2024 que trata do tema do estágio, intercâmbio, monitoria e programas de iniciação científica realizados no exterior (BRASIL, 2024).
31. Note que o próprio Código Civil brasileiro (CCB) menciona que a atividade empresarial pode ser desenvolvida de forma virtual e que, nestes casos, o endereço registral será aquele do(s) sócios(s) (art. 1.142, §§ 1º e 2º). Trata-se da preocupação com a sede (ou domicílio) da atividade. No caso das sociedades, apenas para ilustração – o domicílio é elemento obrigatório para o registro e constituição da pessoa jurídica (arts. 997, II e 998), como elemento para definição de sua nacionalidade (art. 1.126) (BRASIL, 2002) e, claro, de competência judicial (art. 21, I do Código de Processo Civil – CPC) (BRASIL, 2015).
32. A partir de 2020, definitivamente declarada, no Brasil, com a introdução do art. 1.080-A no Código Civil.
33. A partir de 2022, definitivamente declarada, no Brasil, com a introdução do art. 1.354-A e respectivos incisos e parágrafos no Código Civil.
34. O impacto da promulgação da Lei nº 14.286/2021 (BRASIL, 2021), que entrou em vigor em dezembro de 2022, ainda precisa ser medido objetivamente. A nova legislação flexibilizou a proibição de compra e venda de moeda estrangeira entre pessoas físicas (art. 19); passou a permitir a transferência de reais (R$) para o exterior (art. 6º) e o pagamento em moeda estrangeira e a manutenção de contas em dólares (US$) (art. 5º, IX).
35. *(GLITZ F. E., Desafios para a internacionalização da Telemedicina*: uma perspectiva brasileira, 2024).

Por outro lado, quando falamos de mercadorias, as estatísticas brasileiras oficiais[36] são precisas e revelam números impressionantes: os dados anuais consolidados em 2023 indicam um total de US$ 339,67 trilhões em exportações brasileiras e US$ 240,83 trilhões em importações[37]. É claro que, cada centavo destas cifras, decorre de uma relação contratual internacional (instrumentalizada ou não).

Mês	Exportações		Importações		Corrente		Saldo		Var. % mesmo Período do Ano Anterior			
	Valor	MD	Valor	MD	Valor	MD	Valor	MD	Exp	Imp	Corrente	Saldo
Jan-Dez/2023	339.672,8	1.364,1	240.834,6	967,2	580.507,4	2.331,4	98.838,2	396,9	1,7	-11,7	-4,3	60,6
Jan-Dez/2022	334.136,0	1.336,5	272.610,7	1.090,4	606.746,8	2.427,0	61.525,3	246,1	19	24,2	21,3	0,2

Figura 6 – Balança comercial

Fonte: Balança comercial – *Saldos acumulados – US$ FOB milhões*. Secretaria de Comércio Exterior, Ministério do Desenvolvimento, Indústria e Comércio.

A esta altura e com todos estes dados e informações em mente, parece seguro colocar em dúvida o argumento de que a internacionalização dos negócios é restrita a poucos sujeitos e objetos.

1.2 CONTRATOS INTERNACIONAIS SÃO APENAS EMPRESARIAIS?

Outro mito fundador da matéria é que a internacionalidade dos contratos só seria importante para negócios empresariais de grande relevância econômica. Pretendo ao final deste item deixá-la(o) em dúvida também sobre esta afirmação.

Claro que qualquer tentativa de enumerar as possibilidades internacionais de um contrato só se destina ao insucesso e à desatualização. Ao final do item anterior, contudo, deve ter ficado claro que relações contratuais internacionais de diversas naturezas são uma realidade, plural, democrática e cada vez mais acessível. Além disso, você deve ter percebido as possibilidades de vários contratos de consumo e "civis" (*peer to peer* ou *p2p*), desde os imobiliários em potencial, os proporcionados pela intermediação dos *marketplaces* (Mercado Livre, por exemplo), a venda de conteúdo e outros serviços digitais, até os profissionais que estão sendo regulamentados. Por isso, os próximos parágrafos devem ser lidos, apenas, como exemplificativos e provocativos. A partir de sua própria experiência

---

36. Em interessante julgado do Tribunal Regional Federal da 1ª Região se reconheceu o direito de se ter acesso aos dados da Receita Federal do Brasil sobre os importadores e exportadores de um determinado produto farmacêutico para fins de avaliação da infração de propriedade intelectual patenteada no Brasil (Remessa Cível necessária, 2022).

37. Estes dados podem ser consultados e atualizados por meio da plataforma da Secretaria de Comércio Exterior do Ministério do Desenvolvimento, Indústria, Comércio e Serviços (BRASIL. Ministério do Desenvolvimento, Indústria, Comércio e Serviços, 2024).

e reflexão, provavelmente, lacunas ficarão evidentes em minha abordagem. Se as constatar, mais uma vez este Guia serviu ao seu propósito.

Comecemos, então, pelo chamado teletrabalho e a ampliação oportunizada pelo *outsourcing* digital. A partir de 2020, muito se falou que o Brasil se viu obrigado a enfrentar a inadequação do "antigo normal" do trabalho. Talvez você mesmo tenha sido afetada(o) diretamente por isso, seja no dia a dia de sua profissão[38] ou para viabilizar a sua educação ou de seus filhos[39].

A realidade é que a declaração da emergência sanitária COVID-19[40] impulsionou a adoção de medidas que viabilizassem a "normalização" da vida, ainda que tivéssemos que conviver com o isolamento social como instrumento de política pública de contenção do vírus. Os fatos impuseram, em algum sentido, a transformação digital de vários setores econômicos, retirando aquelas objeções que ainda existiam no Brasil. De um momento para o outro, reuniões, audiências judiciais, conferências, reuniões societárias e de condomínio, consultas e aulas passaram a ser *on-line*. Muitas das alterações legislativas que nos ajudaram a ilustrar o capítulo anterior têm fundamento justamente nesta necessidade.

Ainda que o isolamento tenha sido imediatamente abandonado assim que se tornou possível e aquela realidade seja especialmente marcada pelo trauma[41], o ponto em questão é que a presencialidade deixou de ser um pressuposto lógico necessário para a economia brasileira[42]. Seja para fins de redução de custos[43], como opção de vida[44] ou mesmo facilitação de atuação

---

38. Dados de setembro de 2020 da pesquisa PNAD Covid indicavam que cerca de 8 milhões de pessoas estavam trabalhando remotamente (IBGE, 2023).
39. Dados do Instituto Nacional de Estudos e Pesquisas Educacionais (INEP) indicavam em novembro de 2021 que na década anterior o número de ingressantes em cursos superiores na modalidade de educação a distância (EaD) havia aumentado mais de 470% e que cerca de 61% dos novos ingressantes teriam optado por esta modalidade (BRASIL. Instituto Nacional de Estudos e Pesquisas Educacionais Anísio Teixeira, 2023).
40. Declarada a partir de 06 de fevereiro de 2020 (BRASIL, 2020), cujo tratamento regulatório foi meramente revogado por decreto de 2022 (BRASIL, 2022).
41. Dados indicam que foram quase 705 mil mortes causadas pelo coronavírus (entre 2020 e agosto de 2023). (BRASIL, 2023).
42. Dados do IPEA indicam que, em 2022, cerca de 20 milhões de trabalhadores desempenhariam funções que poderiam ser realizadas de forma remota, o que representaria cerca de 24% do total de ocupados e 40% dos rendimentos totais (IPEA, 2023).
43. Vide, por exemplo, a relatada redução de R$ 1,5 bilhão dos custos do Executivo brasileiro entre os meses de maio de 2020 e junho de 2021 (BRASIL. Empresa Brasil de Comunicação, 2023). Podemos, no entanto, pensar em outros aspectos: reorganização do tempo, economia com deslocamento e infraestrutura, redução do custo com alimentação, aumento de moradias temporárias, deslocamento habitacional para pequenas comunidades/cidades e revalorização do comércio local etc.
44. Em algum aspecto, não ter que sair de casa para trabalhar foi, também e paradoxalmente, percebido como um ganho pelo trabalhador. Esta aparente liberdade teria sido responsável até mesmo pela figura do nômade digital (UOL, 2023) ou das famílias caramujo (Globo Repórter, 2023).

profissional especialmente para aqueles localizados fora dos grandes centros urbanos (democratizando o acesso a vagas), consagrou-se, então, ao menos, uma possível alternativa: a utilização da tecnologia para viabilizar a prestação remota do serviço/trabalho.

Do ponto de vista internacional, o mesmo aconteceu: as fronteiras fechadas e os vistos negados obrigaram profissionais, que anteriormente seriam expatriados ou que dependeriam do deslocamento internacional, a realizar seu trabalho de onde estivessem. Ainda que com os desafios do fuso horário e da língua, muitas vezes este modelo de trabalho chegou a ser buscado por aqueles que não gostariam, por exemplo, de se afastar de suas famílias, mas que queriam ter a experiência internacional e a possibilidade de remuneração, não raras vezes, superior. Em situações cada vez mais comuns, a possibilidade de trabalho remoto se tornou uma oportunidade, inclusive, para reinvenção profissional: a oferta e prestação dos serviços sendo realizada de onde se estiver, inclusive do exterior. O chamado *anywhere office*[45] passou a ser também, em si, um objetivo profissional e a figura do "nômade digital"[46] foi recepcionada, inclusive, pela legislação migratória brasileira[47] e se projeta, do ponto de vista trabalhista, algum nível de regulamentação[48].

Note que nada disso seria impossível imediatamente antes da declaração de emergência sanitária, afinal, o *outsourcing* já era, há muito tempo, prática realizada em outros países. Quando se ligava para um Serviço de Atendimento ao Consumidor (SAC) nos Estados Unidos da América (EUA), não era incomum ser atendido por profissional conterrâneo de *Ganda*, por exemplo. A busca, fora das fronteiras nacionais, do trabalho que, dentro dos respectivos países de sede, é mais custoso, de menor qualidade, indisponível, impossível ou inviável pode ser uma estratégia de negócios. Há, claro, em parte, exploração de condições de trabalho menos protegidas e remuneração mais baixa (*dumping social*), mas,

---

45. Trocadilho com a expressão *home office* (significando o trabalho sendo realizado de casa) para abranger a possibilidade de exercício laboral em qualquer lugar, seja de casa, de uma cafeteria, de um *coworking* ou de forma nômade.

46. Apenas nos EUA eles seriam em 2023 17 milhões de pessoas, com estimativa de serem 35 milhões em 2035 (JORNAL DA GLOBO, 2023).

47. Neste sentido pode-se mencionar a Resolução nº 45/2021 que não só utilizava esta expressão (art. 1º) como dispunha sobre a concessão de visto temporário de residência para este tipo de imigrante (BRASIL. Conselho Nacional de Migração, 2021).

48. Projeto de Lei nº 4.931/2020 (BRASIL. Câmara dos Deputados, 2020) que conceitua o teletrabalho "transnacional" como aquele em que "empregado estiver em país diverso do qual se localiza o estabelecimento da empresa ao qual esteja vinculado" (redação proposta ao *caput* do art. 75-I da CLT) determinando que a este contrato seja aplicado o Direito do local onde o serviço é prestado (sede da contratante), esclarecendo-se, ainda, que a este tipo de contrato não se aplicaria a legislação atinente aos prestadores de serviços expatriados (Lei nº 7.604/1982 – (BRASIL, 1982). Este Projeto foi apensado ao PL nº 2.251/2020 e, posteriormente, ao PL nº 8.501/2017, que seguem em tramitação na Casa original.

também há transferência de recursos e tecnologia e geração de emprego em países mais pobres.

Algumas vezes esta estratégia beira a fraude, como costumam entender as autoridades fiscais quando, por exemplo, confrontadas com a localização de sedes societárias em paraísos fiscais ou em países diversos daqueles em que a exploração do serviço ocorre[49]. Não se pode, contudo, presumir que todas as formas de exercício profissional transfronteiriço sejam utilizadas, apenas, para burlar a incidência de norma imperativa. Muitas vezes, elas representam a busca pelo melhor conhecimento e técnica; a realização de projeto existencial ou, mesmo, pelo mero acesso a certo serviço[50].

Ainda dentro das possibilidades do teletrabalho internacional, gostaria destacar a utilização da telemedicina[51], foco de maior regulamentação no Brasil, ainda que muitas de nossas conclusões possam ser ampliadas para a telenfermagem[52], telemedicina veterinária[53] e telenutrição[54].

Assim como eu, quem já assistiu a uma *reprise* do desenho animado "Os Jetsons" talvez se recorde de um episódio em que uma teleconsulta[55] é retratada[56]. Mas, para aqueles que não são '*vintage*' a este ponto, como entusiasta de ficção

---

49. Interpretação exemplificada pelo embate entre as autoridades europeias e as *Big Techs* instaladas na Irlanda. (UOL, 2023).
50. Seria o caso da atuação de médicos especialistas que atuam em países empobrecidos (FRANÇA, 2023).
51. No momento em que este capítulo é redigido, é regulada pela Lei nº 14.510/2022 que alterou a Lei nº 8.080/1990 (BRASIL, 2022) e pela Resolução do Conselho Federal de Medicina (CFM) de nº 2.314/2022 (BRASIL. Conselho Federal de Medicina, 2022). Sobre o tema, recomendo: (SCHAEFER & GLITZ, *Telemedicina*: desafios éticos e regulatórios, 2024).
52. No momento em que este capítulo é redigido, é regulada pela Resolução do COFEN de nº 696/2022, com as alterações promovidas pelas Resoluções nº 707 e 713 de 2023. Ela é definida como "a atuação da Enfermagem na Saúde Digital no âmbito do SUS, bem como na saúde suplementar e privada, nos termos da norma técnica em anexo que a partir desta Resolução" (art. 1º), englobando "Consulta de Enfermagem, Interconsulta, Consultoria, Monitoramento, Educação em Saúde e Acolhimento da Demanda Espontânea mediadas por Tecnologia da Informação e Comunicação (TIC)" (art. 2º) (BRASIL. Conselho Federal de Enfermagem, 2022).
53. No momento em que este capítulo é redigido, é regulada pela Resolução do CFMV de nº 1.465/2022 e definida como "exercício da Medicina Veterinária pelo uso de tecnologias de informação e comunicação (TICs) com o objetivo de assistência, com observância dos padrões técnicos e éticos, incluídas as modalidades de teleconsulta, telemonitoramento, teletriagem, teleorientação, teleinterconsulta e telediagnóstico;" (art. 4º, I) (BRASIL. Conselho Federal de Medicina Veterinária, 2022).
54. No momento em que este capítulo é redigido, é regulada pela Resolução do CFN de nº 760/2023. Ela é definida como "a prestação de serviços realizada exclusivamente por nutricionista por meio das TICs, com a finalidade de promover assistência nutricional, educação, pesquisa, gestão e promoção da saúde, com base nos preceitos éticos e bioéticos da profissão." (BRASIL. Conselho Federal de Nutrição, 2023).
55. Definida pela Resolução CFM 2314/2022 como (art. 6º) "(...) consulta médica não presencial, mediada por TDICs [Tecnologias Digitais, de Informação e de Comunicação], com médico e paciente localizados em diferentes espaços".
56. Imagem obtida do site da Warner Bros. O seriado foi originalmente veiculado na televisão norte-americana, como pioneiro da colorização, em 23 de setembro de 1962.

científica, posso mencionar: a cirurgia que transforma *Anakin Skywalker* em *Darth Vader* e o parto de seus filhos gêmeos (ambos exemplos de cirurgia robótica[57] presentes no terceiro episódio da franquia *Star Wars*) e a cena do 'parto' em *Prometheus* (que inicia a segunda trilogia *Alien*). Exemplos da ficção? Não mais, já há algum tempo[58].

QR Code 9 – Jetsons

Se expandirmos esta realidade para o ambiente transnacional[59], temos que lembrar que a limitação formal a este trabalho pode, ocorrer nas duas pontas geográficas da relação. Daí porque, com razoável segurança, posso afirmar que, atualmente, os maiores desafios para o exercício internacional da telemedicina[60], da telenfermagem, da telemedicina veterinária e da telenutrição, no Brasil, não parecem ser operacionais ou infraestruturais, mas éticos e jurídicos.

Nos quatro casos elencados (Medicina, Enfermagem, Medicina Veterinária e Nutrição), impõe-se limitação – via regulamentação nacional – à internacionalização dos serviços: desde a exigência de inscrição no Conselho (em todos os casos); existência de cadastro específico para atuação telemática (Nutrição); exigência de sede em território brasileiro para as pessoas jurídicas que explorarem os serviços (Medicina); registro das empresas intermediadoras de serviços médicos junto ao Conselho Regional de sua sede (Medicina); requisitos espe-

---

57. Figura regulada no Brasil pela Resolução CFM 2.311/2022 e definida como "modalidade de tratamento cirúrgico a ser utilizada por via minimamente invasiva, aberta ou combinada, para o tratamento de doenças em que já se tenha comprovado sua eficácia e segurança" (art. 1º) e a telecirurgia como "a realização de procedimento cirúrgico a distância com utilização de equipamento robótico, mediada por tecnologias interativas seguras" (art. 6º) (BRASIL. Conselho Federal de Medicina, 2022).

58. Especula-se que a primeira telecirurgia robótica internacional teria sido realizada em 2001 que permitiu que um cirurgião nos Estados Unidos, operasse uma pessoa na França (Brower, 2002). Recentemente noticiou-se a pioneira cirurgia com conexão 5G envolvendo médico na Itália e paciente na China (PATRICK, 2024). No Brasil a cirurgia robótica pioneira teria ocorrido em 2008 e hoje já teriam ocorrido mais de 11 mil apenas em um hospital em São Paulo (UOL, 2023).

59. "O Direito Transnacional inclui então tanto o aspecto cível quanto o criminal, inclui o que conhecemos como Direito Internacional Público e privado, e inclui o Direito nacional, tanto público como privado. Não há razão por que o tribunal judicial, seja nacional ou internacional, não devesse ser autorizado a escolher dentre todos estes corpos legais a regra considerada mais de acordo com a razão e a justiça para a solução de qualquer controvérsia particular" (JESSUP, 1965).

60. (GLITZ F. E., Desafios para a internacionalização da Telemedicina: uma perspectiva brasileira, 2024).

cíficos para utilização de plataforma de comunicação e arquivamento de dados (Medicina) e para a assinatura digital (Medicina e Enfermagem). Além disso, no caso da telemedicina, menciona-se que ela deva ocorrer "dentro do território nacional"[61] com a indicação obrigatória dos endereços do médico e do local de atendimento do paciente. Em todos os casos, a regulamentação deixa clara a preferência pelo atendimento presencial, mas na telemedicina vai-se além: exige-se a periodicidade de consultas presenciais no atendimento de longo prazo e incentiva-se o profissional a solicitar a presença do paciente quando o "exame físico completo" não for possível.

A esta altura você já entendeu que a regulamentação nacional parece desenhada para limitar a importação dos serviços médicos[62]. Também entendeu o porquê parece ser proposital a utilização do critério territorial[63] para regular um serviço remoto. O problema, contudo, é que tal regulamentação restringe, também, a exportação dos mesmos serviços ou sua exploração por expatriados[64]. Trata-se, é claro, de um ponto a ser discutido e que, por sua vez, abrirá novos temas a serem debatidos (fiscalização, tributação, deveres éticos, cooperação internacional etc.).

Esta é a única forma de tratar o tema? Seguramente não. Repare, por exemplo, a exceção representada pela telenutrição. Nela não só se reafirma que a(o) profissional inscrita(o) no Conselho Regional estaria habilitada(o) legalmente a prestar seus serviços "à população residente no Brasil, independentemente de sua [do profissional] localização geográfica" (art. 4º, § 1º da Resolução CFN nº 760/2023) como, didaticamente, adverte que o atendimento de paciente residente no exterior (independentemente de sua localização e nacionalidade), deve atender aos ditames da norma do local de atendimento.

Embora a redação do dispositivo seja simples, as conclusões que dela retiramos permitem que avancemos no enfrentamento da questão: (i) um(a) nutricionista sediado(a) no exterior, mas inscrito(a) em Conselho Regional de Nutrição (CRN) no Brasil, pode atender paciente residente no Brasil via telenutrição, prestando-lhe serviço de saúde internacional: em princípio sim. Potenciais problemas

---

61. (BRASIL. Conselho Federal de Medicina, 2022).
62. Fenômeno que não é desconhecido do Direito brasileiro, que usualmente exige a revalidação de diplomas, a exemplo da reforma do Programa mais Médicos (BRASIL, 2023).
63. Há quem sustente que a remoção da exigência de licenças nacionais para a telemedicina poderia promover o acesso à saúde em espaço transnacional (NELSON, 2000).
64. A prática indica dois exemplos: (i) pacientes brasileiros expatriados procurando os profissionais com quem já mantinham os laços de confiança e (ii) os profissionais brasileiros que se encontram, por variados motivos, residindo fora do Brasil e que estariam, então, impedidos de realizar seus atendimentos. Além disso, devemos considerar que esta comunidade, hoje, é de cerca de 4,5 milhões de pessoas e nunca teria sido maior (BORDALLO, 2024).

a serem discutidos passarão a ser formais e operacionais: receituário, tributação, previdenciário etc.; (ii) um(a) nutricionista sediado(a) no Brasil pode atender seu paciente que se mudou para a Alemanha, via telenutrição, prestando-lhe serviço de saúde internacional? Apenas se atender a regulamentação alemã. Isso quer dizer: se lá for necessária uma revalidação de diploma e um novo registro, sem isso não poderá fazê-lo. Potenciais problemas a serem discutidos passarão a ser éticos e de responsabilização civil/penal: e o serviço for prestado? Haverá punição, com que base legal?

Note que, para te chamar a atenção ao tema, nem foi necessário abordar algumas das discussões mais controversas relacionadas à Saúde: (a) o atendimento daqueles que buscam o serviço porque este é proibido em seu país de origem (como a maternidade por substituição[65] ou o aborto[66]); (b) o atendimento daqueles que buscam obter uma possível "vantagem" (como a nacionalidade diversa[67] para sua prole ou acesso gratuito aos serviços médicos[68]); ou (c) o atendimento daqueles que buscam técnicas controversas em seus países de origem[69].

Além dos exemplos da Saúde, podemos também identificar exemplos patrimoniais, como o nada comum contrato internacional imobiliário. Como assim nada comuns? Bem, no Brasil, os negócios imobiliários usualmente são celebrados, em razão de seu valor, por meio de escrituras públicas[70], o que envolveria deslocamento dos contratantes até um cartório (ou a utilização de procurações outorgadas em repartições consulares para representantes no Brasil)[71]. Na prática, isto impediria que o negócio acabasse ocorrendo em âmbito transnacional.

A partir de 2020, contudo, o CNJ permitiu que a prática de atos notariais se desse por meio da *internet*[72], com isso os serviços notariais passaram a poder ser realizados independentemente do país em que estivessem os compradores/vendedores. Viabilizava-se, assim, o contrato imobiliário internacional sob a perspectiva brasileira. Na prática você perceberá, contudo, que eles ainda estão

---

65. Sobre o tema: (RIVABEM & GLITZ, 2020) e (SQUEFF & MARTINS, 2020).

66. Sobre o tema do teleaborto: (SCHAEFER & RIBAS, Biodireito e Direito penal brasileiro, 2024).

67. Sobre o tema: (CORTIANO JR, RIVABEM, & GLITZ, 2019).

68. O parto humanizado e a dupla nacionalidade podem motivar esta escolha, como é o caso frequente de mães russas que vêm ao Brasil (G1, 2023).

69. Como o chamado "suicídio assistido" (G1, 2022).

70. Como se sabe, quando envolvem valores superiores a trinta vezes o salário-mínimo brasileiro exige-se, como condição de validade do contrato, sua celebração por meio de escritura pública (art. 108 CCB).

71. Sobre os aspectos registrais envolvidos quando, em negócios transnacionais, o instrumento negocial é estrangeiro (não brasileiro), sugiro a leitura de (LAGO, 2017).

72. Entre eles a assinatura eletrônica notarizada e a videoconferência notarial – Provimento CNJ nº 100 (BRASIL. Conselho Nacional de Justiça, 2020) e testamentos, testamento vitais, declarações de união estável, até as autorizações de viagem para menores Provimento CNJ nº 103 (BRASIL. Conselho Nacional de Justiça., 2020).

limitados por outro aspecto formal: a utilização de cadastro nacional dos dados biométricos do contratante. Se, contudo, você tiver seus dados registrados no Brasil e quiser vender um imóvel a outra pessoa que também os tenha, ainda que você esteja em Paris e ela em Roma, isso seria possível.

Outros exemplos patrimoniais podem ser invocados por meio da referência: (i) ao chamado marco legal das *Startups* que expressamente menciona a necessidade de internacionalização das empresas brasileiras e a necessidade de atração do investimento estrangeiro como diretrizes legislativas[73]; (ii) à lei de facilitação do comércio exterior[74] e ao (iii) Plano de Ação para a Neoindustrialização do Brasil (2024-2026)[75] que elege entre seus princípios a "inserção internacional qualificada" e a exemplifica por uma série de ações que vão da estruturação de cadeias agroindustriais digitais e sustentáveis até a descarbonização e segurança energética[76]. A captação dos recursos estrangeiros necessários para os objetivos de internacionalização é feita, por óbvio, por meio de negócios de índole transnacional.

Já se seu interesse está nas compras públicas, embora elas não estejam no escopo deste Guia, podemos lembrar que apenas recentemente se definiu o que seria, na perspectiva legislativa brasileira, uma licitação internacional[77], tão fundamental para a aquisição das vacinas com que enfrentamos a crise sanitária que deu início a esta explicação.

Como lhe disse desde o início deste subitem, serão muitos os possíveis exemplos, mas se estes bastarem para questionarmos a afirmação de que a internacionalidade seria relevante apenas para aqueles que se dedicam ao comércio internacional, eles serão suficientes, por enquanto.

1.3 CONTRATOS INTERNACIONAIS ENVOLVEM APENAS GRANDES NEGÓCIOS?

Outro mito associado ao *habitat* de nosso rinoceronte é a de que os contratos internacionais ocupariam um espaço econômico cuja relevância seria marcada mais pelos valores envolvidos que pelo volume de negócios efetivamente celebra-

---

73. (BRASIL, 2021).
74. (BRASIL, 2021).
75. (BRASIL. Ministério do Desenvolvimento, Indústria, Comércio e Serviços, 2024).
76. Em linha com as preocupações mais recentes expressos pelo relatório da Conferência das Nações Unidas sobre Comércio e Desenvolvimento (UNCTAD) (ONU. UNCTAD, 2023).
77. "Art. 6º Para os fins desta Lei, consideram-se: (...) XXXV – licitação internacional: licitação processada em território nacional na qual é admitida a participação de licitantes estrangeiros, com a possibilidade de cotação de preços em moeda estrangeira, ou licitação na qual o objeto contratual pode ou deve ser executado no todo ou em parte em território estrangeiro" (BRASIL, 2021).

dos. Esta parte da lenda, acredito, desvendamos quando mencionei quão comuns eles são (Capítulo 1.1). Por outro lado, para deixar de vez esta noção para trás, penso ser necessário enfrentarmos dois outros pontos:

O primeiro deles é que tipo de negócio estaria associado a nosso "rinoceronte". A fábula quer indicar que seriam aqueles relacionados apenas a grandes operações empresariais: desde as grandes obras de engenharia[78] até as aquisições societárias internacionais realizadas pelas *Big Techs*. Felizmente este resumo não é a realidade completa. E isso é simples de justificar: se cada um de nós está submetido a relações potencialmente internacionais, facilitadas pelo desenvolvimento tecnológico, simplificação das comunicações e do deslocamento transfronteiriço; potencialmente cada um de nós será, também, sujeito de uma relação jurídica obrigacional de natureza internacional. Para ilustrar a questão, vale a pena retroceder, mais uma vez, aos anos 1990, quando a *internet* dava seus primeiros passos no Brasil.

Naquela época, se quiséssemos adquirir um produto estrangeiro o faríamos, provavelmente, indo buscá-lo em sua origem (se juridicamente possível e economicamente viável) ou o adquirindo por meio de importador (agente profissional[79]). Desconsideremos, aqui, é claro, outras práticas, comuns na época, mas não recomendadas pela autoridade alfandegária brasileira.

Seria, em tese, assim que os primeiros computadores pessoais – no sentido que conhecemos hoje – chegaram ao Brasil. Quem viveu no Brasil dos anos 1990 talvez também se recorde dos *Lada* circulando por aí, eles eram os primeiros carros cuja importação em massa era viável depois de muitos anos[80].

Talvez para você, que está ambientado no século XXI, pareça estranho que importações fossem proibidas, principalmente depois da popularização dos produtos chineses. Entre um cenário e outro podemos dizer que o Brasil e a(o)s brasileiras(os) se reinventaram. Hoje, ainda que nossa economia não possa ser considerada plenamente aberta e competitiva[81], vivemos um

---

78. Cito, por exemplo, aquelas realizadas por empreiteiras brasileiras, no Oriente Médio, na década de 1980 (FGV, 2023).
79. Com distintas possibilidades de atuação, como a importação por conta e ordem de terceiro e a importação por encomenda, por exemplo. Vide (BRASIL. Receita Federal, 2022).
80. A chamada 'reabertura' dos portos brasileiros foi promovida, inicialmente, pela Medida Provisória nº 158/1990 (BRASIL, 1990), logo convertida em lei. No caso dos veículos, a importação logo se popularizou (SODRÉ, 2023).
81. No ranking global de competitividade, o Brasil estaria na 60ª posição (de um total de 89 pesquisados) segundo dados do anuário do IMD para 2023 (International Institute for Management Development, 2023).

cenário em que basicamente é o custo que viabiliza[82] ou não uma operação internacional[83].

Desta forma, adquirir um livro estrangeiro em meados da década de 1990 era, normalmente, subproduto de uma viagem internacional (sua ou de outrem), pois até estas eram, geralmente, proibitivas. Existiam, claro, outras formas, menos usuais para a população em geral, tais como a aquisição por catálogo da livraria estrangeira com contato direto (carta/telefone); pelos serviços dos inestimáveis livreiros especializados (importação) ou, ainda, pelas preciosas bibliotecas públicas universitárias. O calcanhar de Aquiles[84] aqui era evidente: o risco de desatualização era constante e o custo, considerável.

Em meados dos anos 2000, a *internet* estava madura o suficiente no Brasil para desempenhar, inicialmente, dois papéis: o de *catálogo de vendas* (*brochuraware*, como apelidada) e de *contato direto*. Assim, passou a ser simples ter acesso a informações mais básicas, tais como a existência de um determinado título e eventuais vendedores que o disponibilizassem. E-mails passariam, então, a garantir o contato direto e cartões de crédito internacionais os meios de pagamento. Embora, para a pesquisa acadêmica isso fosse um grande desenvolvimento, as bibliotecas estrangeiras ainda eram essenciais já que, nesta época, o acesso *online* a revistas especializadas estrangeiras – a partir do Brasil – ainda era raro, caro ou inviável. Assim, embora o risco de desatualização da informação ficasse evidentemente menor, ele ainda convivia com outra desvantagem: o tempo entre a aquisição do livro e sua chegada (algumas vezes mais de 90 dias) e o custo com a variação do câmbio na hora do pagamento.

Já nos anos 2010 o cenário era outro. Não só a aquisição dos livros poderia ser feita diretamente por meio de sites, como as entregas poderiam ser imediatas para as versões digitais. Além disso, barateou-se o acesso as grandes

---

82. Dados do Ministério do Desenvolvimento, Indústria, Comércio e Serviços (MDICS) indica que o custo de exportação no Brasil é, em média, US$ 862,00, ou seja, o segundo mais elevado da América Latina (BRASIL. Ministério do Desenvolvimento, Indústria, Comércio e Serviços, 2023).

83. O tributário/aduaneiro, é claro, muitas vezes pode ser usado como instrumento de política pública (vacinas, por exemplo) ou protecionismo e, neste caso, acabaria encontrando foro de discussão nas negociações internacionais bilaterais ou multilaterais. O Brasil, por exemplo, sempre foi ativo participante do mecanismo de solução de controvérsias da Organização Mundial do Comércio (OMC), onde alguns casos com esta temática foram julgados (a exemplo do DS497 sobre a reclamação japonesa (WTO, 2023).

84. A expressão tem origem no mito grego de Aquiles. Embora sejam várias as explicações, de um modo geral elas concordam que sua mãe (Tétis, uma ninfa), destinada a ter um filho mortal, tratou de banhá-lo no rio Estige (o mesmo que separava o mundo dos vivos do reino dos mortos). Fez isso para que a criança se tornasse invencível e imortal, mas ao fazê-lo, segurou Aquiles por um dos calcanhares, deixando esta parte de seu corpo, seca. Este seria, a partir de então, o ponto vulnerável do herói, prontamente explorado por Páris, durante a guerra de Troia, com uma flecha guiada pelo deus Apolo (GUIRAND, 1987).

plataformas acadêmicas internacionais, racionalizando o acesso brasileiro a estas publicações. A diversidade de pesquisas e publicações científicas disponíveis *online* tornou-se ampla, bem como o eventual contato com os autores estrangeiros cuja produção passaria a ser divulgada até mesmo em redes sociais (*ResearchGate* e *Academia.edu*, por exemplo). Se, de um lado, o risco de desatualização e o custo de acesso podiam, enfim, ser amplamente mitigados; de outro, impunha-se o desafio de manejar tantas fontes e lidar com o amplo acesso à informação.

A partir dos anos 2020 podemos incrementar este ambiente com uma maior disponibilização de dados oficiais (estatísticos e legais), digitalização de documentos originais e bibliotecas e, ainda, com a viabilização da participação em eventos científicos, cursos e até mesmo bancas e palestras de forma remota. E, claro, outra complexidade se colocou: como participar/ter acesso de tudo que está, hoje, disponível. O custo, tempo, ainda precisará ser enfrentado.

Este relato ajuda a ilustrar não só a facilitação do acesso, como igualmente os novos tipos de produtos e serviços disponíveis. Inicialmente buscávamos, com ajuda da tecnologia, o contato com o fornecedor do produto físico (o livro). Depois, apresentou-se uma alternativa a este recurso: a versão digital (o livro eletrônico). Por fim, outros produtos/serviços foram criados e disponibilizados, transformando até mesmo a forma como faríamos, dali em diante, pesquisa científica (palestras e cursos *online, streaming, podcasts* etc.).

É claro que o acesso a estes novos produtos e serviços precisou ser formatado juridicamente e, em grande medida, repensado por meio da generalização de suas condições. Assim, parece seguro afirmar, que a democratização global do acesso foi, em parte, permitida pela massificação de seu tratamento jurídico. Embora a *internet* não os tenha criado, os contratos internacionais passariam a ser gerais (no sentido de acesso e utilização) a partir de seu desenvolvimento e popularização. Há, portanto, intima ligação entre o chamado Direito Digital e o Direito Contratual internacional.

O chifre ou o rinoceronte?

Você já ouviu falar dos extintos uintatério (*Uintatherium anceps*), arsinoitério (*Arsinoitherium giganteum*), brontotério (*Brontotherium*) e embolotério (*Embolotherium*)? Estes últimos são mais conhecidos porque aparecem na animação A Era do Gelo[85] (Carl e Frank, respectivamente). Embora não sejam antepassados diretos de *Ganda*, lembram muito o primo lanoso

---

85. (WEDGE, 2002).

(*Coelodonta antiquitatis*)[86] dela (Figura 7). Todos eles possuíam "um corno nas ventas" como definiram os lisboetas que a conheceram.

Figura 7 – Rinoceronte lanoso

Mas, afinal, quem surgiu antes: o rinoceronte ou o chifre? Esta é uma pergunta absurda, pois você se lembra dos dinossauros da franquia *Jurassic Park*[87]. Este mesmo tipo de pergunta aparece em relação à *internet* e o desenvolvimento dos negócios internacionais. Embora seja indispensável reconhecer a importância do meio (*internet*), lembro que aquele (o contrato internacional) existia antes (e sem) (d)ela.

Sirvo-me do relato de meu saudoso avô paterno sobre como se fazia a exportação de grãos em meados dos anos 1960. Ainda que fosse muito difícil vender grãos ao exterior, isso era possível, a partir de áreas remotas de nosso território, por meio da precária tecnologia telefônica disponível na época. Assim como foi possível exportar a borracha, café, cana de açúcar, algodão, erva mate e minério brasileiros antes do nascimento do inventor do telefone; viajar internacionalmente antes que discutíssemos quem inventou o avião[88]; ou buscar entretenimento antes que a descoberta do selênio viabilizasse a ideia da televisão.

---

86. Com sua pelagem espessa, podia habitar áreas com clima ártico na Europa e Ásia. Aparentemente nunca migrou para as Américas. Como os modernos rinocerontes africanos eram dotados de dois chifres e, claro, eram amplamente conhecidos pelos artistas do Pleistoceno (de 2,5 milhões a 12 mil anos atrás), já que retratados em cavernas e em chifres entalhados. Outros primos muito distantes de Ganda também já circularam por este planeta. Podemos citar os *Megacerops medium*, os *Embolotherium andrewsi* e o *Brontops robustus* que viveram durante o Eoceno (35 milhões de anos atrás), o recém-descoberto *Paraceratherium linxiaense* (26 milhões de anos atrás – (SALAS, 2021)) o *Menoceras arikarense* (20 milhões de anos atrás) e o *Teleoceras fossiger* (10 milhões de anos atrás) que viveram no Mioceno. Pode-se dizer que rinocerontes são conhecidos da população humana há muito tempo, como atestam as magníficas pinturas rupestres das cavernas do Vale Vézèr, na atual França, atribuída aos nossos primos que lá habitaram entre 400.000 e 10.000 anos atrás. Estes sítios pré-históricos, não sem razão, são considerados um patrimônio cultural da Humanidade pela Unesco. Especificamente na caverna de *Font-de-Gaume* se encontrou uma representação do rinoceronte lanoso, pintado originariamente em vermelho (Figura 7). Antes deles conhece-se apenas representações de rinocerontes em placas de pedras na Namíbia (por volta de 30 mil anos atrás) (BRITISH MUSEUM, 2024).

87. Apenas como esclarecimento para aqueles aficionados que – como eu – se recordaram de uma das primeiras cenas do filme que inaugurou a franquia, quando os especialistas (Dra. Sattler, Dr. Grant e Dr. Malcolm) e as crianças (Lex e Tim) avistam um *Triceratops* doente. Aquele belíssimo animal não guarda qualquer relação com *Ganda*. Ele sequer era um mamífero e viveu e morreu no Cretáceo sem deixar descendentes diretos conhecidos.

88. No Brasil se atribui a invenção do avião a Alberto Santos-Dumont. Filho de um dos mais ricos cafeicultores brasileiros, viveu durante muito tempo na França onde demonstrou sua inventividade com balões, os primeiros dirigíveis com motores à gasolina (Prêmio *Deutsch* de 1901 contornando a Torre Eiffel com o "n° 6") e aviões. Em 23 de outubro de 1906, em Paris, voou 60 metros com o *Oiseau de Proie*

Não podemos confundir o meio com o conteúdo.

Servindo-me de mais uma metáfora: o e-mail não é a mensagem que transmite ou arquivo que carrega. Menos, ainda, podemos misturar o tamanho dela (volume), com sua existência. Daí porque se tomarmos os números do PIB, perceberemos que ele é bastante concentrado em exportação de matéria prima não industrializada[89], medida em altíssimas quantidades. E isso seria, em tese, perceptível em todos os ciclos econômicos da economia brasileira (desde a cana-de-açúcar, o ouro, o algodão, o café, a borracha até a soja). Como sabemos, as exportações de *commodities* independem da digitalização da vida (embora tenham sido facilitadas por ela). São "analógicas" por excelência. Os próprios números da balança comercial refletem esta tendência[90]. Outra provável explicação é que, talvez, ainda não tenhamos estatísticas oficiais ou confiáveis sobre o chamado comércio eletrônico internacional.

Embora a ideia pareça sedutora, afinal gostamos de pensar quão essencial e distinto é o nosso próprio tempo; não foi a *internet* que inventou o contrato internacional; assim como chifres existiram antes e depois de *Ganda*. Ela – a *internet* –, contudo, devemos reconhecer, facilitou e generalizou a contratação internacional.

Desafios, é claro, surgiram e surgirão. As discussões, por exemplo, sobre consentimento e a contratação por adesão usualmente mencionadas, nos anos 1990/2000, no Brasil, para contratos bancários e relações de consumo, têm – hoje – reconhecida ampla aplicação até mesmo para relações transnacionais.

É aqui que entra o segundo ponto que precisamos enfrentar: a forma como nosso "rinoceronte" se apresenta. Como veremos no próximo capítulo (**2.1**), o contrato é uma construção histórica e, por isso, suas explicações devem ser pensadas a partir de premissas geográficas e temporais, sempre para necessidades concretas, específicas, localizadas e atuais. Neste contexto, técnicas são atualizadas e novas formas de expressão aplicadas, exigindo que as entendamos e as interpretemos.

Com certeza você já foi submetido à técnica da adesão para que pudesse ter o acesso a um serviço ou produto, físico ou digital, que lhe atendesse em alguma necessidade. Ao mesmo tempo, a técnica permite de forma fácil e barata o esta-

---

e, em 12 de novembro, voou cerca de 220 metros com o *Oiseau de Proie III*. Estes foram os primeiros voos homologados internacionalmente e públicos (HOFFMAN, 2004). Entre os norte-americanos, atribui-se a façanha aos *Wright* que utilizaram uma catapulta para alçar voo em 1903 no interior dos EUA, sem testemunhas ou homologação. Também se atribui ao brasileiro a concepção do relógio de pulso, que seu amigo *Cartier* teria feito para auxiliá-lo em voo; o chuveiro de água quente e a escada cujos degraus são recortados para facilitar a subida (mas tente descer...). Santos-Dumont suicidou-se em 1932, sem que se tenha certeza sobre os motivos. Seus feitos foram internacionalmente homenageados, em 1973, quando se passou a denominar uma cratera lunar de 8,8km de diâmetro com seu nome (BERNARDO, 2023). No Brasil, o inventor denomina ruas, praças e um de nossos principais aeroportos, no Rio de Janeiro, aquele que, seguramente, oferece a vista de pouso mais bonita de nosso país.

89. (IPEA, 2023).
90. (BRASIL. Ministério do Desenvolvimento, Indústria, Comércio e Serviços, 2024).

belecimento de um regramento jurídico básico e a formalização de um negócio. Mas precisamos ter cuidados. Explico.

Por mera conveniência didática, adotemos dois exemplos: o primeiro, de um serviço de *streaming* de entretenimento audiovisual e o segundo de serviço de comunicação. Você perceberá que o formato dos dois é similar: textos longos, nada amigáveis e com uma enormidade de detalhes técnicos que não serão percebidos pelo contratante comum[91] (seja vulnerável ou não). Normalmente estes termos concederão a possibilidade de alteração unilateral do seu conteúdo, a qualquer tempo (talvez nem mais seja esta a redação quando você os ler); estabelecerão a responsabilidade do usuário pela segurança da própria conta; incluirão uma cláusula em que você aceita uma forma específica de procedimento de solução de controvérsias e, usualmente, um regramento jurídico estrangeiro para reger o seu caso. Acompanhe-me, nesta análise:

Caso você e a ▇▇▇▇▇▇▇▇▇ não solucionem a disputa por meio de negociação informal ou em juizado especial de pequenas causas, os esforços para solucionar a disputa serão exclusivamente dirigidos à arbitragem vinculante. VOCÊ ESTÁ RENUNCIANDO AO DIREITO DE AJUIZAR UMA AÇÃO EM TRIBUNAL PERANTE UM JUIZ OU JÚRI. Ao invés disso, a totalidade das disputas serão solucionadas perante um árbitro neutro, cuja decisão será definitiva, salvo o direito limitado de apelação conforme a Lei Federal de Arbitragem dos EUA. A arbitragem será conduzida pela Associação Americana de Arbitragem [American Arbitration Association, AAA], de acordo com suas Regras de Arbitragem Comercial e seus Procedimentos Complementares para Disputas Relacionadas a Consumidores. Para mais informações, visite www.adr.org ou ligue para 800-778-7879, nos Estados Unidos. A arbitragem poderá ser realizada presencialmente, por meio do envio de documentos, via telefone ou online. O árbitro poderá individualmente conceder-lhe as mesmas indenizações que poderiam ser concedidas por um tribunal, inclusive ação declaratória ou medida cautelar, porém, somente na extensão requerida para satisfazer à queixa individual apresentada.

Eleição de foro

Você concorda que qualquer ação prevista em lei, em equidade decorrente ou relacionada a estes termos ou aos ▇▇▇▇▇▇▇▇▇ não sujeitos a arbítrio será ajuizada, e tal comarca será competente, nos tribunais estaduais e federais situados na comarca de Manhattan, na cidade de Nova York, estado de Nova York, nos Estados Unidos da América, e você desde já consente e submete-se à jurisdição exclusiva dos mencionados tribunais para fins de litígio.

Legislação aplicável

Estes termos serão regidos e interpretados de acordo com as leis do estado de Nova York e as leis dos Estados Unidos, desconsiderando-se quaisquer princípios de conflito de leis.

QR Code 10 – Exemplo 1

---

91. Como destacado por recente pesquisa, de alunos do Departamento de Ciências computacionais da Universidade de Stanford que se propuseram a desenvolver ferramenta de inteligência artificial para a simplificação e resumo das condições gerais (ZHANG, ENIK, & TANDON, 2021).

Foro aplicável. Se você for um usuário do ▮▮▮▮▮ localizado nos Estados Unidos ou no Canadá, a seção "Cláusula especial de arbitragem para usuários nos Estados Unidos ou no Canadá" abaixo se aplica a você. Leia tal seção por completo e com atenção. Caso você não esteja sujeito à seção "Cláusula especial de arbitragem para usuários nos Estados Unidos e no Canadá" abaixo, você concorda que todas as reivindicações ou ação judicial que tiver contra o ▮▮▮▮▮ relacionadas ou decorrentes de, ou de alguma forma em conexão com nossos Termos ou nossos Serviços, e que para qualquer reivindicação ou ação judicial que o ▮▮▮▮▮ apresentar contra você, você e o ▮▮▮▮▮ concordam que essa reivindicação ou ação judicial (cada uma delas sendo uma "Contestação", e juntas, "Contestações") será dirimida exclusivamente no Tribunal Distrital dos Estados Unidos para o Distrito Setentrional da Califórnia ou em um tribunal estadual, ou em um tribunal de justiça estadual localizado no Condado de San Mateo, na Califórnia, e você concorda em se submeter à jurisdição pessoal desses tribunais com o propósito de pleitear quaisquer reivindicações ou ações judiciais, que deverão ser regidas pelas leis do Estado da Califórnia sem levar em conta conflitos de disposições legais. Sem prejuízo do supracitado, você concorda que, a nosso exclusivo critério, podemos optar por resolver qualquer Contestação em relação a você que não esteja sujeita à arbitragem em qualquer tribunal competente de seu país de residência que tenha jurisdição sobre a referida Contestação.

Direito aplicável. As leis do estado da Califórnia regem nossos Termos e as Contestações, judiciais ou em arbitragem, que possam surgir entre você e o ▮▮▮▮▮, independentemente de conflitos entre as leis de diferentes Estados da federação.

QR Code 11 – Exemplo 2

Acredito que você conheça os serviços e até seja seu consumidor/usuário, mas certamente nem se deu ao trabalho de ler[92] estas condições antes de contratar os serviços e mesmo avaliar suas consequências[93]. Talvez, então, você, relendo as cláusulas acima, se surpreenderá negativamente com seu conteúdo

---

92. A tendência do 'não li e concordo' sequer é nova. Em estudo publicado em 2014, argumentava-se que consumidores raramente liam os termos de uso, normalmente mantendo uma perspectiva otimista da importância de seu conteúdo o que, acabaria sendo utilizado pelos fornecedores em um sentido de degradação de proteção do consumidor (AYRES & SCHWARTZ, 2014). Já uma pesquisa publicada em 2017, analisando o público norte-americano, constatava que cerca de 97% do público – entre 18 e 34 anos – aceitava os termos de uso sem sequer os ler (DELOITTE, 2017). Nada a se estranhar considerando o tamanho dos arquivos: só o da Microsoft exigira mais de uma hora para ser lido, sendo composto de mais de 15200 palavras (LEPAN, 2020).

93. Para desdobramentos deste problema, sugiro a perspectiva criativamente desenvolvida no episódio "*Joan is Awful*" da sexta temporada da série *Black Mirror* (BROOKER, 2023).É neste contexto que se alerta para o consentimento dado em relação ao direito de imagem e demais dados pessoais.

e enfrentará a primeira fase do luto[94]: a negação. Logo se seguirá a segunda, acredite.

Sei que algumas perguntas virão a sua mente e que, provavelmente, serão: é possível assim dispor sobre a competência para julgamento? E qual seria o regime jurídico aplicável ao contrato? Tentarei respondê-las adiante (**Capítulo 4**). Por enquanto, basta sua perplexidade. Isso porque ela demonstra duas facetas desta ferramenta: (a) os termos são gerais o suficiente para abranger todos aqueles que tiverem interesse em contratar (como eu ou você), obrigando, inclusive, aqueles que não leram/lerão ou entenderam/entenderão o seu conteúdo; (b) por outro lado, a técnica pode ser falha ao representar o consentimento. Vamos avaliar melhor?

Como sabemos, a ideia da redação de condições gerais, no sentido de gene- ralizadas ou aplicáveis a todos os interessados, para definir o conteúdo contratual não é nova. Em algum momento evidenciou-se a necessidade de que perdêssemos menos tempo com a negociação individualizada, reduzindo o seu custo e am- pliando a disponibilidade da oferta. Assim, formulam-se as condições contratuais e as cláusulas de forma prévia e genérica de modo a serem aplicáveis/aplicadas a qualquer interessado naquele bem ou serviço, onde quer que estivesse, celebrasse ou executasse o contrato. Em geral, a redação não admite modificações, ou seja, é do tipo 'ou tudo ou nada'. Ainda que possa vir a ser utilizada como instrumento de abuso[95], como técnica, ela tem também um sentido economicamente demo- crático, ampliando a oferta daquele produto ou serviço a qualquer interessado, barateando, também, seus custos.

Como ela foi implementada, também variou no tempo. Você já ouviu falar de um contrato "de papelaria"?[96] Seguramente isto é muito antigo para fazer parte de seu vocabulário, mas saiba que eles existem. São blocos de papel, previamente impressos, vendidos em papelarias para aqueles que quiserem celebrar um negócio (como uma locação) sem maiores complicações. A cada folha há um 'contrato' com as condições básicas preestabelecidas e espaços a serem preenchidos com as particularidades da situação (valores, prazos, datas etc.). Embora, é claro, não seja recomendado utilizar modelos (que não atendem necessariamente às particularida- des do negócio), nem se valer de condições contratuais sem entendê-las, incluindo

---

94. No final da década de 1960, a psiquiatra suíça Elisabeth Kübler-Ross desenvolveu o famoso modelo que leva seu nome e explica a normal reação do paciente que enfrenta uma perda, propondo as famosas 5 fases: negação, raiva, negociação, depressão e aceitação (KÜBLER-ROSS, 1996).
95. O texto "Não li e concordo" (ROMERO, 2012) traz interessantes exemplos destas cláusulas. Mas segu- ramente, o melhor exemplo de todos é justamente a cláusula zumbi incluída, durante certo período, nas condições gerais de serviço da Amazon (GIBBS, 2016).
96. Estes blocos, por exemplo, ainda são comercializados. Um exemplo conhecido é: (TILIBRA, 2024).

suas consequências; tais formulários eram populares e foram amplamente utilizados pelos brasileiros. Digamos que talvez fossem os 'pais' dos modelos hoje disponíveis em sites ou os 'avós' daquele acervo de algum aplicativo formulador de minutas.

Também o *design* empregado variou com os anos e está sendo constantemente atualizado. Dos antigos formulários impressos com campos a serem preenchidos (a mão e depois à máquina de escrever), passamos aos arquivos digitais que poderiam ser preenchidos em cada hipótese. Hoje vemos as diferentes aplicações do chamado *visual law* nestes formulários, ainda que muitas vezes limitadas a simples inclusão de elementos gráficos e cores[97], assim como programas construtores de cláusulas[98].

Até mesmo para expressar nosso consentimento inventamos alguma coisa. Talvez enquanto o tal 'avô' exigisse o reconhecimento da assinatura, o 'pai' optaria pelo clicar de botões (*clickwrap*[99], *shrinkwrap*[100] e *browsewrap*[101]) ou pela confirmação de dados. Mais recentemente, o 'neto' passou a admitir, quando não exigir, a assinatura digital ou a apresentação de projeção corporal do indivíduo (seja via *token* ou dados biométricos, por exemplo). Neste curioso mundo novo até

---

97. Como ferramenta jurídica, o *design* tem se mostrado um potencial facilitador (FERREIRA, 2023). Ele, contudo, não se limita a mera melhoria da apresentação gráfica do contrato (que chamarei de embelezamento), mas, por exemplo, deve incluir elementos que possam permitir a ampliação da compreensão dos termos negociais. Assim, ao invés de ícones e fluxogramas, pense além, como *Qr codes* e *links* para vídeos explicativos com linguagem acessível, outros instrumentos de acessibilidade que não 'visuais' (auditivos ou sensoriais, por exemplo), calculadoras, simuladores, contagem regressiva de prazos, *podcast* ou outras mídias etc. Neste aspecto gosto sempre de pensar como seria possível atender à exigência do art. 54-B e, em especial, do art. 54-D da Lei nº 8.078/1990 (CDC) (BRASIL, 1990), ou seja, como demonstrar para uma pessoa com escassos estudos ou desconhecimento matemático prático quais seriam todos os custos incidentes em uma operação financeira e a consequência de descumprimento de contrato (art. 54-D, I)? O *design*, seguramente, tem um papel nisso, ainda mais quando a exigência da informação é qualificada, isto é, deve levar em consideração a idade do consumidor e "esclarecer". Frise-se que esta preocupação não é exclusiva de relações de consumo, e para ficarmos no exemplo legislativo, podemos mencionar a exigência de que a Circular de Oferta de Franquia seja escrita de forma "objetiva e acessível" (art. 2º da Lei nº 13.966/2019) (BRASIL, 2019) ou, ainda, de que os passemos a pensar contratos de adesão e *smart contratcs* a partir das diretrizes de aplicação do Estatuto da Pessoa com Deficiência, ou seja, "assegurar e a promover, em condições de igualdade, o exercício dos direitos e das liberdades fundamentais por pessoa com deficiência" (art. 1º da Lei nº 13.146/2015), em especial a acessibilidade (art. 53) (BRASIL, 2015).

98. Diversas experiências recentes podem ser citadas, como por exemplo o "*Comic books contracts*", projeto de universidade australiana (COMIC BOOK CONTRACTS, s.d.) e a disponibilização de construtor de cláusulas por relevante escritório de advocacia internacional (BAKER & MCKENZIE, 2020).

99. Ferramenta em que sua aceitação se dá pelo clicar de um botão, por isso também chamado de point-and-click. Muito utilizado para a aceitação dos 'cookies' e compartilhamento de dados.

100. Ferramenta em que a sua aceitação se dá após o transcurso de tempo considerado adequado para leitura e reflexão. Na prática normalmente se exige que o usuário 'desça' a barra de rolagem perpassando todo o documento.

101. Ferramenta em que sua aceitação é demonstrada pelo cadastro e utilização do serviço ou produto. Talvez a mais comum forma de aceitação para serviços/produto disponibilizados em sites que exigem cadastro, incluindo da forma de pagamento.

mesmo nos demos ao luxo de retornar às raízes do desenvolvimento linguístico e tal como nossos distantes parentes *neandertais*, nos orgulhamos de nos expressar pelos mais simples símbolos. Enquanto este Guia estava sendo escrito até mesmo um *emoji* (o famoso 👍) pôde ser considerado elemento a demonstrar a aceitação contratual[102]. O que nos reservará o futuro? Hoje é difícil arriscar.

Por que isso é relevante? Porque, assim como nos exemplos anteriores, muitas das transações internacionais que são diariamente realizadas são baseadas em condições previamente redigidas, dispostas e aceitas geral e eletronicamente.

Talvez até mesmo seja esta, enquanto este Guia era redigido, a forma padrão e mais usual de celebração de contratos internacionais de transporte marítimo[103] e de consumo. Mas, é claro, não apenas deles, uma vez que se qualquer construtora buscar o licenciamento de um *software* de desenho (AutoCAD®, por exemplo) contratará da mesmíssima forma, assim como faz qualquer atividade empresarial transnacional que precise licenciar o uso do Windows® em seus computadores ou comprar passagens aéreas para seus funcionários. Até mesmo quando pensamos nas operações econômicas mais comuns, a compra e venda internacional de *commodities*[104], a padronização acaba sendo a regra. Veja, por exemplo, este caso julgado pelo Superior Tribunal de Justiça (STJ).

Caso:

Litígio sobre indenização pelo inadimplemento de contrato de compra e venda futura de 2000 toneladas de algodão bruto. A questão é submetida à arbitragem e a parte brasileira (vendedora) acaba condenada ao pagamento de, aproximadamente, US$ 940 mil em indenização. Tanto o contrato como a cláusula arbitral nele inserido seguiam o padrão da *International Cotton Association* (ICA). A defesa alegou, entre outros pontos, que se tratava de um contrato de adesão e que, não havendo consentimento específico expresso, a cláusula arbitral seria ineficaz (art. 4º da Lei nº 9.307/1996).

Procedimento:

Sentença Estrangeira Contestada nº 6.335-US do STJ. É o procedimento de homologação para laudo arbitral estrangeiro. Trata-se de matéria de competência exclusiva do STJ (art. 105, I, "i" da Constituição da República). A homologação é condição de eficácia da decisão no Brasil (art. 961 do CPC). A Corte, contudo, tem limitado objeto de análise (art. 963 e art. 964 do CPC), já que não pode rever o mérito da decisão, que é definitiva (art. 216-D, III do Regimento Interno do STJ – RISTJ). Neste caso, portanto, a defesa buscava a não homologação e, por consequência, a ineficácia (não produção dos efeitos) da decisão no Brasil (art. 216-B – RISTJ), o que obstaria sua execução.

---

102. (UOL, 2023). A situação não deixa de lembrar o episódio em que *Gulliver* visitava a Academia de *Lagado* e lhe apresentavam o projeto para simplificação da linguagem, por meio da qual se propunha que passássemos a nos expressar apenas por meio da apresentação de coisas (SWIFT, 2010).

103. Usualmente instrumentalizados pelo conhecimento entregue pelo transportador ao exportador, por meio do qual formalmente aceita a mercadoria a ser transportada, estabelecendo suas condições e o limite de sua responsabilidade (DEARDORFF, 2006). Teria tripla função: resume os termos da relação contratual, serve de recibo da coisa transportada e de documento de titularidade do bem (MARTIN, 2001).

104. Aqui livremente entendidos como produtos negociados em larga escala, com preço definido em bolsa e que funciona como matérias-primas indistintamente de quem seja seu produtor/fornecedor. Na pauta de exportações brasileira, podemos exemplificar com a soja (BRASIL. Ministério do Desenvolvimento, Indústria, Comércio e Serviços, 2024).

Decisão:	**Destaque:**
O STJ entende estarem presentes os requisitos da homologação e, assim, rejeita a tese da defesa.  *QR Code 12 – Caso ICA*	Cláusula: "este contrato está sujeito às regras e estatutos da ICA – International Cotton Association Ltd – em vigor na data deste contrato. Essas regras contêm, dentre outras coisas, disposições em relação à cláusula de contrato e estabelecer a resolução de litígios por arbitragem." (trecho da decisão) (Sentença Estrangeira Contestada, 2012).

Conclusão:

Em alguns casos, especialmente de contratos envolvendo *commodities*, é comum a remissão a padrões internacionais, normalmente de índole privada e criados pelo próprio mercado: neste caso, modelo contratual e regras arbitrais da ICA[105].Trata-se de uma forma de simplificação da transação realizada pelas partes (neste caso a vendedora condenada e a compradora). De fato, trata-se de um padrão predisposto que está disponível à adesão dos interessados. Contudo, ele não foi redigido por um deles em detrimento do outro, mas por terceiro que, neste caso, seria uma organização internacional que reúne os *players* deste específico ramo do comércio internacional, para facilitar suas transações (por exemplo pela criação de modelos de negócio), mas também para ajudar a interpretá-los (por exemplo por meio de um glossário de termos técnicos, como se percebem nas mencionadas regras), oferecendo, ainda, uma câmara arbitral especializada na condução de litígios neste ramo da indústria e a indicação de profissionais especialistas que possam atuar como árbitros. A decisão, ao destacar a cláusula transcrita anteriormente, reconhece toda esta dimensão. Embora a utilização de padrões e modelos consagrados não seja obrigatória (neste caso é a adesão voluntária que as incorpora à relação contratual), ela acaba, em muito, facilitando a interpretação e execução destes contratos, como se percebe neste caso.

QR Code 13 – Regras ICA

Podemos, por fim, também mencionar a chamada *invoice*[106], utilizada para a cobrança de valores constantes de negócios internacionais. Muitas vezes ela é o único documento disponível para se interpretar uma relação negocial. Desafiador não? Coloque-se, então, no seguinte cenário: o documento a seguir (*template* disponibilizado livremente pela Microsoft®) é aquele que representa a operação que você precisa entender.

Algumas das informações básicas desta operação econômica seriam simples de obter: a vendedora (**1**) vende a compradora (**2**) para quem também despachará

---

105. (ICA, 2023).
106. Usualmente traduzida como a fatura discriminada do objeto do negócio, em que se declara natureza da transação e os seus custos (DEARDORFF, 2006).

a mercadoria (**3**), uma determinada quantidade de produtos a um determinado preço (**4**). A mercadoria é frágil (**5**), a entrega ocorrerá no armazém, sendo os custos e responsabilidade, a partir de então, da compradora (**6**).

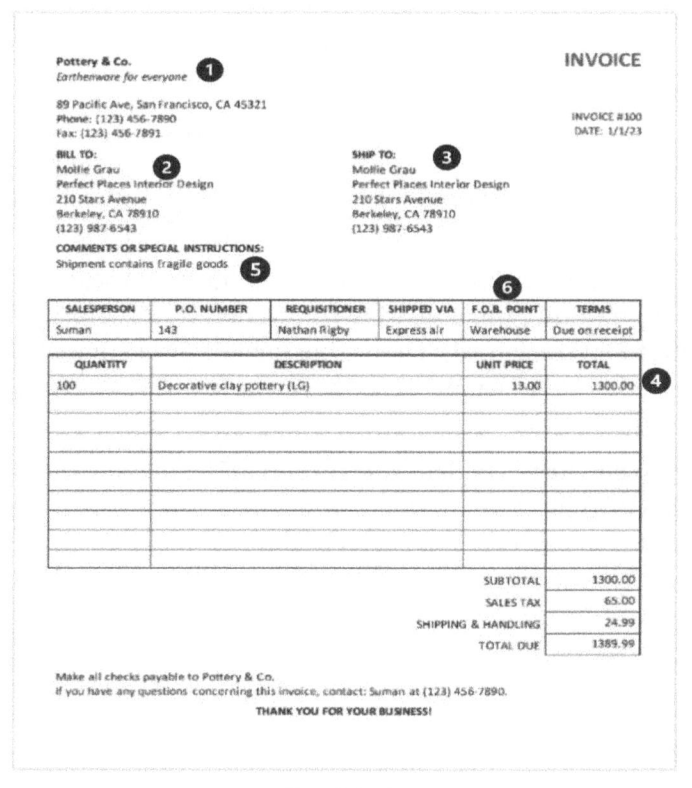

Figura 8 – Invoice

É com esta base documental, por exemplo, que o julgador precisaria avaliar a distribuição de riscos e a existência de determinadas obrigações, para avaliar o (des)cumprimento do contrato. Isto é, em algum sentido, o que aconteceu no caso Kiwi. Você o conhece?

Caso:

Litígio sobre cobrança do valor que seria devido em razão da entrega de 5.040 caixas de Kiwi. Embora tenham sido juntados conhecimentos de embarque da mercadoria e emitidas as respectivas faturas comerciais (*invoices*), a suposta compradora negava a existência de relação contratual.

Decisão:	Destaque:
O Tribunal de Justiça de São Paulo (TJSP) entendeu estar demonstrada a existência de relação contratual e condenou a compradora ao pagamento do preço.	Além de reconhecer a validade da cláusula de pagamento em moeda em estrangeira (ver capítulo 3.2.7), o Tribunal aceitou a aplicação da CISG, como *soft law* que "reflete os usos e costumes do direito do comércio internacional", ainda que a Convenção tivesse sido ratificada pelo Brasil após a celebração do negócio (Apelação Cível, 2021).

Por enquanto, note apenas a escassez de dados e a necessidade de confiar em um documento extremamente simples para reger, provavelmente, a maior parte dos US$ 339 trilhões exportados pelo Brasil em 2023[107] (Figura 6).

Depois desta leitura inicial e de toda sua contextualização, não parece ser mais possível confundir um unicórnio (mito contratual) com o nosso rinoceronte (contrato internacional). Ou melhor, parece nítido que os contratos de natureza privada e internacional existem, são numerosos e com ampla inserção e utilidade.

Com isso em mente, podemos avançar para o próximo capítulo para enfrentar uma outra questão importante: como tratar deste fenômeno contratual sem cairmos nas armadilhas da alegoria histórica.

---

107. (BRASIL. Ministério do Desenvolvimento, Indústria, Comércio e Serviços, 2024).

CONSTRUÇÃO HISTÓRICA

Chegamos ao momento de identificarmos os traços alegóricos de nossa fábula contratual e, entendermos o porquê da confusão entre o unicórnio, o *Rhinocerus* e o rinoceronte.

Com a relação jurídica obrigacional, exemplificada pelo contrato, fenômeno relativamente parecido parece ocorrer. Embora as origens da necessidade de um instrumento que representasse ou formalizasse uma operação econômica sejam tão remotas quanto à vida em sociedade, nosso conceito de "contrato" está fortemente vinculado a sua construção moderna[1], ou seja, centrada na construção liberal (econômica e filosófica[2]), concebida para as necessidades de uma determinada sociedade.

2.1 OS ALICERCES MODERNOS

Como sabemos, durante a modernidade, a filosofia jurídica lançou-se ao desafio de criar um sujeito de direitos e dotá-lo de individualidade. É a partir deste momento que passa a ser possível conceber a tutela jurídica do indivíduo, reco-

---

1. Aqui me refiro a o que costumamos chamar de Era Moderna, ou seja, usualmente demarcada temporalmente pelo momento da versão ocidental da História humana compreendido entre os anos 1453 e 1789 do calendário gregoriano. Esta noção associa o início deste período com a consolidação da ascensão islâmica (marcada pela tomada da Constantinopla bizantina) e o seu encerramento, com a data oficiosa da Revolução Francesa. Este período, então, abrangeria o Renascimento europeu, sua expansão colonial, a consolidação dos primeiros Estados europeus e o início da derrocada do regime monárquico absolutista naquelas praias. Como sabemos, contudo, esta é uma visão parcial e eurocêntrica. Até mesmo dentro da História europeia ela é parcial, uma vez que centrada no oeste do continente. Ela reflete, também, uma escolha: é focada na análise de um modelo de sociedade (cultural, político e econômico) e em suas transformações.

2. Refiro-me às construções clássicas que, resumidamente, defendiam a não intervenção estatal em temas de interesse privado, especialmente as relacionadas com a liberdade individual e às operações econômicas. Talvez seja interessante lembrar que parte desta construção acabou recebendo a consagração como direito humano e é, normalmente, representada pela defesa do particular contra o Estado, o monstro bíblico Leviatã na alegoria de Thomas Hobbes (HOBBES, 2017). Aqui, a lógica de viés público, defende que o Estado (e o Direito estatal) deve deixar espaço para expressão da autonomia individual e assegurar a liberdade e a propriedade (LOCKE, 2020). Lembre-se, contudo, que se tratava, inicialmente, de pensar a limitação do Estado absolutista, associado com o próprio monarca.

nhecendo-lhe direitos que fossem tidos como fundamentais[3], diferenciando-os do objeto sob o qual recairia a tutela de seu interesse. Em meio a estes direitos se consagraria um espaço criativo de livre escolha da pessoa, em que o indivíduo poderia se autodeterminar, indicando – em variadas medidas – as consequências jurídicas para seus próprios atos. Este ambiente é estabelecido por um raciocínio duplo: de um lado, negativo (de não intervenção do Estado e do seu Direito, eminentemente político, portanto) e, de outro, positivo (responsabilidade do sujeito livre, eminentemente jurídico, portanto). Em resumo:

I. Ao indivíduo se assegura a condição de pessoa, sujeito de uma relação socialmente relevante, distinguindo-o do objeto sobre o qual os efeitos incidirão, portanto;

II. Ser sujeito de uma relação jurídica equivale a dotar este indivíduo de personalidade jurídica, ou seja, assegurar a condição de sujeito de direitos e deveres juridicamente relevantes (peneirados dentre os sociais);

III. Este sujeito é projetado como um padrão igualitário: todas aqueles 'premiados' com personalidade jurídica têm o mesmo conjunto de direitos e deveres;

IV. A intervenção na relação, externa aos sujeitos, é imaginada como um fator de desequilíbrio, uma vez que excepcionaria a manifestação igualitária, privilegiando um sujeito (com 'mais direitos') em detrimento do outro (com 'mais' deveres);

V. Assim, se ninguém (terceiro) intervém na relação determinando a manifestação do sujeito, ele é livre. Eis o aspecto negativo: é a abstenção de ingerência (tratamento igualitário) – especialmente do Estado e seu Direito – que assegura liberdade;

VI. Se o sujeito é igual e, portanto, livre, torna-se responsável. Eis o aspecto positivo: a manifestação da 'vontade' (igual e, portanto, livre) impõe consequências jurídicas (obrigatoriedade/responsabilidade).

Perceba que esta construção, que está na base do tratamento do fato jurídico, é **(a)** antropocêntrica, **(b)** individualista, **(c)** formal, **(d)** liberal e **(e)** patrimonialista. Note, ainda, que estes temas são os pressupostos com os quais lapidamos a noção de negócio jurídico e, por consequência, passamos a compreender o contrato. É neste sentido, portanto, que posso afirmar que o contrato é construção moderna.

---

3. A construção histórica dos direitos humanos é, em alguma medida, iniciativa que se inaugura na modernidade, sob a perspectiva ocidental, liberal e burguesa, tal como expressa, por exemplo, a Declaração dos Direitos do Homem e do Cidadão (FRANÇA, 1789).

Ganda, o unicórnio

Recém ingressa na modernidade, a plateia que observara *Ganda* nas ruas de Lisboa teve grande dificuldade em a entender: *"allimaria mansa, baixa, de corpo hum poco comprido; os coiros, pés e mãos d´alifante; a cabeça como de porco, comprida; os olhos junto do focinho; e sobre as ventas tinha um corno, grosso e curto, delgado na ponta"*[4]. Descrever *Ganda* passava pela comparação com elefantes e porcos. O que chamaria a atenção, contudo, era o seu chifre.

A existência dos unicórnios era uma certeza medieval, afinal, embora ninguém os tivesse visto, seus chifres eram supostamente conhecidos. Ele é um exemplo de como o imaginário medieval guardava pouca distinção entre a realidade e fantasia, muitas vezes relendo outras realidades e as interpretando a partir de sua própria carga simbólica.

Sabe-se que os romanos conheceram o rinoceronte, provavelmente o africano de dois chifres. Os gregos, por outro lado, teriam deixado o relato dos exemplares indianos. A questão, contudo, é como se poderia traduzir um pelo outro? Afinal, europeus os desconheciam e o máximo que poderiam fazer é compará-los com os animais conhecidos, como os lisboetas o fizeram.

A confusão parece ter vindo da tradução para o grego das primeiras versões da Bíblia. Aparentemente quando convertida para o grego, o termo utilizado originariamente para "boi selvagem" foi vertido para algo que se referia a um animal que *Ctesias*, médico e historiador grego radicado entre os persas, havia utilizado para descrever um animal de um chifre e que combateria elefantes[5]. A ligação com o cavalo – talvez esteticamente mais simples de harmonizar com um único chifre – foi uma questão de tempo.

O chifre de *Ganda*, por outro lado, nem de osso era, mas formado de queratina. Se o dente da narval ganhava *status* de relíquia e decoração, o chifre de *Ganda* seria valorizado pela medicina tradicional chinesa como medicamento e pelo seu valor estético para adornar adagas na África do Norte e Oriente próximo. Chifres estão simbolicamente associados a poder[6]. Na Europa era a ligação com o divino e antídoto contra todos os venenos (panaceia)[7], altamente valorizado ao ponto de custar verdadeiras fortunas[8]. Foram, justamente, a caça e o tráfico ilegal de chifres (especialmente africanos) que colocaram o rinoceronte na atual condição de vulnerabilidade[9].

Na alta Idade Média europeia, por exemplo, este cavalo com chifre até passaria por um processo de cristianização e logo estaria associado à Encarnação. Isso tudo porque a lenda mais antiga afirmava que a única forma de se caçar este animal seria usar uma donzela de isca. Daí viria o salto conceitual que o ligaria à Virgem Maria e a Cristo (*Christus spiritualis unicornis*), passando seu chifre a representar a própria cruz.

É neste contexto, ainda, que o símbolo passa a ser buscado na realidade, em um movimento circular de reafirmação, sendo o unicórnio associado a outros animais providos

---

4. (MARQUES A. P., 2014).
5. (STOCK & HUNT, 2009).
6. (CHEVALIER & GHEERBRANT, 2023).
7. Sabe-se que a rainha inglesa Elizabeth I bebia de uma taça esculpida em um destes chifres, uma vez que se acreditava no efeito purificador (BAKER E., 2021).
8. Um exemplar é leiloado pela famosa Sothebys por até US$80.000,00 (SOTHEBYS, 2024).
9. (NATIONAL GEOGRAPHIC, 2024).

de um único corno: a narval materialmente e o rinoceronte simbolicamente, conforme explica Le Goff[10].

Ganda, certamente de forma involuntária, inicia o processo de sua própria desmistificação. Embora Dürer tenha tentado legar um registro verossímil do animal, introduzindo aquela "nova espécie" no imaginário europeu, certo é que não rompeu totalmente com a tradição medieval e seu bestiário[11]. Até mesmo ao acrescentar o segundo corno (nas costas) que não constava do relato original de Valentim Fernandes, estivesse fazendo eco à confusão entre as espécies africanas e indianas (tal como os romanos antes dele).

Não tardaria, entretanto, para que se conhecesse a origem dos chifres, antiga prova da existência do unicórnio e tão distintos daquele de *Ganda*. A constatação da existência do narval e a identificação de que era o seu dente o tal "chifre" vendido pelos boticários motivou distinções: o exemplar branco (o dente) seria o *Unicornum falsum*; enquanto o exemplar marrom do chifre (de fato, a presa de mamutes) seria o *Unicornum verum*, a verdadeira panaceia[12].

O trajeto simbólico do unicórnio, contudo, não se encerrou em 1515. Novos significados e papéis lhe foram atribuídos com o passar do tempo: de cura de qualquer veneno e doença, à inspiração para a heráldica. Hoje, sua raridade nos remete às *startups* avaliadas em US$ 1 bilhão, antes mesmo de negociarem suas ações em bolsa. Muitas delas, como sabemos, revelaram outra faceta da metáfora: são mitos.

QR Code 14 – Dama e unicórnio

Mas e antes disso não havia um 'contrato'? Ora, o tratamento dispensado por cada sociedade às transações variou, é claro, mas na nossa área de interesse imediato, perceberíamos que a obrigatoriedade do 'negócio' seria baseada em fórmulas (direito(s) romano(s)), *status* (direito medieval ocidental) ou promessas (*direito* anglo-saxão), por exemplo. A diferença está em se reconhecer que é o exercício da liberdade individual (autonomia) que obriga (por mais paradoxal que pareça) e que esta manifestação livre é ato de 'vontade' individual.

---

10. (LE GOFF, 2013). Como exemplo desta representação, sugiro a análise do quadro de Rafael com a temática da Dama acompanhada de unicórnio (GLITZ F. E., Arte & Direito: Dama com unicórnio, 2021).
11. (MARQUES A. P., 2014).
12. (PRIORI, 2000).

2.1.1 A 'liberdade'

Este é o primeiro ponto que precisaremos reter: como fruto do exercício de liberdade individual, o contrato representaria o espaço de autonomia assegurado ao indivíduo, em matéria patrimonial, para desenvolvimento de sua livre iniciativa e criatividade. A partir desta conclusão podemos destacar:

(a) O centro de atribuição escolhido pela sistematização ocidental é a pessoa (por isso, **antropocêntrica**). Isto quer dizer que o Direito ocidental é feito por pessoas para pessoas: a questão é, contudo, que isto em si é excludente: quem não for pessoa, não é sujeito, nem tem direitos. É por este motivo que ainda hoje relutamos em falar que um animal tenha 'direitos'[13] e consideramos absurdo reificar seres humanos[14]. A História, infelizmente, nos ensina que o grau de limitação da autonomia também pôde variar[15] mesmo entre humanos.

(b) A análise é centrada no sujeito/indivíduo (por isso, **individualista**). Assim, se é o indivíduo quem decide – livremente – se obrigar ou não; o exercício da manifestação de liberdade parece se associar à vontade individual. Há nisso um toque de egoísmo: um sujeito autocentrado refletiria seus próprios desejos individuais no exercício de sua autonomia. Note que isso não deixa de representar uma hipertrofia do isolamento[16] em que a medida da liberdade se confunde com a manifestação da vontade individual (que, tida por desejo, tende a se agigantar). Imediatamente podemos lembrar do princípio da 'autonomia da vontade' e sua fé no indivíduo autossuficiente e racional (que escolhe, calcula, decide e define). Esta explicação, é fundamental, por exemplo, para o nascente capitalismo, já que é necessário assegurar ao sujeito, na economia que pressupõe a circulação de riquezas, a liberdade para alienar, nem que seja a própria liberdade[17].

(c) A explicação, é claro, não reflete nuances que hoje perceberíamos. Afinal, sua aproximação com a realidade é estritamente pressuposta (por isso, **formal**). Descer a níveis particulares de análise, isto é, buscar compreender o que influen-

---

13. Como você já notou, esta compreensão não passou ilesa aos últimos séculos. Não só passamos admitir que projeções ideais da pessoa pudessem ser também tratadas, ainda que por analogia (OLIVEIRA J. L., 1979), como sujeitos de direito: a pessoa jurídica; como progressivamente concebemos possível dotar coisas (animais, por exemplo) de capacidade processual (ATAÍDE JR., 2022) e, mesmo, da condição de sujeito de direitos – rios, por exemplo (GABRIEL, 2023).
14. Reificar significaria, aqui, considerar como coisa. A própria França pós-revolucionária chegou a este ponto! Tendo decretado a abolição da escravatura em 1794, a República francesa permitiu-se reinstituí-la em 1802 formalmente em suas colônias (Martinica, Reunião e o atual Haiti, por exemplo) (SAES, 2013).
15. Como o caso da mulher casada na antiga legislação civil brasileira (MARQUES & MELO, 2008).
16. (GROSSI, 2007).
17. (MIALLE, 1994).

ciava aquela manifestação de vontade em concreto (e o grau de sua exposição à 'irracionalidade' humana), importaria uma abordagem não igualitária já que imporia considerar o indivíduo a partir de sua própria realidade.

A fórmula foi revolucionária na época, superando a condição social imposta pelo nascimento (*status*). Daí porque se afirmar que, "todos são iguais perante a lei", como ainda nos assegura o *caput* do art. 5º da Constituição brasileira que elegeu este Direito humano como fundamental, seria suficiente.

Por outro lado, como sabemos hoje, esta explicação esconderia fatores de pressão: necessidade, inexperiência, falta ou excesso de informação, assimetria de condições negociais, publicidade, poder econômico, distinções linguísticas e culturais etc. que precisariam ser enfrentados posteriormente em uma abordagem material. Eis o porquê ainda é atual a famosa afirmação de Orlando Gomes: "entre o forte e o fraco é a liberdade que escraviza e a lei que liberta"[18]. Ela nos esclarece que liberdade individual não pode ser tida como absoluta.

(d) A fórmula então seria: você é tratado de forma igualitária pelo Estado (e seu Direito); e, em razão disso, você é livre ("ninguém será obrigado a fazer ou deixar de fazer alguma coisa senão em virtude de lei" como traduzido pelo art. 5º, II da CR). Porém, se igual e, portanto, livre, você deve ser responsável (obrigar-se) pelas consequências do exercício de sua liberdade (autonomia). Trata-se de uma perspectiva **liberal** no sentido político. Em outros termos, até mesmo as limitações à liberdade precisam ser 'negociadas', seja em ambiente privado (concessões diretas); seja por representação em temas públicos (eleição e debate político).

(e) A barganha privada ocorre, ainda, no espaço de liberdade autoconcedida pelo sujeito (autonomia da vontade) e recai sobre seu patrimônio. Afinal, um sujeito não pode se tornar objeto da relação. Daí porque trabalhamos com a compreensão de uma responsabilidade meramente **patrimonial**[19] em matéria obrigacional.

Claro que esta é uma visão continental europeia de Direito, que acabou encontrando seu caminho até nossos dias, aqui no Brasil. Em outras praias, as visões podem ser diferentes. No Direito anglo-saxão norte-americano, por exemplo, o raciocínio é, ocasional e levemente, distinto: o foco é a promessa individual e com isso, o descumprimento de um contrato (promessa) se desloca de uma análise

---

18. (GOMES, Contratos, 1977).
19. Por exemplo, consagrada no Código Civil – "Art. 391. Pelo inadimplemento das obrigações respondem todos os bens do devedor." – (BRASIL, 2002) e no Código de Processo Civil brasileiros – "Art. 789. O devedor responde com todos os seus bens presentes e futuros para o cumprimento de suas obrigações, salvo as restrições estabelecidas em lei" (BRASIL, 2015).

de prejuízo (indenização) para a expectativa (punição). Afinal, parece razoável à lógica puritana que quem prometa, cumpra a palavra empenhada. Daí porque ser julgado pelos *pares* é tão significativo para aquele sistema, uma vez que a análise (punir ou não) não é tão objetiva que pode ser 'medida' por terceiro (juiz) como pretende a legislação brasileira[20]. Também é por isso que a eventual condenação pela quebra da promessa não manterá correlação necessária com o valor do dano causado (*punitive damages*).

Com este contexto em mente, convido-lhe a entendermos qual a liberdade que nos informa tal autonomia e, para isso, busco as Artes visuais para nos ajudarem a destrinchar o mito da realidade. Você talvez conheça o *"Le 28 juillet 1830. La Liberté guidant le peuple"*[21] exposto no acervo do Museu do Louvre, em Paris (Figura 9).

Figura 9 – A Liberdade

No Brasil, o quadro é usualmente traduzido como "A liberdade guiando o Povo", ou seja, apenas a segunda parte do título. Se isso não lhe chamava a atenção, note que esta não é uma representação do marco simbólico da Revolução francesa (tomada da Bastilha de 1789), como normalmente pensamos (ou nos é apresentada), mas de outra, posterior, a Revolução de 1830. Este foi um levante liberal-burguês que derrubou o rei *Charles* X (*Bourbon*) e entronou o seu primo, *Louis Philippe* (*Orléans*), o "rei cidadão". Mais interessante, ainda, é o seu sugestivo título alternativo: *"A barricada"*. Paradoxalmente, quadro foi pintado para exposição que teria seus lucros revertidos aos feridos nestes eventos (contra a monarquia), mas acabou adquirido pelo novo rei.

---

20. "Art. 944 do Código Civil. A indenização mede-se pela extensão do dano" (BRASIL, 2002).
21. (DELACROIX, 1830).

Volte à imagem e preste atenção em alguns elementos. Os usarei para retomar o contexto filosófico em que o conceito de contrato é criado:

---

1. A figura central, que ocupa quase o ápice de um triângulo demarcado pelo contraste de luz e sombra, é a representação da liberdade.

2. A liberdade é a única mulher presente na cena.

3. A tal barricada, aos seus pés, é formada de cadáveres.

4. Está acompanhada do 'povo'.

5. O estandarte de batalha é a atual bandeira francesa, que traz as cores da municipalidade de Paris, que foram utilizadas em fitas e rosetas pelos revolucionários de 1789.

6. Por fim, apenas, a liberdade usa um gorro. Ele se chama de barrete frígio. Ele foi escolhido, inclusive, como o símbolo (mascote) das Olimpíadas de 2024 (Paris)[22].

QR Code 15 – A Liberdade

Não se preocupe se você não havia percebido estes detalhes antes, afinal são mensagens que o autor – um apoiador da revolução – trazia em linguagem cifrada. O barrete frígio (6) foi adotado pelos revolucionários, com inclinações republicanas, em 1789 (5), como símbolo da liberdade. A aparente justificativa seria a de que pessoas escravizadas, que fossem emancipadas em Roma, passavam a usá-lo. Lá, provavelmente, como sinal de orgulhosa distinção pessoal, algo que talvez hoje entendêssemos como sinal de discriminação social e exclusão. Fato é que este símbolo passou a ser utilizado no contexto republicano e aparece, para representar a República, em brasões de países, como a Argentina[23]; em bandeiras estaduais brasileiras, como a de Santa Catarina[24]; e em notas e moeda nacionais, como o Real[25]. Note, então, que não estamos falando de qualquer liberdade, mas daquela republicana.

Além disso, a liberdade é representada como uma mulher de seio descoberto (2). Ela é a *Marianne* que se coloca, sem a proteção que os demais portam (armas), em face do agressor (Estado) e suas as tropas: é a metáfora do "peito aberto em frente ao perigo". Repare no corpo do soldado fardado aos seus pés (3).

---

22. (PARIS 2024, 2024).
23. (ARGENTINA, 2023).
24. (SANTA CATARINA, 2023).
25. (BRASIL, 2023).

O Estado opressor é, então, representado pela Monarquia e a liberdade, portanto, é conquistada (não dada).

A *Marianne* é a representação alegórica da república francesa (a mãe pátria), guerreira, mas aquela que protege e nutre (mais um significado da nudez de seu seio?). Durante a revolução francesa de 1789 (5), encarnava o povo francês (4) que a denominou com a aglutinação dos dois prenomes femininos mais comuns daquela época (*Marie* e *Anne*). Perceba a ironia: a representação da república revolucionária, laica e anticlerical, foi recebida popularmente com a soma dos nomes da mãe e da avó de Cristo (Maria e Ana). Afinal, o povo francês era profundamente católico e, possivelmente, tais nomes eram comuns porque homenagens religiosas.

Fato é, no entanto, que a mesma imagem, com colorações locais, foi adotada como símbolo pelas repúblicas declaradas posteriormente. No Brasil, a alegoria republicana[26] é a Mariana, é ela que você enxerga naquela nota de Real.

Embora alegoria seja feminina, as mulheres não estavam representadas na barricada (2). Não que elas não tenham sido fundamentais no momento revolucionário francês[27]; mas seu espaço político foi delimitado pela exclusão. Adicionalmente, se percebe que o tal povo (4), dentre os quais um sujeito de cartola (eu sempre me pergunto: – Quem vai à batalha de cartola?!) não é representado aleatoriamente, mas dentro da burguesia (alta e baixa). Não estamos mais falando dos *sans cullote*[28], então. Excluídos estavam muitos, portanto.

---

26. Como exemplo cito me refiro a representação: (RODRIGUES M. L., 1896).
27. Trata-se da famosa ilustração "*A Versaille a Versaille*" (ANÔNIMO, A Versaille a Versaille, du 5 Octobre 1789, 1789) que representa os eventos de 5 de outubro de 1789 que sitiou o Palácio de Versalhes, após confronto violento com as tropas reais (soldados tiveram suas cabeças fincadas nas lanças como troféus), escoltando o rei para seu 'exílio' (ou prisão domiciliar) em Paris.
28. Expressão depreciativa que denominava os trabalhadores, artesãos e pequena burguesia em geral, literalmente significaria sem culotes, como eram denominados um calção utilizado pela nobreza ajustado na altura dos joelhos (muito comum de se ver nas pinturas da época). Temos que lembrar, que dentre aqueles que tomaram a fortaleza da Bastilha (*Les Vainqueurs de la Bastille*), no famoso 14 de julho, por exemplo, a maioria (algo como 70%) eram moradores e trabalhadores do bairro Saint-Antoine. Um Decreto da Assembleia nacional de 19 de junho 1790 lhes concedeu uniformes, condecoração, um certificado e armas (FRANÇA. Assemblée nationale, 1790). Para uma melhor compreensão deste período da História francesa, sugiro a leitura de (SCHAMA, 1989) e (GALLO, 2009).

QR Code 16 – Análise Liberdade

Apesar disso, a liberdade, conquistada (3/5), é central (1) na existência desta nova sociedade que se projeta. O quadro permite uma análise mais completa[29], mas para nossos fins bastam estes elementos.

Perceba, então, que a liberdade que baseia a construção liberal de contrato é assegurada e conquistada contra o Estado, criando um espaço 'do' particular. Ela é pensada por e para parte daquela sociedade, sendo, no entanto, considerada central para esta sociedade de iguais. Aqui alcançamos o **segundo ponto** que precisamos destacar.

2.1.2 A 'IGUALDADE'

Confesso que, imediatamente, me lembro da famosa passagem do livro "A Revolução dos Bichos"[30] e a fazenda em que todos os animais seriam iguais, mas alguns seriam mais iguais que os outros. O que se quer dizer? Convido mais uma vez as Artes visuais para nos ajudarem.

O quadro da Figura 10 é menos conhecido, mas não menos revelador da mentalidade que tento explicar. Chama-se "O contrato de casamento"[31] e representa a negociação realizada entre um nobre empobrecido e um comerciante rico. Embora ambientado, aparentemente, na Inglaterra, o tema era popular na época e aparece também retratado na famosa obra teatral francesa "O burguês fidalgo" de Molière[32].

---

29. (GLITZ F. E., Arte & Direito: análise da obra A Liberdade guiando o Povo, 2020).
30. (ORWELL, 2007). O autor faz uma crítica contundente ao stalinismo, sendo ele mesmo parte do partido comunista inglês e tendo lutado na Guerra Civil espanhola contra as tropas de Franco. Trata-se do autor do também famoso "1984" em que a crítica é mais direcionada aos regimes totalitários em geral. O título original é "*Animal Farm*", que ganhou no Brasil a tradução de "Revolução dos Bichos".
31. (HOGARTH, 1743). Este quadro compõe uma série de seis quadros que contam a história do jovem casal, à esquerda da representação.
32. Peça escrita para o teatro (cerca de 1670) com o título de "*Le Bourgeois gentilhomme*" (MOLIÈRE, 2023) satiriza o arrivismo social, ridicularizando a burguesia em sua vulgar tentativa de ascensão social e criticando a nobreza francesa por sua vaidade. A *première* teria ocorrido para o próprio Rei Sol (Louis

Figura 10 – O contrato de casamento

Ainda que sejam muitos os detalhes interessantes[33], reforço o convite para que você analise as duas figuras de casacas vermelhas. Do lado esquerdo, você perceberá que o senhor parece se interessar por um documento. Este é o "contrato" que dá nome ao quadro. Quem o analisa, perceba, está vestindo roupas novas (as cores estão mais vivas) e duas bolsas cheias de moedas jazem ao seu lado. Sim, ele é o comerciante rico (burguês), ou como se dizia na época, um *nouveau riche*, o novo rico, que enriqueceu pelo comércio. Mas a riqueza não lhe traz algo que ainda era valorizado e lhe determinava espaço (e poder) na sociedade: a origem. Afinal, nesta época, quem trabalhava não era nobre e, sim, o plebeu, o servo medieval e a pessoa escravizada. A desvalorização do trabalho, individual e 'braçal', encontra, como você sabe, caminhos para nos alcançar ainda hoje, infelizmente.

QR Code 18 – O contrato de casamento

XIV), representante por excelência do absolutismo e que teria marcado o ápice e, claro, início do fim do Antigo Regime.

33. (GLITZ F. E., Arte & Direito: Marriage à la mode, 2020).

QR Code 17 – Análise de O contrato

Nesta sociedade, a verdadeira riqueza seria a 'velha' (originária), fundiária, que trazia um título nobiliárquico e um brasão (os 'bem-nascidos'). É aqui que se encontraria a nota cômica do livro e da peça teatral: um burguês tentando "comprar" sua entrada na classe "alta", que lhe enxerga como um oportunista, imitando modos que não se ajustam a ele.

Literalmente, do outro lado da mesa de negociação, está o nobre, cuja árvore genealógica é enfatizada – por ele próprio – ao seu lado. Doente (pé enfaixado) e empobrecido (a roupa está mais puída, fora de moda e descolorida) precisa se sujeitar a esta 'humilhação' de negociar com o burguês, pois lhe falta dinheiro, embora tenha a terra e o brasão. Aparentemente a situação é urgente, já que o notário (em pé) lhe apresenta a hipoteca de seu palacete, visto pela janela. Eis o outro lado da jocosa critica: apesar de seus modos e altivez, o nobre nada tem. Sua arrogância é vã, portanto.

Se o burguês rico só ascenderia socialmente se 'comprasse' seu ingresso para aquele seleto 'clube', ao nobre empobrecido e prestes a perder seu *status*, caberia proporcionar, mediante remuneração, esta entrada. Isso se daria, como nos indica o título do quadro, mediante um 'contrato': o casamento dos dois jovens que aparecem na tela e cuja infeliz história é contada pela sequência delas (sem *spoilers*).

Lembre-se que a obra é datada de 1743. Poucos anos depois, os colonos norte americanos estariam virando o mundo "de cabeça para baixo", 'inspirando' os franceses[34] a transformar sua sociedade. Este é o momento histórico, no Ocidente europeu, em que se questiona e subverte o papel individual na sociedade civil.

---

34. Uma das muitas lendas fundadoras da revolução americana: derrotadas no cerco de *Yorktown* (1781), as tropas britânicas teriam marchado em rendição, tocando a balada inglesa chamada "*The world turned upside down*". Provavelmente é um mito, vez que não haveria referências inglesas ao episódio e o único relato contemporâneo menciona que teriam tocado algo (SCHRADER, 1998). A vitória americana, só foi possível com a ajuda das tropas francesas, cedidas pela monarquia absolutista. Contradição? Seria uma 'revanche' francesa pela perda territorial que lhe foi imposta pelos ingleses na década anterior (Guerra dos Sete Anos). Fato é que os exorbitantes custos com esta aventura militar teriam sido um dos tantos gatilhos para a derrubada da monarquia francesa.

Não mais definido – imutavelmente – pelo nascimento e justificado pela religião[35], mas escolhido e conquistado pela própria determinação individual. É, portanto, pressuposto deste raciocínio que a todos seja assegurado tratamento igualitário, sem privilégios específicos ou o reconhecimento de classes distintas. Daí porque uma charge da época, que retratava a plebe carregando a nobreza e o clero em suas costas, mencionava em tom de profecia: "é necessário ter esperança que este jogo, em breve, mude." (Figura 11)[36].

Figura 11 – Os três Estados

Lembre-se, ainda, que a igualdade que baseia a construção liberal de contrato é formal (**Capítulo 2.1.1**), já que pensada em face do Estado (e seu Direito) que promovia a diferença de *status* com base no acesso a títulos e privilégios àqueles que fossem proprietários ou clericais. A sociedade francesa da época era marcada por inúmeros privilégios, não apenas de fruição da nobreza e do clero, já que havia situações específicas em que algumas cidades e até mesmo parte da plebe eram isentas de impostos, taxas ou obrigações específicas. A desigualdade, resumida no contraste entre os três estados (Figura 11), é que acabou capturada pela linguagem panfletária revolucionária e nos condiciona a compreensão até hoje.

35. A famosa construção: aqueles que salvam as nossas almas (clero) e nos protegem com armas (nobreza) devem ser mantidos pelos demais (plebe), marco fundador do Antigo Regime.
36. (ANÔNIMO, Trois-ordres: Le tiers-etat portant sur son dos le clergé et la noblesse. 1789., 1789).

Em uma sociedade em que se é livre, a propriedade fundiária, embora relevante, não proporcionaria a mobilidade necessária para empreender. Seriam indispensáveis recursos de outra natureza: financeiros (oriundos da acumulação de capital). É central, portanto, que seja uma sociedade de iguais, em que nascimento, *status* e títulos sejam irrelevantes. A fórmula, contudo, se esgota aqui: todos são iguais para exercer sua autonomia; não que de fato o façam ou tenham condições de exercê-la. Por isso dizemos que esta igualdade é formal.

Entre os iguais há, portanto, os mais iguais, já que este não é um projeto pensado por/para todos, mas para homens brancos, burgueses e letrados. O processo revolucionário foi mediado por uma nova elite, que recorreu à oratória inflamada e à simbologia para ampliar seus efeitos às massas, tal como fariam os líderes totalitários, duzentos anos depois.

Por mais incrível que possa parecer, a noção de igualdade que funda o que julgamos entender sobre os contratos foi baseada em várias exclusões, daí porque nos referimos – hoje – a uma igualdade material. Eis, então, que precisamos seguir para o **terceiro ponto** que é imprescindível reter: esta compreensão é datada.

2.1.3 O 'teste de Carbono 14'

Assim como não haveria "contrato", no sentido que estamos tratando, antes da modernidade, não podemos acreditar que as condições de seu nascimento tenham permanecido as mesmas três séculos e meio depois. Esta conclusão parece simples, não? Apesar disso, é comum encontrarmos a adoção de verdadeiro credo, cuja existência nos teria sido revelada e que seria matéria de aceitação incondicional pela Eternidade.

Ocorre, contudo, que as bases daquela explicação teórica se sustentavam sobre uma concepção liberal, política e econômica, muito específica. Estes alicerces, contudo, não sobreviveram intactos ao longo e turbulento século XX[37] e parecem estar sentindo também o peso do atual século XXI.

A crise do capitalismo colonial/imperial europeu, os conflitos bélicos que o enterraram e o advento de um modelo de produção dominante no Ocidente

---

37. Eric Hobsbawm em seu livro "Era dos Extremos: o breve século XX (1914-1991)" (HOBSBAWM, 1995) utiliza o adjetivo "breve" em razão dos marcos que usou para delimitar o período de sua análise: o fim da "Era dos Impérios" e início do fim do bloco soviético. Hoje sabemos, talvez, que poderíamos estender o século XX, conceitualmente, até, pelo menos, setembro de 2001, marco que talvez seja outro no futuro.

não só tornam os conceitos baseados na realidade anterior desatualizados como ferramentas, como exigiriam a reformulação teórica que os baseavam[38].

Ao mesmo tempo em que ventos revolucionários soprariam na França e Europa continental, nascia na Inglaterra um novo modo de produção. Este momento, que chamaríamos de Revolução Industrial, tal como sua irmã francesa, é um processo mais longo que as datas com as quais gostamos de limitá-los. Há, mesmo, quem diga que estaríamos vivendo sua quarta ou quinta versão (Sociedade, Economia e Indústria 4.0 ou 5.0[39]). Fato é que, em dado momento, sob condições específicas, a Inglaterra se industrializa e estabelece o modo de produção que influenciaria seus vizinhos e suas (ex)colônias e determinaria o novo modelo econômico global.

Este momento é, normalmente, associado à imagem da transição entre a produção artesanal (em que aquele que sabe como fazer e tem os meios para fazê-lo vende o excedente de sua produção não consumida) e a industrial (em que o operário, já desprovido dos meios de produzir, aliena sua força de trabalho para poder subsistir, adquirindo o produto de seu próprio trabalho). Se as imagens ilustravam o ambiente precário e de abusos em que este trabalho ocorria; há também representações de fascinação com este novo poder. Deixe-me explicar o que quero dizer, mais uma vez, de forma ilustrativa.

A primeira tela (Figura 12) retrata a produção do ferro, provavelmente para ser usada em ferrovias, e teria sido influenciada pela visita do pintor para conhecer as condições fabris em instalações alemãs[40]. Inspirada nos gigantes imortais da mitologia grega[41], a tela ganhou o nome "Ciclope Moderno" e parece retratar – ao mesmo tempo – um pouco dos dois sentimentos que descrevi.

---

38. Vem-me a mente a famosa frase de abertura da biografia de Stefan Zweig, em tradução simples, "Quando tento achar uma formula simples para o período, anterior à Primeira Guerra Mundial, em que cresci, espero captar sua integralidade em o chamando de Era Dourada da Segurança". Alguns parágrafos adiante, ele complementa: "Hoje, quando há muito tempo a grande tempestade a esmagou, eu finalmente sei que aquele mundo de segurança não era nada além de um castelo de sonhos, em que meus pais viviam como se fosse construção de pedras" (ZWEIG, 1964).

39. O relatório da UNCTAD de 2023 sobre Tecnologia e Inovação, focado em inovação tecnológica para a redução das emissões de carbono, indica como "fronteiras tecnológicas" atuais: a inteligência artificial; internet das coisas; big data, blockchain, internet 5G; impressão 3D; tecnologia robótica e de drones; edição genética; nanotecnologia; energia sustentável (solar-fotovoltaica e concentrada; biocombustíveis e biomassa; eólica e verde) (ONU. UNCTAD, 2023). A título de comparação, a Revolução Industrial '1.0' baseava-se em vapor e carvão e maquinário pesado.

40. (MENZEL, 1872-1875). Na época, como parte do recém-nascido império alemão, região se chamava de Silésia Superior. Hoje é dividida entre a Polônia e a República Checa.

41. Filhos de Urano e Gaia, foram libertados do Tártaro por Zeus, a quem passaram a ajudar em sua luta contra os Titãs. Para tanto presentearam-no com o raio, o trovão e o relâmpago. Para Hades, forjaram um capacete de bronze e para Poseidon, seu Tridente. Estas figuras mitológicas nada guardam de semelhança com outras, que também ganharam o nome de ciclopes e aparecem na Odisseia (GUIRAND, 1987).

Figura 12 – O Ciclope moderno

É o nascimento de um difícil relacionamento entre homem e máquina: ao centro vemos como o processo era complicado e exigia força (note a expressão do operário central), este aspecto é iluminado pelo metal aquecido. Já, ao redor, proliferam as sombras, que escondem aspectos cotidianos da vida dos operários, que se limpam (extrema esquerda), descansam e se alimentam (extrema direita) ao lado da barulhenta besta. Você perceberá no canto inferior direito a presença feminina. Aliás, sugestivamente a única que dirige o olhar para você. Por fim, chamo a atenção para o industrial, que aparece olhando em direção ao alto, de mãos nas costas. Há várias interpretações possíveis para a linguagem corporal de todas estas personagens, mas chamo sua atenção para a comparação delas com as do próximo quadro.

A segunda tela (Figura 13) que gostaria de te apresentar é "O quarto estado"[42] que toma os coadjuvantes da tela anterior e os apresenta como protagonistas: a(o) trabalhador(a). Na composição, quatro figuras destacam-se no centro: dois homens resolutos e a mulher, acompanhada do bebê, que os exorta. Eles marcham a frente de seus companheiros que formam uma 'onda' humana. Eles estão seguros e certos, ainda que caminhem de forma lenta. O título "quarto estado" assinala a ascensão do proletariado como classe. Há forte simbologia socialista e a tela indica uma mensagem de inevitabilidade.

---

42. (VOLPEDO, 1868-1902).

Figura 13 – O quarto estado

A outra personagem, não retratada nos quadros anteriores, aparece na terceira tela que gostaria de apresentar. Trata-se do quadro "Uma tarde de domingo na Grande Jatte"[43] (Figura 14) que representa outra fundamental personagem: a burguesia. Na composição, que utiliza o pontilhismo retratando os avanços da compreensão da ótica, enxergamos um momento de lazer suburbano, em que somos apresentados a alguns hábitos destes novos burgueses.

Figura 14 – Tarde de domingo

---

43. (SEURAT, 1884-1886).

Nitidamente estas últimas personagens não se confundem com aquelas que habitam as duas telas anteriores. Aqui temos uma parte da sociedade que não precisa alienar sua força de trabalho, mas que obtém sua subsistência de outras fontes (seja do comércio, da indústria ou das finanças). Já é uma sociedade internacionalizada e imperial. São aqueles que vivem, portanto, da exploração do trabalho de outrem, na explicação socialista.

Note que eles não têm sua existência colocada em risco pelo labor excessivo ou em condições insalubres, nem pela miséria e fome, como nas telas anteriores. As cores com que são retratados refletem luz e não escuridão (Figura 12) e aridez (Figura 13). Além disso, pequenos luxos surgem, como o charuto do homem retratado à direita, as vestes de moda, os animais de estimação (incluindo o exótico macaco 'importado' de alguma colônia, também à direita), a música e os esportes náuticos. É o nascimento do mercado de consumo, que pode ser identificado na moda (repare a tendência similar das roupas). Até mesmo o tempo passa a ser retratado de outra forma: domingo como dia de lazer e descanso. Mais uma vez, inúmeros são os detalhes[44], mas estas notas bastam ao nosso propósito.

QR Code 19 – Análise Tarde de domingo

Todas as três telas me ajudam a retratar, então, uma sociedade diferente daquela que teria pensado, originariamente, nosso conceito contratual, mas que herdou sua construção. Sociedade que se transformou pela industrialização, que se globalizava, que se internacionalizava e que passava a ter novos personagens e necessidades. Você percebe o descompasso entre a explicação inicial (revolucionária) e a realidade de alguns anos depois (institucionalizada)? Entre 'a negociação do casamento' e a 'marcha', muito mudou. Por que insisto neste ponto? Explico: o que está em jogo não é o contrato em si ou sua utilização como ferramenta econômica, mas a concepção de liberdade individual que o baseia e o papel do Estado na delimitação do espaço de autonomia. É a comparação entre dois mundos diferentes, eu diria.

---

44. (GLITZ F. E., Arte & Direito: Uma tarde de domingo na Grande Jatte, 2020).

O primeiro volta-se ao final do século XVIII, para uma parte da Europa que se recupera da onda revolucionária, instituindo novas sociedades em torno de Estados modernos e centralizados e da noção da nação. Já o segundo, volta-se aos anos seguintes (Figuras 12, 13 e 14) e ao século XXI que, como já vimos, são mais plurais e complexos, com novos protagonistas sociais, realidades e necessidades[45]. Eis o porquê não podemos confundir *Ganda* com o *Rhinocerus* (Figura 2), mas igualmente com o seu possível antepassado, o rinoceronte lanoso (Figura 7).

2.1.4 A tropicalização do discurso

Ganda e o Brasil

Recém-chegada em Lisboa, Ganda desembarca na praia de Belém. Ela havia sido transportada pela nau Nossa Senhora da Ajuda, parte da frota de Cristóvão de Brito recém egressa da Índia. Naquele *hub* metropolitano que se tornara Lisboa, *Ganda* e a História do Brasil se entrelaçariam.

I. O rei D. Manuel, a quem se destinava a paquiderme, tinha sido, antes, o destinatário da famosa Carta de "achamento desta vossa terra nova [do Brasil]"[46].

II. A nau que trouxe a rinoceronte da Índia a Portugal é a mesma que, décadas mais tarde (1556), soçobraria na costa sergipana transportando D. Pedro Fernandes Sardinha, o primeiro Bispo do Brasil. Tendo partido de Salvador, ele se dirigia a Lisboa para denunciar os abusos do Governador Geral do Brasil (Duarte da Costa). Sardinha até sobreviveu ao naufrágio, mas acabou participando, involuntariamente, de um banquete antropofágico tupinambá[47].

III. O capitão da nau que trouxe *Ganda* da Índia era Francisco Pereira Coutinho[48], também chamado de Rusticão[49] pelos seus modos, que viria a se tornar – em 1534 – o donatário da Capitania Real da Baía de Todos os Santos (na atual Bahia), cuja colonização seria financiada com os espólios obtidos por ele na conquista da Índia. Diz a lenda que foram as dimensões daquela baía que motivaram a alteração do nome da Capitania para Bahia.

IV. Não distante de onde Coutinho fundou sua vila e forte (Vila dos Pereiras, depois Velha), vivia o famoso casal Caramuru e Paraguaçu junto aos tupinambás. Diogo Álvares, o Caramuru, teria alcançado as costas brasileiras em 1509 quando o navio em que estava naufragou na costa baiana perto do Rio Vermelho. Encontrado entre as pedras, recebeu o famoso apelido ("moreia" ou enguia[50]). Vivia entre os nativos, constituindo numerosa prole e sendo conhecido

---

45. (GOMES, 2005).
46. (CAMINHA, 1981).
47. (PEREIRA M. S., 1995). Sobre a visão europeia do banquete, recomendo a leitura do clássico relato de Hans Staden, arcabuzeiro alemão, tomado por português, que acabou capturado na região de Ubatuba, São Paulo, pelos Tupinambás e escapou por pouco de ser o 'prato principal' de uma destas cerimônias (STADEN, 2013).
48. (CALMON, 1939).
49. (BRASIL. Senado Federal, 2022).
50. (CALMON, 1939).

pelo seu desempenho na mediação do comércio de pau brasil entre os nativos e os europeus, especialmente os franceses[51].

V. A exploração francesa do pau brasil se dava em afronta ao Tratado de Tordesilhas não reconhecido pelo seu rei (Francisco I), aquele mesmo que teria desviado seu cortejo para ir conhecer Ganda, quando ela estava em trânsito para Roma[52] e que exigia que lhe fosse apresentado o testamento de Adão.

VI. Sublevados pelas investidas portuguesas, os tupinambás arrasariam a nascente vila e expulsariam os colonos portugueses. O donatário até tentou retomar o território, mas acabou naufragando na ilha de Itaparica, onde participou – também involuntariamente – de outro banquete antropofágico tupinambá[53].

VII. É o choque com a notícia da morte de Coutinho que faz a Coroa portuguesa reconhecer o insucesso do regime das capitanias e mudar a política de colonização do Brasil, que passaria a ter um Governador Geral e capital em Salvador, não distante da Vila Velha, na antiga Capitania da Bahia.

VIII. Por fim, Valentim Fernandes, autor do relato que teria inspirado Dürer, era gráfico radicado em Lisboa e que acabou conquistando enorme prestígio em Portugal. Ele teria sido escudeiro de D. Leonor, viúva do rei D. João II; responsável pela impressão de livros sobre medicina, religião, viagens e legislação[54], além de notário. Nesta última função, ele atestou oficialmente a descoberta do Brasil e seu primeiro nome oficial[55]. Trata-se de documento pouco conhecido do público brasileiro[56], mas de enorme importância histórica.

QR Code 20 – Ato notarial

---

51. Há relatos que Caramuru e Paraguaçu teriam mesmo sido levados por *Jacques Cartier* para a França e lá se casado formalmente. Paraguaçu passou a utilizar o nome de Catarina, supostamente em homenagem à esposa de *Cartier*.
52. (MAGASICH-AIROLA & BEER, 2000).
53. (VICENTE, 2010).
54. (MARTINS R. d., 2014).
55. Do ato notarial de Valentim Fernandes de 20 de maio de 1503, que também se refere a expedição posterior de exploração, constata-se: "terra [está coberta] por bosques espessos, rios grandes, da qual nos trouxeram paus de brasil (...), e também papagaios de diversas espécies" (...) "E eu Valentim Fernandes de Morávia, por autoridade do mesmo invictíssimo rei de Portugal, tabelião, li as presentes escrituras diante da régia majestade e dos seus barões e supremos capitães e pilotos ou governadores dos navios da sobredita terra dos antípodas com o novo nome de Terra de Santa Cruz" (SOUZA, 1958).
56. Conclusão de (AMADO & FIGUEIREDO, 1997), que oferecem, também, uma adaptação do texto ao vernáculo mais contemporâneo.

O Direito contratual brasileiro é fruto um tanto tardio de todos estes movimentos. Enquanto as colônias espanholas nas Américas obtinham suas independências políticas e se organizavam em torno de novas e turbulentas repúblicas, o Brasil formatou-se em uma monarquia centralizada. De costas ao continente sul-americano, voltou-se à Europa em busca de inspiração político-legislativa para os dois grandes projetos normativos de Direito privado: o Código Comercial (1850) e o Código Civil (1916). Apesar da tardia abolição da escravatura e da substituição do Império brasileiro pela República, a matriz político-econômica permaneceu refletida na construção daquelas codificações.

No início do novo século XX, o Direito Contratual positivo brasileiro ainda refletia a divisão de tratamentos (comercial e civil), a proteção da propriedade fundiária (de onde saíam as *commodities* cuja exportação sustentavam a elite econômica[57]) e projetava um modelo de família[58] próprio dos dois séculos anteriores na Europa. Este quadro de coisas tem duração elasticida artificialmente pelos seguidos rompimentos democráticos e pela eterna batalha para se domar as finanças públicas e controlar os surtos inflacionários e autoritários que marcaram toda nossa existência republicana. Enquanto aqui ainda projetávamos uma legislação para a Casa Grande e sua família patriarcal em que o contrato moderno sequer fazia muito sentido; o mundo mudava.

É em razão disso, que a doutrina contratualista brasileira enfatiza como fundamentais os novos ares trazidos pelo movimento de redemocratização, consolidados no texto da Constituição da República (1988). Afinal, a partir de então, os debates aprofundam discussões não tratadas pelos anteriores textos civis e constitucionais brasileiros. Inspirados nos desdobramentos normativos europeus e norte-americanos, os constituintes redesenharam o Estado brasileiro, colocando-o em um papel mais interventor nas relações privadas. É a partir de então que falamos sobre a necessidade de constitucionalização do fenômeno

---

57. Segundo a interessante tese de Jorge Caldeira, o mercado interno brasileiro sempre foi subdimensionado pela historiografia (que baseava suas conclusões em dados oficiais fiscais lusitanos, concentrados nas receitas alfandegárias). Segundo os dados coligidos pelo autor, o papel do mercado interno brasileiro, desde o período colonial, foi desconsiderado para se adotar a visão mais simplista de que o desenvolvimento econômico brasileiro estaria associado a uma vocação natural exportadora (CALDEIRA, 2017). Esta conclusão permite também avaliar como acabamos desconsiderando o papel da iniciativa privada, em proveito da defesa exclusivas de políticas públicas de intervenção estatal.

58. Aproveito o resumo de Orlando Gomes no magistral: "Raízes históricas e sociológicas do Código Civil brasileiro": "o divórcio entre a elite letrada e a massa inculta perdurava quase inalterado. A despeito de sua ilustração, a aristocracia de anel representava e racionalizava os interesses básicos de uma sociedade ainda patriarcal, que não perdera o seu teor privatista, nem se libertara da estreiteza do arcabouço econômico, apesar do seu sistema de produção ter sido golpeado fundamente em 1888" (GOMES, Raízes históricas e sociológicas do Código Civil brasileiro, 2003). Sobre o modelo familiar, basta lembrar que o modelo europeu e depois codificado (matrimonial, católico e patriarcal) nunca foi o dominante no Brasil, cuja população sempre privilegiou formas menos rígidas de projetos familiares.

contratual[59] e passamos a ver editada legislação setorial, ampliando a sensação, em alguns, de inflação normativa, de morte do contrato[60] e de desaparecimento do Direito Civil[61].

Será mesmo o contrato que entrava em crise? Como instrumento de uma operação econômica[62], ele nunca fora mais útil, estivera tão disponível e projetava-se mais democrático. Talvez a sensação de decadência refletisse apenas a dificuldade em explicar sua transformação[63], a estranheza com sua nova face[64] ou esboçasse a insuficiência da explicação tradicional. Metaforicamente, seria insistir em procurar, em meio às planícies aluviais do rio Ganges (Índia), pelo parente lanoso de *Ganda*.

E como todas estas informações se ligam e contribuem para entendermos o objeto de nosso estudo (o contrato internacional)?

Estamos diante do paradoxo do poeta: "as únicas coisas eternas são as nuvens"[65], mas, como sabemos, elas não são. O conceito, portanto, surgido para explicar o contrato dentro daquela sociedade europeia, afirmando-se universal, igualitária, racional e atemporal, não o será. Além dos rever os alicerces, então, precisaremos avaliar o próprio edifício.

2.2 UM NOVO CANTEIRO DE OBRAS

Como sabemos, também é na modernidade que se desenvolve a noção de mercado[66] para explicar a nova organização dada à circulação de bens e serviços. Acompanham esta transformação: desde a criação da concepção de sujeito de direito; a massificação das relações contratuais[67] seja no que concerne aos

---

59. (NEGREIROS, 2002).
60. Neste contexto usualmente é invocada a obra de Grant Gilmore "*The Death of Contract*". Ocorre, contudo, que o autor se refere muito mais ao fenômeno anglo-saxão de agigantamento da adoção do regime da responsabilidade civil (*Torts*) para abranger matérias tratadas como contratuais pelo Direito norte-americano, que efetivamente uma crise conceitual da liberdade negocial (GILMORE, 1986).
61. (AZEVEDO, 1975).
62. (ROPPO, O contrato, 1988).
63. (CARBONNIER, 2001).
64. (ROPPO, O contrato, 1988).
65. (QUINTANA M. , 80 anos de poesia, 1994).
66. (HESPANHA, 1972).
67. "A grande resultante de tais fenômenos foi a massificação da sociedade. Realmente, se existe uma palavra que possa sintetizar tudo o que aconteceu, e ainda esclarecer o sentido das tão profundas transformações havidas, tanto políticas como jurídicas, inclusive no âmbito que aqui interessa, que são os contratos, tal palavra é massificação: massificação nas cidades, transformadas em gigantescas colmeias; nas fábricas, com a produção em série; nas comunicações, com os jornais, o rádio e a televisão; nas relações de trabalho, com as convenções coletivas; na responsabilidade civil, com a obrigação de indenizar imposta a pessoas componentes de grupos, por atos de membro não identificado (o que é

instrumentos disponíveis (Capítulo **2.2.1**) como em relação aos sujeitos que se colocam neste mercado (Capítulo **2.2.3**); a "mobilização e desmaterialização das riquezas"[68] (Capítulo **2.2.2**) até quem regulamenta estes negócios (Capítulo **2.2.4**).

Sugiro, então, que visitemos este agitado canteiro de obras, conhecendo nossos novos materiais, o papel dos seus participantes e para quem e o que estão construindo.

2.2.1 Novos materiais de construção

A teoria contratual que nos serviu de alicerce, pensada para um mundo pré-industrial e formalmente livre e igual, consegue sustentar o edifício contratual que está sendo construído no século XXI? Suas fundações consideram os maciços deslocamentos tectônicos causados pela ampla internacionalização econômica e pela nova realidade digital? Posso ilustrar estes questionamentos a partir da compreensão de como, hoje, se formaliza um negócio.

Como sabemos, a redução do negócio à escrita convém como forma de perpetuação do pactuado. A mídia impressa pode ser guardada e registrada, dando sobrevida ao ato imediato da aceitação da oferta. Na modernidade, ainda que a escrita não fosse acessível a todos (seja no sentido do custo, utilização, generalização da necessidade e da capacidade de se decifrar a codificação[69]), prestava-se à comprovação de que o negócio existia, qual era seu conteúdo e ajudaria, ainda, a corrigir as eventuais falhas de memória dos contratantes ou esclarecer divergências de interpretação.

No entanto, embora a vida útil desta tecnologia tenha sido muito longa, não se pode dizer que ela continuará sendo o padrão (como discutimos no Capítulo

---

verdadeiro caso de responsabilidade coletiva); no processo civil, com as ações coletivas, visando a tutela de interesses difusos ou coletivos (cf. Lei n. 7.347/85, art. 1º, e Código de Defesa do Consumidor, arts. 81, 91 e 103); nas relações de consumo, finalmente, com os contratos padronizados e de adesão e até com as convenções coletivas de consumo, previstas no Código de Defesa do Consumidor (art. 107)!" (NORONHA, 1994).

68. Conforme explica Enzo Roppo, trata-se de processo por meio do qual se subtrai da propriedade, especialmente a fundiária, a centralidade e supremacia entre os instrumentos de gestão de riquezas. O próprio desenvolvimento do capitalismo exigirá que certos bens imateriais passem a se constituir, também, em riquezas passíveis de adentrar o intercâmbio jurídico (ROPPO, O contrato, 1988). Conclui o autor, "parece ser o contrato, e já não a propriedade, o instrumento fundamental de gestão de recursos e de propulsão da economia.". Um exemplo deste fenômeno pode ser identificado no desenvolvimento da cessão de posição contratual (PINHEIRO & GLITZ, 2008).

69. Devemos levar em consideração que, naquele momento histórico, a Europa ocidental recém havia saído da Idade Média em que a educação formal e o acesso à compreensão da escrita era limitada a alta nobreza e aos clérigos. Lá, a 'popularização' da leitura, do acesso ao livro e da alfabetização só ocorre a partir de meados do século XV, a prensa de tipo móvel e a impressão dos primeiros livros (a Bíblia, por Gutenberg).

1.3). Em 2023, por exemplo, Singapura anunciava ter realizado a primeira operação de exportação totalmente digital: determinada empresa química embarcou a carga de Singapura para a Tailândia enquanto o conhecimento de transporte foi emitido de forma eletrônica e um "passaporte digital" para o navio foi criado. O seguro foi emitido eletronicamente e toda "documentação" foi enviada às autoridades responsáveis[70]. A primeira exportação de soja contudo, totalmente automatizada, já teria ocorrido anos antes[71] envolvendo produto argentino para destinatário malaio.

Assim, apesar de podermos presumir que o contrato de casamento de *Hogarth* (Figura 10) fosse manuscrito com a mais elegante caligrafia do século XVIII, certo é que enquanto você lê estas páginas a mais comum das negociações pode ter sido realizada pelo *WhatsApp*[72]. Mesmo que você aprecie a sonoridade de uma máquina de escrever (invenção de meados do século XIX), não terá a pretensão de que seus esforços e talento para "escrever em batuques"[73] serão, ainda, essenciais no futuro. Certo?

Sabemos que a transição entre estes dois mundos não é simples. A questão é: como lidar então com esta realidade? Assegurar ao contratante o direito de obter a cópia de um instrumento "em suporte duradouro" é suficiente? Talvez seja, por enquanto, se ele for vulnerável[74]. Convenhamos, contudo, que a tendência de se considerar como 'escrito' um instrumento digital já é bastante generalizada e antiga, já que suas raízes podem ser traçadas até, pelo menos, a década de 1980 e à recomendação das Nações Unidas a governos e organizações internacionais sobre o valor de registros computacionais (UNCITRAL, 1985), passando pelos textos da Lei modelo sobre Comércio eletrônico (UNCITRAL, 1996), da Lei modelo sobre assinaturas eletrônicas (UNCITRAL, 2001) e da Lei Modelo sobre registros eletrônicos transferíveis (UNCITRAL, 2017).

---

70. (SINGAPURA. IMDA, 2023). A operação foi possibilitada pela adoção da Lei modelo da UNCITRAL para transferência de registros eletrônicos (UNCITRAL, 2017). Outros países também passaram a adotar legislação baseada neste mesmo modelo, como o Electronic Trade Documents Act inglês de 2023.
71. (FONTES, Tecnologia blockchain deve impulsionar o comércio exterior, 2018).
72. Cito como exemplo o caso de 2018 envolvendo a aquisição de combustíveis cuja negociação foi realizada pelo aplicativo de mensagens e análise do descumprimento da obrigação de entrega pelo Tribunal de Justiça do Paraná (Apelação Cível, 2018).
73. (QUINTANA M. , Caderno H, 2013)
74. Por exemplo, o art. 54-G do CDC prevê a obrigação de o fornecedor entregar "cópia da minuta do contrato principal de consumo ou do contrato de crédito, em papel ou outro suporte duradouro, disponível e acessível, e, após a conclusão, cópia do contrato" (BRASIL, 1990) ou o art. 4º, IV ("IV – disponibilizar o contrato ao consumidor em meio que permita sua conservação e reprodução, imediatamente após a contratação") do Decreto nº 7.962 de 2013 que regulamenta a contratação no comércio eletrônico brasileiro.

Os mais recentes textos, contudo, como a Lei Modelo sobre o uso e reconhecimento transfronteiriço de serviços de gestão de identidade e confiança (UNCITRAL, 2022) e os Princípios UNIDROIT sobre ativos digitais e Direito privado (UNIDROIT, 2023) não mais se referem a esta necessidade. Estaria ela superada? A Lei Modelo limita-se a esclarecer que a mensagem de dados corresponde à informação gerada, enviada, recebida e armazenada por meios eletrônicos, magnéticos, óticos ou similares. Ou seja, ela parte de outro paradigma, a de que o negócio é digital.

Para além disso, a própria noção obrigacional que embasa os contratos precisará ser avaliada. Por exemplo, ainda hoje partimos da noção de que o crédito pressupõe a possibilidade de exigir um comportamento de alguém (lícito, possível e ao menos determinável). O que dizer em relação à automação a ser promovida pelos *smart contracts*[75]? Isto é, a noção de que contratos poderão ser autoexecutáveis tais como *softwares*, dispensando a intervenção humana a cada prestação obrigacional nos obrigará a repensar muitos fundamentos técnicos, inclusive contratuais e procedimentais.

Eis, então, que nossa obra precisará considerar outros tipos de tijolos além daqueles com os quais já estamos habituados. Aparentemente, portanto, caminhamos para a superação do debate sobre o que seria 'escrito' e como damos acesso a este tipo de codificação. Isso, por certo, exigirá que o contratualista do futuro não se prenda a fórmulas ou formulários, afinal, isso a Inteligência Artificial já faz. Ele precisará compreender não só a técnica obrigacional como, igualmente, a codificação em que ela precisará ser expressa. E aí, talvez não baste a linguagem com que este livro é escrito, talvez seja necessário aprender a programar para poder 'aprender', 'escrever' e 'ensinar' ...

Mas não é só dos tijolos que precisaremos nos ocupar. Perceba que até o material com que eles são feitos precisa ser reavaliado. Estamos nos referindo, é claro, às fontes da relação contratual e à lógica com que traduzimos esta relação jurídica para um instrumento que lhe sirva de mídia (substrato material).

O desafio, então, é pensar em como o sujeito se comporta e o como descreveu este comportamento (exercício de autonomia) no instrumento contratual que celebrou. Como brasileiros, lidamos com uma certa tendência a buscar resumir a formalidade, ainda que o façamos em detrimento do texto legal vigente. Muitas

---

75. Definidos pela Subcomissão de Direito Digital da Comissão de Juristas responsável pela revisão e atualização do Código Civil instalada pelo Senado Federal como: "aqueles nos quais alguma ou todas as obrigações contratuais são definidas e/ou executadas automaticamente por meio de um programa de computador, utilizando uma sequência de registros eletrônicos de dados e garantindo a integridade e a precisão de sua ordenação cronológica" (SENADO FEDERAL, 2024). Eles acabaram sendo traduzidos pela referida Subcomissão como "contratos inteligentes".

vezes percebemos que 'o papel que assinamos' é diferente daquilo que fazemos ou dizemos. Da prática podemos citar dois exemplos: um instrumento contratual que é "burlado" sempre que possível, porque é percebido apenas como uma 'formalidade' ou aquela situação em que o 'Jurídico' é chamado apenas para formalizar a negociação (depois dela) e acaba descobrindo que detalhes importantes para a formação do preço foram ignorados.

Como ilustração, imagine que você tem em mãos apenas a *invoice* (Figura 8) para entender a operação. Você não participou da negociação e detalhes adicionais não foram fornecidos. Onde buscará os elementos necessários para entender se houve (ou não) o descumprimento de uma determinada obrigação?

Em sistemas jurídicos como o nosso até poderemos nos socorrer do texto legal. Raramente, contudo, dele constará fórmula expressa para aquela situação específica; até porque em matéria contratual a legislação é usualmente supletiva. Nosso Sistema também fornece princípios com os quais poderemos orientar a interpretação daquele negócio ou presumir um determinado dever. Mas e quando estamos falando de culturas, Direito(s) e origens distintas? De matérias, riscos e comportamentos não usuais ao julgador? E quando os sentidos dados, em cada Ordenamento, para aquele mesmo princípio divergem?

Tome por exemplo a situação dos juros. Seria plausível presumir a incidência de juros moratórios em relação mantida entre vendedor brasileiro (de frango, por exemplo) e comprador saudita? Em raciocínio estritamente nacional (brasileiro), sua resposta seria "sim", é claro! Até mesmo porque a legislação civil brasileira assim estabelece (art. 389 do Código Civil). Se este dispositivo legal inexistisse, você talvez pudesse extrair a mesma conclusão a partir da responsabilidade patrimonial e do dever de prevenir, mitigar e reparar o dano causado.

Pense, por outro lado, que talvez o sistema jurídico positivo aplicável ao caso não preveja a situação ou deixe isso em aberto (nem sempre será o brasileiro, como veremos). É o caso, por exemplo, da Convenção de Viena de 1980 sobre compra e venda internacional de mercadorias (CISG)[76] (Capítulo **3.2**). Seus comentaristas são quase unânimes em afirmar que durante a Conferência houve recusa em se negociar uma fórmula que uniformizasse a questão[77], seja por motivos religiosos[78] seja por questões político-econômicas. Em outros termos, se

---

76. Para detalhes adicionais, recomendo a leitura de (GLITZ F. , Preço, atraso e juros: abordagem comparativa entre o Direito brasileiro e a CISG, 2022). Advirta-se, contudo, que a recente Lei nº 14.905 de 2024 deve ser considerada, já que alterou o cenário que vigorava desde 2002.

77. (SCHLECHTRIEM & SCHWENZER, 2014); (KROLL & MISTELIS, 2011).

78. AKADDAF menciona que nos termos da Shari´a juros (*riba*) são tidos por usura e sua proibição estaria baseada em termos de justiça social, equidade e propriedade. Aparentemente não haveria distinção entre os dois tipos de juros (moratórios e remuneratórios), tanto que as tentativas legislativas mais

a CISG for o Direito material aplicável estaremos diante de uma omissão. Impor a interpretação nacional (brasileira) é razoável? Talvez sequer tenha sido a base de onde os negociantes partiram.

Em âmbito internacional, a matéria contratual nem sempre recebe do Legislador nacional o detalhamento necessário para resolver a controvérsia específica daquele caso concreto. Ao lado disso, haverá situações em que nem mesmo seu Direito nacional seria aplicável. É neste momento que se deve lembrar que não podemos pensar o Direito Contratual Internacional em termos estritamente nacionais (daí porque apontava o paradoxo do subtítulo deste Guia). Seria conceber o mundo a partir do seu próprio quintal.

Para ilustrar este argumento bastaria mencionar que, desde 2011, a Organização das Nações Unidas (ONU) reconhece como soberanos 193[79] Estados. Isto, na prática, equivale a afirmar que o Direito nacional de qualquer Estado representaria, aproximadamente e apenas, $^1/_{193}$ do fenômeno jurídico global. Perceba, então, como seu quintal é minúsculo para explicar até mesmo o do seu vizinho, embora, eventualmente, moremos na mesma rua ou condomínio.

Além disso, podemos lembrar que existem diferentes formas de se conceber a sistematização jurídica (Figura 15)[80]. Nem todas elas baseadas na concepção de exclusividade (ou quase) da legislação. Falar em "lei" (norma escrita, geral e abstrata, concebida a partir de metodologia legislativa representativa) como tijolo padrão até faz sentido dentro do nosso Sistema ou daqueles semelhantes ao nosso, mas, com certeza, não é uma verdade universal.

---

recentes de as diferenciar viria encontrando oposição. AKKADF menciona o caso egípcio em que a discussão acabou sendo resolvida por uma questão constitucional (em favor da redação que prevê os juros moratórios) e o caso marroquino em que a legislação marroquina que prevê a possibilidade de cobrança e juros por pessoas jurídicas, uma que vez que elas não podem ter religião (artifício bastante engenhoso para escapar da proibição). (AKADDAF, 2001).

79. (ORGANIZAÇÃO DAS NAÇÕES UNIDAS, 2023).
80. Imagem obtida Fonte: Rice University, OpenStax, licença CC BY 4.0.

Civil Law   Common Law   Islamic Law   Customary Law   Mixed System

Figura 15 – Diferentes sistemas jurídicos

Adicionalmente, como o exemplo dos juros demonstra, pode ser que, nem mesmo sobre o conteúdo do conceito jurídico, estes diferentes Sistemas ou formas de sistematização concordem.

O que isto quer dizer na prática? Que se deve pensar de forma mais plural, abandonando-se padrões nacionais prévios. Em outros termos: pensar a produção normativa a partir de diferentes fontes (não necessariamente formais ou estatais), abrir-se à possibilidade de diferentes conclusões e construções. A ideia aqui é coexistência que pressupõe alteridade, própria do Direito Internacional.

É por isso que entender que os tais juros são sempre indenização pode ser um equívoco. Eles podem ser punição, lucro, recompensa ou simplesmente proibidos, a depender da realidade e necessidade que cada sociedade, em determinado momento, lhe atribuiu ao reconhecê-los (ou não).

Nossas opções de materiais de construção para elaborar os novos tijolos, portanto, são mais amplas que aquelas percebidas pela explicação tradicional do Direito nacional. Estaremos diante de um cenário plural, em que ao lado do Estado estarão outros sujeitos produtores de norma (Capítulo **2.2.4**) e eles produzirão seus tijolos a partir de outras premissas que não o método legislativo com o qual estamos acostumados no Brasil.

Algumas destas ferramentas já surgiram no texto. Voltando alguns parágrafos, perceberemos a menção a Recomendações e Leis-modelo e, também, à Comissão das Nações Unidas para o Direito Comercial internacional (UNCITRAL).

Nos concentremos, por enquanto, nas primeiras: as ferramentas. As citadas Recomendações e Leis-modelo surgem como instrumentos criados por agentes não estatais, mas que ainda pressupõe imediata relação com eles (intergovernamentais). Assim, tanto a ONU quanto a UNCITRAL elaboram diretrizes ou modelos para que sejam levados em consideração pelo Legislador nacional.

Quando a UNCITRAL elaborou a lei modelo para o comércio eletrônico (UNCITRAL, 1996), então, ela colocava a disposição dos diferentes Legislativos nacionais um texto – pensado e discutido dentro daquela Comissão por uma série de especialistas internacionais – que pudesse vir a ser adotado como lei nacional para reger o comércio eletrônico a partir do olhar nacional. Para isso bastaria que o Estado o adotasse integralmente o texto. O objetivo, como se percebe, neste caso, seria de uniformização da legislação. Em outros termos, naqueles Estados que adotassem o texto, o conteúdo do Direito aplicável ao comércio eletrônico seria "igual".

Outra opção seria que este texto servisse de inspiração e que eventualmente motivasse a reforma de certos pontos da legislação nacional. Assim optando, nestes Estados, o conteúdo do Direito aplicável ao comércio eletrônico seria "parecido" e conseguiria dialogar com os demais.

A internacionalização do Direito Contratual

Tradicionalmente, a aproximação de sistemas jurídicos pode se dar por uma espécie de 'transplante', ou seja, pela importação do soluções, técnicas ou ferramentas de outros sistemas jurídicos. É o que tipicamente acontece com sociedades coloniais em que a metrópole 'exporta' as construções de seu ordenamento jurídico, 'transplantando' para outras terras o Direito nascido na metrópole. Em grande parte, esta é a história tradicional do Direito contratual brasileiro. Para justificar esta constatação, basta lembrarmos que o ordenamento jurídico português por aqui vigorou até bem depois de nossa independência política[81].

Este mecanismo, contudo, não é a única forma como se 'construiu' o Direito contratual nacional. Junto a ele outras forças operaram. Assim, podemos constatar adaptações teóricas; práticas e construções sociais e invencionices legislativas operando concomitante. Com exagero embutido, podemos dizer, então, que o Direito contratual nem sempre é formal (no sentido de criado por meio de mecanismos de legitimação procedimental – processo legislativo, por exemplo) e, menos ainda, obedece a e projeta-se em um sentido único (no sentido dos efeitos esperados). Além disso, esta construção sequer é estritamente nacional[82]. Diversos são os exemplos de atos normativos de origem internacional que foram incorporados ao Ordenamento jurídico brasileiro. Para tanto, fala-se – basicamente – de duas metodologias distintas: a **harmonização**, por meio da qual se busca, de variadas formas, a aproximação entre diferentes Direitos nacionais. Já a unificação ou **uniformização**, em lugar da 'simples' aproximação, equivaleria a adoção de um regime jurídico único pelos diferentes países. Enquanto os tratados internacionais e as Lei-modelo seriam os exemplos mais conhecidos de uniformização, na medida em que diferentes países adotariam o mesmo texto normativo

---

81. Por exemplo, o Código brasiliense. Conjunto de atos normativos promulgados no Brasil pelo Príncipe Regente, D. João, que permaneceu a base legal do novo país (BRASIL., 1815).
82. (ORREGO VICUÑA, 2004).

(ainda que por meio de seus próprios mecanismos legislativos e traduções); as Recomendações seriam os exemplos de harmonização.

O Direito contratual brasileiro, como vimos, tem débito com ambas as metodologias. Para exemplificar a uniformização, podemos citar a Lei Uniforme de Genebra (LUG – Decreto nº 57.663/1966), que ainda rege a matéria das letras de câmbio e notas promissórias; a CISG e a Convenção de Montreal (e os demais exemplos mencionados no **item 3.2**). Por outro lado, a adoção parcial ou a inspiração daqueles textos para redação de legislações nacionais próprias podem ser tomadas como exemplos de harmonização (a Lei-modelo da UNCITRAL para a arbitragem e a Convenção de Nova Iorque de 1958 poderiam nos servir de exemplos).

Outro ponto interessante é que nem sempre a harmonização e a uniformização redundam da adoção de instrumentos formais. Daí porque também podemos identificar hipóteses em que o Direito contratual nacional acaba sendo influenciado pela 'aculturação' de fenômenos não nacionais, seja pela 'inspiração jurídica' típica de ex-metrópoles sobre suas colônias[83]; pela 'influência' de Estados soberanos sobre o de outros[84] ou pela autoridade de textos normativos internacionais sobre o Direito interno de Estados soberanos[85].

Pessoalmente, acredito que a 'importação' resultante não possa ser explicada como um único fenômeno ou modelo. Nem mesmo o Estado nacional é seu único agente[86] e o Direito Contratual seu único objeto[87]. Destaque, também deve ser dado a iniciativas privadas (importação de técnicas e instrumentos), a opções políticas[88] e a agendas econômicas, sociais e de consumo (item **2.2.4**).

É este o ambiente em que se desenvolve o fenômeno da internacionalização. Sem se confundir com os instrumentos (de harmonização ou uniformização), mas neles também se expressando, ele pode ser descrito como um processo de 'osmose invertida'[89], ou seja, o meio contratual de maior concentração normativa por excelência (nacional) atrai outras soluções jurídicas, transpostas do meio de menor concentração normativa (internacional). Este é um processo que, utilizando-se da abertura proporcionada pela autonomia privada, se vale de fontes internacionais, essencialmente mais criativas e flexíveis em matéria contratual, para a identificação de instrumentos aplicáveis ao caso concreto.

Esta, é claro, é uma explicação simplificada e parcial. Os mecanismos, motivos, técnicas e justificativas detrás da internacionalização são muito diversas e variam não só em termos culturais, como, em alguma medida, políticos. Além disso, este não é um mecanismo de consulta a soluções disponíveis *prêt-à-porter*[90] para uso e descarte do usuário. Como metodologia de

83. Como no caso do Direito francês sobre a legislação contratual libanesa (CABRILLAC & ZEIN, 2005) ou do Direito francês sobre a legislação contratual *québécois* (LEFEBVRE B., 2005).
84. Como o caso do Direito americano sobre o Direito francês (GUIGNARD, 2005).
85. Como o caso da CISG sobre o Direito *québécois* (DROSS, 2005), das Convenções sobre transporte internacional sobre o Direito francês (BON-GARCIN, 2005) e da venda documentária internacional obre o Direito canadense (LEFEBVRE G. , 2005).
86. (TWINING, 2004) e (DELMAS-MARTY, 2004).
87. (LORENZETTI, 2004).
88. (GLITZ F. E., Transferência do risco contratual e incoterms: breve análise de sua aplicação pela jurisprudência brasileira, 2009).
89. (GLITZ F. E., Contrato, globalização e lex mercatoria, 2014).
90. Expressão francesa, usualmente associada à moda, que significaria "pronto para usar".

reconhecimento de fontes obrigacionais[91], ela traz os mesmos impactos (socioeconômicos, por exemplo) de outras ferramentas disponíveis no Direito brasileiro.

Desta forma, ainda que pautada em uma lógica de complementariedade entre as soluções puramente nacionais, daquelas outras estrangeiras e transnacionais; seus resultados estarão sujeitos a condicionantes de interpretação e a limites de exercício da autonomia privada, podendo ter sua eficácia original negada em razão de imperativos de ordem pública, tais como direitos humanos e direitos fundamentais, por exemplo.

Neste Guia você ainda será apresentado a dois exemplos deste fenômeno no Direito Contratual brasileiro: a *demurrage* (**Item 4.1**) e os *incoterms* (**item 2.2.4**).

Em ambos os casos seria necessária a sua conversão em *hard law*[92], ou seja, Direito cogente que depende – como sabemos – de tempo e interesse político. Tempo para que o tema eventualmente tramite no Congresso Nacional e seja aprovado e depois venha a ser sancionado, quando, enfim, se tornará parte do Direito brasileiro. Interesse reflete, por outro lado, agenda política de cada Estado. Tanto as Recomendações como as Leis-modelo podem também ser exemplos de *soft law*[93], normas não dotadas de cogência imediata e que não foram incorporadas, formalmente, ao Direito positivo nacional.

Nem sempre, então, estas normas mais flexíveis precisam guardar estrita ligação com o Direito positivo (Leis e Tratados). Em alguns casos, opta-se por metodologia distinta: a de buscar a adesão de particulares interessados e, apenas secundariamente, como alternativa ao Estado legislador.

---

91. (GLITZ F. E., Contrato, globalização e lex mercatoria, 2014).
92. "Hard law consists of international conventions, national statutory law and regional or international customary law. Only a small proportion of hard law rules will be of mandatory nature and they will normally be national legal system specific. Their "hardness" is due to the fact that when parties make an effective choice of substantive law they will have to take the law as they find it; they cannot modify it, but they may amend it with their contractual stipulations". (MISTELIS, 2001) Tradução livre: A Hard law consiste nas Convenções internacionais, legislação doméstica e Direito costumeiro internacional ou regional. Apenas uma pequena fração dessas regras será de natureza cogente, obedecendo às especificidades domésticas. A sua "dureza" é devida ao fato de que, quando as partes escolhem uma determinada legislação, elas terão que as adotar tal como as encontrarem, não podendo modificá-las, mas apenas emendá-las com disposições contratuais.
93. "Soft law consists of provisions embodied in model laws (but not incorporated in the national law), principles to be found in legal guides, and in scholarly restatements of international commercial law. Contractual stipulations agreed upon by the parties which do not conflict with relevant mandatory rules or public policy principles also belong to soft law. All these rules and principles are not legally binding and enforceable unless the parties to a commercial transaction decide otherwise". (MISTELIS, 2001) Tradução livre: A soft law consiste em disposições estabelecidas em legislação-modelo (mas não ainda incorporadas ao Direito nacional), princípios localizados em guias jurídicos, e compilações doutrinárias do Direito comercial internacional. Condições contratuais aceitas pelas partes mas, que não confrontem disposições mandatórias ou ordem pública também a compõem. Todas essas regras e princípios não são obrigatórios nem exigíveis, salvo se as partes de um contrato comercial decidirem em contrário.

Como você perceberá, ao invés da legitimação procedimental (exemplo anterior), estas normas buscam 'convencer', seja porque são oriundas da prática, elaboradas/coligidas por especialistas ou porque são 'mais adequadas' às necessidades imediatas de operação. A legitimação é muito mais associada à 'autoridade', portanto, de quem as promove ou patrocina e a sua utilidade. Estes padrões normativos não vinculantes podem ser adotados voluntariamente e, em algumas ocasiões, tornam-se, na prática, de adesão obrigatória. Nada impede, é claro, que também encontrem espaço de recepção via *hard law*, como exemplifica a legislação alemã de cadeias de produção[94] para o exemplo contemporâneo conhecido pela sigla ESG.

A sigla se refere a *Environmental, Social and Governance* ou Governança socioambiental que busca a responsabilização particular/empresarial ancorada em atuação ética em três frentes: (a) a gestão dos recursos, preservação do meio ambiente e prevenção de danos e poluição etc.; (b) relacionamento da atividade com a sociedade em que se insere, por meio do respeito aos direitos humanos, promoção de inclusão, respeito aos direitos dos consumidores e trabalhadores etc.; e (c) prevenção e combate a condutas abusivas, ilegais e antiéticas, gestão e controle de riscos, priorização da transparência etc.

Muitos destes deveres poderiam ser descritos estritamente como "éticos" e, portanto, importariam, até pouco tempo atrás, muito pouco para a avaliação acerca do cumprimento ou não de uma obrigação. Seja, no entanto, por demanda social ou por preservação de imagem, a questão é que muitos destes deveres passaram a ser convertidos em deveres jurídico-obrigacionais. Daí porque a inclusão de uma cláusula que corresponda à promessa de preservar a imagem de um patrocinador passa a ser parâmetro para caracterização do inadimplemento.

Assim, por hipótese, o(a) atleta que tenha firmado parceria comercial com determinada marca de roupas esportivas, quando se envolve em uma situação de assédio sexual, acaba não só praticando, eventualmente, aquele crime; mas também podendo causar a resolução do contrato. A noção aqui é de descumprimento de uma obrigação e todas as suas consequências como, por exemplo, a resolução do contrato e a incidência de cláusula penal.

Na área financeira, poderíamos citar as chamadas *covenants* que muitas vezes têm apenas papel de avaliação de riscos ou imposição de agendas[95]. Estas são cláusulas comuns em contratos de financiamento bancário e usualmente aparecem sob a forma de regras de *compliance*, ou seja, o dever de respeitar o meio ambiente, a legislação de proteção de dados etc. Não se engane com a falta

---

94. (ALEMANHA. Mnistério Federal do Trabalho e Relações Sociais, 2024).
95. Sobre o tema: (PERIN & GLITZ, 2015).

inicial de patrimonialidade do objeto. Embora, em princípio, pudessem não ser encarados como interesses creditícios e, portanto, sujeitar o contrato ao regime do inadimplemento por seu eventual não cumprimento; a presença das *covenants* faz com que seu cumprimento seja uma exigência, também contratual. O seu descumprimento não só ensejaria aplicação de eventuais previsões indenizatórias, como, mesmo, a resolução do contrato ou vencimento antecipado da dívida.

Tais deveres não são definidos, necessariamente, pela agenda Estatal. Em muitas ocasiões, inclusive, a pressionam. Os agentes que promovem sua defesa, conscientização, descrição, divulgação etc. são bastante plurais. Podemos citar o exemplo da equidade de gênero, em que você encontrará desde a inciativas da própria ONU – os chamados *Women´s Empowerment Principles* (WEP)[96], os Objetivos de Desenvolvimento do Milênio (ODM)[97], os Objetivos do Desenvolvimento Sustentável (ODS)[98] – até iniciativas privadas[99] e mesmo institucionais[100]. A própria *hard law* pode acabar, por fim, os reconhecendo como dignos de tratamento, como o fez – para o tema – a legislação brasileira[101] e – para outros temas – a europeia[102].

Os instrumentos de *soft law* não pressupõe, portanto, um procedimento de aprovação. A adesão é o que importa, seja ela motivada pela autoridade de quem redige o documento ou por sua relevância. Estes são instrumentos plurais também no sentido dos temas abordados. Assim a promoção de temas de Direitos Humanos (como os WEP) e de Sustentabilidade (como o CCRF[103]) podem se

---

96. (UNWOMEN & ONU, 2020).
97. A Declaração do Milênio celebrada em 2000 na sede da ONU previa a meta, até 2015, de "Promover a igualdade entre os sexos e a autonomia das mulheres".
98. Parte da agenda 2030, prevê como quinto objetivo "Igualdade de gênero" (ONU, 2024).
99. Como exemplo, cito a Cartilha de Promoção do Respeito à Diversidade nas Empresas promovida pelo Instituto Promundo, Grupo Conexão G e Grupo Eletrobrás (Instituto Pro Mundo; Eletrobrás, 2016) e o Guia dos Bancos Responsáveis (GBR, 2024).
100. Cito o exemplo da Política de Participação feminina do CNJ (BRASIL. Conselho Nacional de Justiça, 2018).
101. Cite-se a Lei nº 14.611/2023 (BRASIL, 2023) e o Decreto nº 4.316/2002 (BRASIL, 2002).
102. Há forte tendência europeia de a *hard law* elegê-los para descrição de deveres legais cujo descumprimento acabe por impor responsabilização penal, administrativa e cível. Neste sentido, um exemplo recente é a aprovação de nova Diretiva europeia que impôs "dever de diligência" a empresas e seus parceiros comerciais para que previnam, suprimam ou reduzam o seu impacto negativo nos direitos humanos e no meio ambiente (EUROPA. Parlamento, 2024). Ainda que focada na exploração laboral, no trabalho escravizado e infantil; perda de biodiversidade, poluição e destruição de patrimônio cultural, a nova Diretiva aponta o caminho para transformação de deveres de ESG em condicionantes legais à atividade contratual.
103. Código de Conduta para a pesca responsável. Adotado pela Organização das Nações Unidas para Alimentação e Agricultura estabeleceria o único quadro normativo para a governança da pesca internacional que integraria todos os envolvidos nesta atividade (FRIEDRICH, 2008).

valer do mesmo instrumento que promove interesses puramente corporativos (ISO[104], por exemplo) e de técnica jurídica[105].

QR Code 21 – WEPs

Muitas vezes o instrumento recebe o nome de "Princípios", os WEP são exemplos. Não os confunda com aquilo que denominamos de princípios no Direito interno. Aqui a lógica é muito mais de diretrizes de adesão voluntária, não de comandos direcionados ao Legislador e ao particular. Esta técnica de compilação de "Princípios" é também denominada de *restatement*[106] quando sua redação ganha contornos mais detalhados, assemelhando-se a verdadeiro estatuto, regimento ou "código" como, por exemplo, os *Principles of European Contract Law* (PECL)[107].

QR Code 22 – PECL

Nestes casos você perceberá uma preocupação quase legislativa. Ela, contudo, se direciona a preencher espaços de dúvida e interpretação e, em

---

104. As normas ISO são fruto do trabalho de compilação de organização não governamental internacional denominada *International Organization for Standardization* (ISO) que congrega o trabalho de especialistas para o desenvolvimento de instrumentos voluntários que sejam relevantes ao mercado. São conhecidas a norma ISO 9001 de gestão de sistemas de qualidade e a ISO 14001 de gestão de sistemas de administração ambiental (ISO, 2024). Detalhes em (MURPHY & YATES, 2009) e (HERAS-SAIZARBITORIA, 2018).

105. Exemplo seria o *Legal Guide on Drawing Up International Contracts for the Construction of Industrial Works* (UNCITRAL, 1988).

106. O termo, originariamente, descreve obra doutrinária norte-americano que buscaria informar juízes e advogados sobre a jurisprudência e princípios gerais contratuais da *Common law*.

107. (TRANSLEX, 2024).

alguns casos, suprir omissões. Como instrumento de *soft law*, contudo, sua vinculatividade persiste associada à adesão voluntária. Na matéria abordada por este Guia, talvez o mais conhecido *restatement* seja aquele denominado "Unidroit Principles"[108].

Nome: Princípios UNIDROIT relativos aos Contratos Comerciais Internacionais (UPICC)	
Versões: 1994, 2004, 2010 e 2016	**Tipos:** *Black-letter* (versão seca) e integral (comentado)
Línguas oficiais: Inglês, francês, alemão, italiano, espanhol	**Outras línguas:** chinês, japonês, coreano. Romeno, russo, turco

Em português: Existe apenas a versão *black-letter*

QR Code 23 – Princípios UNIDROIT

Conteúdo: Matéria contratual e obrigacional (2016). Periodicamente há revisão do instrumento com sua ampliação.	**Exemplo de dispositivo:** "Artigo 1.1 (Liberdade contra-tual). As partes são livres para celebrar um contrato e determinar-lhe o conteúdo".

Para que se destina?

Segundo seu Preâmbulo, ele poderia reger o contrato (se houvesse consenso entre os contratantes); poderia ser utilizado pelo julgador quando os contratantes tivessem feito referência aos princípios gerais de Direito ou à *lex mercatória* para regência do contrato; poderia ser utilizado pelo julgador quando os contratantes não tivessem previsto o Direito que regeria o contrato; poderia ser utilizado para interpretar ou suplementar instrumentos internacionais de Direito uniforme (Tratados ratificados, por exemplo); poderia ser usado para interpretar ou suplementar Direitos nacionais e, até mesmo, para servir de modelo para legisladores nacionais e internacionais.

Podemos incluir outras utilizações: como guia contratual, tanto no sentido de *checklist* de negociações, como de matéria de estudo para aperfeiçoamento e, eventualmente, para fundamentar decisões judiciais. Também se demonstrou, na prática, valioso instrumento linguístico já que suas traduções acabam sendo úteis para a redação de contratos internacionais.

Limitação: Em princípio foram redigidos para utilização, apenas, em negócios internacionais empresariais. Entre-tanto, pela sua própria natureza, pode vir a servir de inspiração para outros arranjos.

Natureza: São trabalho desenvolvido por um grupo de *experts* cuja natureza, ainda, é fonte de debate interna-cional. Reconhece-se, contudo, de um modo geral, que estariam associados a *Lex mercatoria* (seja como exemplo, compilação, expressão ou codificação)[109]. A partir de suas características podemos afirmar que é, sem dúvidas, instrumento de *soft law* e, portanto, fonte normativa não estatal e não legislativa[110].

---

108. (UNIDROIT, 2016).
109. (GLITZ F. E., Contrato, globalização e lex mercatoria, 2014).
110. (GAMA JÚNIOR, 2006).

Comentário: Os PICC têm vinculatividade associada à decisão de os contratantes a ele se submeterem. A rigor, ao decidir fazê-lo, os contratantes tornam seus termos parte integrante da relação contratual. O que torna este trabalho um *restatement* é sua vocação normativa também autônoma, já que direcionado a árbitros, julgadores e legisladores. Sua acolhida internacional crescente desde a publicação originária, a "tecnodemocracia iluminista"[111] representada pelo trabalho de *experts* internacionais (acadêmicos e profissionais, de variadas origens) e a autoridade que graceja pelo reconhecimento de sua excelência acabam expandindo sua força normativa para além dos originários limites da manifestação de vontade. Adicionalmente, as versões comentadas (nas línguas oficiais) acabam servindo de parâmetro para várias discussões judiciais e arbitrais. Podemos destacar ainda três outras iniciativas de extrema importância e que ajudam a compor um quadro institucional de aplicação dos UPICC:

i. **UNILEX** – base de dados com casos internacionais de aplicação dos UPICC e da CISG, compilando decisões arbitrais e judiciais[112].

QR Code 24 – UNILEX

ii. **Cláusulas modelo** – o próprio UNIDROIT fornece cláusulas padronizadas para aqueles interessados em utilizar os UPICC em seus contratos internacionais[113].

QR Code 25 – Cláusulas modelo

iii. **Tripartite legal Guide** – Documento desenvolvimento como Guia para aplicação dos instrumentos normativos de uniformização em matéria contratual internacional, com foco na compra e venda. Ele abrange a os UPICC, a CISG (Capítulo 3.2) e os PIL (Capítulo 4.2)[114].

QR Code 26 – Guia tripartite

---

111. (GALGANO F., 2006).
112. (UNILEX, 2024).
113. (UNIDROIT, 2024).
114. (UNCITRAL; HCCH; UNIDROIT, 2021).

Na explicação anterior fez-se referência a *lex mercatoria*[115], ou seja, um conjunto normativo autônomo e transnacional que ajuda a reger o Direito Comercial Internacional. Busca-se explicar um espaço normativo em alguns momentos até mesmo alheio ao Estado; criado, desenvolvido, interpretado e aplicado por particulares e composto de ferramentas próprias. Este espaço transnacional de produção normativa, em que plurais agentes atuariam, não se limitaria a criar modelos de contratos e incentivar a adoção de práticas consagradas que facilitassem a circulação internacional de bens e serviços. Seu papel, como se perceberia da redação do Preâmbulo dos UPICC seria até mesmo o de fornecer instrumentos normativos vinculantes que pudessem se impor, independentemente da manifestação de vontade dos contratantes.

É neste nível que o reconhecimento dos UPICC se dá. Chamá-los de codificação de *lex mercatoria*[116], por exemplo, é ir além de dizer que servem para ajudar na interpretação ou para inspirar o legislador para afirmar sua aplicação independentemente de manifestação estatal de reconhecimento ou de interesse dos contratantes.

2.2.2 Novas destinações possíveis

Para além da mera questão da mídia de suporte (os tijolos) e com que eles são feitos (material dos tijolos), somos conduzidos a indagar o que eles construirão (os destinos possíveis de nossa obra). Isto é, devemos pensar na conversão de uma teoria contratual baseada em prestações e contraprestações corpóreas para aquela baseada em dados. Afinal, em um mundo de 'nuvens', "tudo que é sólido desmancha no ar"[117].

A questão é que o grau de conversão da vida cotidiana em dados não só influencia a forma como o contrato é celebrado, executado e provado, mas também sobre o que recai. Neste sentido são sintomáticos os exemplos daquilo que, hoje, chamamos de economia de compartilhamento: a duradoura titularidade sobre um bem corpóreo vem cedendo lugar à valorização do efêmero uso. Ainda que seja cedo falarmos da mudança do padrão 'ter', para o 'usar', é relevante pensarmos como certos aspectos de nossa experiência cotidiana são baseados em permissões de uso: *streaming* de músicas e vídeos, acesso a e gerenciamento de dados pessoais, uso de *software*, a locação de veículos, moradas ou equipamentos etc. A propriedade e seu instrumento contratual por excelência (compra e venda)

---

115. (GOLDMAN, 1964); (GALGANO F., 2001).
116. (ALPA, 1998).
117. (BERMAN, 2007).

parecem ceder espaço, progressivamente, à cessão, ao comodato, à locação e ao *time share*, por exemplo.

A título de exemplo, na década de 1990, o objeto de desejo que te motivaria a buscar sua aquisição fora do território brasileiro poderia ser um disco de vinil ou um CD. Eles representavam na prática a aquisição de uma mídia com conteúdo. Você a tocaria quantas vezes quisesse e enquanto o suporte existisse. Hoje, fora os colecionadores e os mais nostálgicos talvez, a tendência seja a 'assinatura' de um aplicativo que te autoriza a execução daquele mesmo conteúdo – por exemplo – enquanto ele estiver disponível naquela plataforma e enquanto você pagar pelo uso. A lógica econômica, portanto, é distinta. Do ter, passamos ao usar.

Mas se esta afirmação contiver um mínimo de razoabilidade, exigir-se-á um novo padrão de negociação e contratação ainda mais massificados e disponíveis. Daí porque também percebemos que a oferta (como quebra da inércia contratual) se aproxima ainda mais da publicidade e a divulgação do produto/serviço ganha novos ares: as plataformas e aplicativos. O convite a propor, como técnica e o *marketing* como linguagem apoiam-se mais e mais na experiência do usuário e no fator sensorial (fotos, vídeos, realidade aumentada, depoimentos, avaliações, comparação de preços), deixando, paulatinamente, a abstração do mero texto descritivo. Em termos de negócio, a figura do intermediador ganha espaço e a aproximação entre 'pares' (*peers*) volta à moda. Em alguns casos, até mesmo a atividade empresarial busca a ampliação de sua capilaridade por meio da adesão de terceiras plataformas (*marketplaces*).

Para além dos efeitos mais imediatos da digitalização, podemos também destacar a reavaliação do escopo e abrangência do próprio regime contratual. Isto é, da possibilidade de adoção do tratamento contratual específico para regime negociais não patrimoniais, importando-se, com isso, também as soluções associadas à técnica contratual (redação, inadimplemento etc.). Como sabemos, o Direito Contratual ocidental vem caminhando a passos largos para admitir tratamento contratual a negócios existenciais (e, portanto, não patrimoniais), incluindo aqueles com efeitos transnacionais[118]. Contudo, a ampla gama de

---

118. Menciono em especial a já citada gestação por substituição internacional. Para além de qualquer discussão sobre eventuais interesses creditícios envolvidos, restam evidentes interesses existenciais (não patrimoniais) dos contratantes e de terceiros (nascituro por exemplo), que vão desde direitos tidos por humanos/fundamentais (vida, saúde, nacionalidade, por exemplo), até aqueles outros que eventualmente recebam tratamento menos pungente nos diferentes sistemas jurídicos nacionais. Embora extremamente comuns, inclusive com a participação de contratantes brasileiros, as eventuais dificuldades de sua execução só chamaram a atenção do público nacional com as infelizes imagens das crianças retiradas na Ucrânia em razão do conflito com a Rússia. A devastadora realidade da "indústria" que não faliu é um exemplo da resiliência deste mercado (VARENIKOVA & KRAMER, 2022).

possíveis novas demandas e desejos a serem supridos pode ampliar ainda mais esta necessidade[119].

Se hoje a noção de *naming rights,* no Brasil, por exemplo, é tema quase exclusivo do Direito desportivo (também envolvendo, ocasionalmente, negócios transnacionais), poderia vir a ser viável para seres humanos? Não se trata de tema despropositado. Recentemente, anunciou-se iniciativa promocional que prometia o fornecimento vitalício de determinado *junk food* para aquele que incluísse, em seu nome, a marca de uma determinada rede de *fast food*[120]. Para que o tema ganhe, também, outros contornos (proteção ao futuro uso do nome como marca ou domínio para futuros influenciadores em gestação, por exemplo) é questão de tempo. Na mesma linha poderemos mencionar o já conhecido exemplo da publicidade estampada no próprio corpo[121].

A questão passará, então, a ser: no que poderemos usar estes tijolos? De antemão convém lembrar que algum tipo de prumo será necessário no momento de assentá-los. Daí a revitalização da discussão sobre "ordem pública" a partir de noções de Direitos Humanos e dignidade da pessoa[122].

2.2.3 Atenção com o memorial descritivo

Esta lógica também exige entender como converter a teoria contratual baseada em paridade informacional para aquela baseada em assimetria. Isto é especialmente verdadeiro em um momento em que a padronização contratual parece ter alcançado seu auge: termos de consentimento para tratamento e colheita de dados, termos gerais de utilização de plataformas, condições de uso de redes sociais, condições gerais de fornecimento de produtos e/ou serviços etc.

Sabemos, no entanto que, muitas vezes, o consentimento dado (com cliques, como vimos no Capítulo **1.3**) não reflete a absoluta compreensão e deliberação racional. Movido por impulsos, desejos, incompreensões, promoção exagera-

---

119. Recentemente noticiou-se, por exemplo, que o ator Dwayne Johnson (*The Rock*), para aceitar estrelar um de seus inúmeros filmes de ação, impõe uma cláusula que proíbe que sua personagem sofra ferimentos em demasia (em maior número que aqueles que infligir) (GLOBO. Monet, 2023). Embora exista um sentido patrimonial indireto, tal condição negocial parece mais projetada à preservação de uma *persona*, especialmente associada a seu histórico como lutador.

120. (UOL, 2023).

121. (LAVEZO, 2014).

122. Interessante exemplo neste sentido é o Regimento Interno do STJ que, após reforma exigida pela promulgação do CPC de 2015, incluiu a dignidade da pessoa humana como limite à homologação de laudo arbitral/sentença estrangeira (art. 216-F) (BRASIL. Superior Tribunal de Justiça, 2016).

da, mitos e meias verdades, nosso sujeito autossuficiente encolhe e escolhe. É o fenômeno do "não li e concordo", portanto sou irresponsável[123].

Isso também se dá por conta do desafio da linguagem. A alteração do padrão de suporte de contratação altera a técnica de oferecimento, publicidade e contratação. A percepção das consequências de um clique[124] ou mesmo a capacidade de quem dá o clique[125] são muito mais sutis que a leitura, compreensão e discussão de um texto redigido e que permita questionamentos. O legislador brasileiro, desde muito, expressa a preocupação com o texto[126], mas talvez seja necessária a mudança de abordagem para as contratações eletrônicas/digitais[127], que levam em consideração elementos mais sensoriais e linguagem mais publicitária.

Para fins de ilustração pode-se destacar o tempo de decisão e a familiaridade com a tecnologia. Textos impressos em papel normalmente são lidos com tempo, aceitam anotações e permitem que eventuais desejos ou impulsos sejam sopesados e contidos pelo próprio tempo necessário para sua leitura e compreensão. A contratação digital normalmente exige agilidade e conhecimento tecnológico mínimo, quando não incentiva a aquisição por impulso diante da aplicação de técnica publicitária específica (um cronômetro, por exemplo). Não raras vezes são sumariamente desconsiderados pelo usuário, como se irrelevantes fossem. Há quase uma sensação de que aquele longo e tortuoso texto não se aplica a você,

---

123. Outro aspecto deste desligamento obrigacional é o usuário/contratante desvincular-se de métricas ético-legais básicas em que se deixa de avaliar não só a consequência patrimonial individual de seu comportamento (por exemplo, endividamento), como aspectos mais amplos como aspectos ambientais, sociais e de governança (ESG). Não haveria, apenas, deterioração da liberdade de escolha, habilmente explorada por alguns fornecedores, mas incentivo a escolha egoísta. Como exemplo deste último, podemos citar o problema da obsolescência programada (SCHAEFER & GLITZ, Obsolescência programada: entre a legalidade e a abusividade da conduta (notas a partir das decisões do STJ), 2022) e dos esforços normativos para seu controle (GUARASCIO, 2022).

124. Experimento relativamente comum parece indicar isso: de um modo geral os contratantes parecem mais dispostos a rapidamente formalizar um contrato quando confrontados com um documento cuja aceitação decorra apenas de uma manifestação em clique; em oposição àqueles que são previamente disponibilizados e se assemelhem mais ao padrão contratual esperado e exijam a assinatura a mão.

125. Abundam na imprensa exemplos de aquisições realizadas por meio de aplicativos ou sites em que aquele que se manifesta o faz por outrem. Muitas vezes aquele que adquire sequer capacidade de fazê-lo teria, como no caso de uma norte-americana cujo filho, de apenas dois anos, "confirmou" a compra dos itens que constavam no carrinho de compras (US$ 2 mil) em nome de sua mãe no aplicativo de uma grande varejista (G1, 2023). Apesar disso, o marco Legal dos jogos eletrônicos trata o tema, como mencionamos, de forma genérica.

126. Por exemplo, art. 54, § 3º da Lei nº 8.078/1990 que exige tamanho de fonte (BRASIL, 1990).

127. A subcomissão de Direito Digital da Comissão de Juristas responsável pelo anteprojeto de reforma do Código Civil instalada pelo Senado Federal sugere a inclusão da temática específica dos contratos digitais no eventual futuro texto modificado do Código Civil. A nomenclatura eleita foi justamente a de "contratos digitais" que seriam definidos como "acordo de vontades celebrado em ambiente digital, incluindo mas não se limitando a contratos eletrônicos, acordos via aplicativos, e-mail, ou qualquer outro meio tecnológico que permita a comunicação entre as partes" (SENADO FEDERAL, 2024).

ao contrário do texto impresso (como mencionamos no **Capítulo 1.3**). O que pensar da forma de apresentação dos negócios que serão autoexecutáveis então?

Em termos de familiaridade, convém destacar que a educação básica de qualquer contratante brasileiro o habilita a compreender textos (baseados em letras, frases e regras gramaticais aplicáveis), mas nem sempre lhe permite entender os processos digitais binários (expressos em 0s e 1s) ou em linguagem de programação (*Python, C++, Java etc.*). Neste sentido, o próprio processo de formação do contrato e de sua expressão podem fugir à compreensão plena do contratante.

Adicionalmente, a tecnologia permite a superação das limitações da contratação física e presencial e, com isso, há um ressurgimento da contratação à distância (outrora relegada talvez às cartas e catálogos) e a facilitação da internacionalização das relações contratuais. Embora ela permita que o contratante obtenha produtos e/ou serviços com uma gama maior de opções e fornecedores, a complexidade normativa associada a este tipo de negócio é considerável: idioma, cultura negocial, Direito aplicável e tutela em caso de inadimplemento precisariam ser avaliados. A questão, contudo, é que nem sempre o contratante percebe isso, a informação de que dispõe ou a facilidade com que contrata podem induzi-lo em erro.

Todas estas questões, contudo, partem da mesma premissa: o sujeito. Esta é a resposta esperada em um ambiente construído e aplicado dentro de padrões e algoritmos modernos. Em pouco tempo, contudo, será necessário não só alterar a forma como as interações negociais acontecem, mas também como as perceberemos juridicamente. Explico.

Como se sabe, atualmente o Direito brasileiro não admite que "coisas" possam contratar (como explicado no Capítulo **2.1.1**). Claro, me reafirmará você atenta(o) ao absurdo que acabo de insinuar. Lembre-se, no entanto, que já existem *softwares* que avançam em vários pontos da negociação reduzindo o custo em departamentos de compras de grandes empresas[128] e que já se tem notícia, até mesmo, do reconhecimento de algum nível de personalidade a robôs[129]. Em que medida, portanto, podemos especular que a inteligência artificial[130] possa vir a substituir os contratantes? Não se trata de apenas admitir que o faça a partir da

---

128. Cite-se o robô Gabi que identifica fornecedores, solicita cotações e chega a « negociar » o preço. (BRAUN, Robô reduz custo na área de compras, 2020).

129. Cite-se, por exemplo, o direito à cidadania (GALILEU, 2017).

130. Grande escritório internacional de advocacia, em parceria com a Microsoft, já anunciou o desenvolvimento de ferramenta de inteligência artificial de negociação que utilizas os *templates* existentes em sua base para "desenhar" novos instrumentos que poderiam ser alterados ou aceitos pelo usuário. A ideia anunciada é gerar contratações 100% automatizadas, dando "mais eficiência aos departamentos jurídicos corporativos" (CRIDDLE, 2023). Da entrevista com os responsáveis se extrai a explicação adicional: "*disrupt the legal market before someone disrupts us*".

automação. Isso já é possível hoje. O mecanismo das compras recorrentes nada mais é que a programação (declaração antecipada da vontade) e já é possível por meio de sistemas como o EDI[131]. Ocorre, contudo, que o que se projeta é um pouco além: negociar, parece-me, é complexa interação de propostas e contrapropostas, envolve escolhas, cálculos e decisões. Se para esta direção formos, será necessário que reavaliemos, por exemplo, como explicar quem pode ter capacidade jurídica de contratar (o próprio sujeito, portanto) ou como a projetamos/delegamos para "terceiros".

Como vimos, estes limites já vêm sendo testados no Direito brasileiro com a aceitação de sujeitos sensíveis (outrora puramente semoventes) ou até mesmo ficções (pessoas jurídicas, por exemplo) ou figuras oriundas do Direito comparado (como rios e florestas tratados como sujeitos). Convém destacar, ainda, que a realidade já é pródiga em demonstrar que a categoria da capacidade vem sendo repensada: desde a aceitação de espaços de autonomia da pessoa com deficiência[132] até a disseminada aceitação de negociações e contratações internacionais por menores (por exemplo na aquisição de aplicativos, jogos[133] e participação em redes sociais). O exemplo da 'negociação' entabulada por um robô para cotação e contratação de fornecimento de produtos e serviços é, neste sentido, apenas a ponta do *iceberg* uma vez que a ampliação da *internet* das coisas é tida como a nova fronteira da atual etapa da revolução industrial[134].

Nesta busca de futuros possíveis, podemos até mesmo cogitar, então, como os próprios contratos podem, em breve, vir a ser celebrados. Atualmente quase todos aqueles que já contrataram, o fizeram por meio da adesão a termos pré-configurados, que ainda são apresentados em termos reconhecíveis, pela minha e anteriores gerações, como um 'contrato'. Entretanto, a mudança da própria linguagem pode alterar isso: contratos autoexecutáveis convertidos em linguagem computacional, verdadeiros programas que serão executados independentemente da necessidade de qualquer anuência ou intervenção (*smart contracts*) em que eventuais obrigações pecuniárias sejam adimplidas por meio de 'moedas digitais'[135]. Isto

---

131. Sobre o sistema EDI, ver: (KLEIN, 2019).
132. Vide, por exemplo, o art. 85 e seguintes da Lei nº 13.146/2015.
133. Ainda que o Marco Legal dos jogos eletrônicos (a já mencionada Lei nº 14.852/2024 preveja a obrigatoriedade de adoção de "restrição da realização de compras e de transações comerciais por crianças, quando aplicável, de forma a garantir o consentimento dos responsáveis" (art. 17).
134. Vide (ONU. UNCTAD, 2023).
135. Em 2023 o Banco Central brasileiro anunciou o Digital Real Eletrônico X (Drex) que seria/será a moeda digital brasileira e que permitiria/permitirá a execução automática de contratos inteligentes. Segundo a explicação oficial "Para ter acesso à Plataforma Drex, você precisará de um intermediário financeiro autorizado, como um banco. Esse intermediário fará a transferência do seu dinheiro depositado em conta para sua carteira digital do Drex, para que você possa realizar transações com ativos digitais com total segurança" (BRASIL. Banco Central, 2024).

hoje já é verdade para alguns negócios internacionais envolvendo a compra e venda de *commodities*[136], mas também o será para as geladeiras inteligentes que se auto abastecerão[137], inclusive de produtos fornecidos fora do Brasil. Os futuros e atuais[138] contratualistas precisarão, então, lidar com instrumentos contratuais bastante distintos, em linguagem, *design* e (in)execução, daqueles com os quais estamos, hoje, acostumados ou fomos treinados. O próprio processo de ensino do Direito Contratual exigirá que Professores e alunos estejam habilitados nesta(s) outra(s) linguagens.

2.2.4 Obra de um só construtor?

A esta altura você já percebeu que nosso canteiro contratual é diferente. Novos materiais, técnicas e usos estão disponíveis. Precisamos, contudo, ainda lembrar que não é só de engenheiras(os) que uma construção é feita. Nela intervém, regularmente, mestres de obras, pedreiros(as), arquitetos(as), pintores(as), eletricistas, marceneiros(as), para resumir.

Dürer & Ganda

A história por detrás de como *Dürer* criou o icônico desenho também é nebulosa. Sabe-se que o relato da existência de *Ganda* teria alcançado a Alemanha. Possivelmente a carta não apenas a mencionava, como contava seu 'duelo' com o elefante e ainda apresentava um esboço do animal. Normalmente se assume que esta carta, que teria alcançado as mãos de *Dürer*, seria de autoria do impressor Valentim Fernandes[139], nome provavelmente aportuguesado já que originário da Morávia (República Checa), radicado em Lisboa há muitos anos.

Foi com base na descrição e esboço recebidos que Dürer teria realizado um estudo preparatório, que hoje compõe o acervo do museu Britânico (Figura 16)[140]. O desenho original de Dürer possuí diferenças para o desenho final, destaquemos, apenas, que ele está "virado" para o outro lado.

---

136. Cite-se, por exemplo, a exportação de soja (MANCINI, 2021). A primeira transação internacional exclusivamente realizada por meio de tecnologia blockchain teria sido, justamente, a intermediação da comercialização de soja argentina para a Malásia (FONTES, Tecnologia blockchain deve impulsionar o comércio exterior, 2018).

137. Sobre a tendência de crescimento da internet das coisas dentre os eletrodomésticos (TERRA, 2021).

138. Vide, por exemplo, o Decreto nº 10.550/2020 que dá nova redação ao art. 562 de Decreto nº 6.759/2009 para permitir que a Secretaria Especial da Receita Federal brasileira disponha, sobre as faturas comerciais, sobre "formas de assinatura mecânica ou eletrônica, permitida a confirmação de autoria e autenticidade do documento, inclusive na hipótese de utilização de blockchain" (BRASIL, 2020).

139. Existem pelo menos três relatos originais conhecidos: o poema publicado em Roma de Giovanni Giacomo Penni (florentino) que continha um desenho do animal; a carta de Valentim Fernandes (com uma cópia em italiano no acervo da Biblioteca Nacional de Florença) (MARTINS R. d., 2014) e um terceiro relato, hoje perdido, mas cuja existência se depreende do texto que acompanha a gravura. A controvérsia se dá, principalmente, pelo fato de a carta de Fernandes não conter esboço (ou não o menciona) e de a gravura não descrever o "duelo" (BESSA, 2020).

140. (DÜRER, Rhinoceros in profile to l. 1515 Pen and brown ink watermark).

Figura 16 – Rhinoceron 1515

Isso é efeito da técnica empregada pelo artista. Pois após o término do esboço, seus colaboradores esculpiam o negativo (em alto relevo) em um bloco de madeira para posteriores impressões do desenho em outro suporte (papel, por exemplo). A ideia é que funcionasse como um carimbo e a técnica está na base da invenção de Gutenberg: a imprensa de tipos móveis. Chama-se xilogravura e é este conceito que permite a produção em massa de livros e a consequente diminuição de seu custo, ampliando seu mercado consumidor. Ao gravar a placa, o artista acaba espelhando o desenho originário e com isso ele fica "ao contrário". Este efeito permite, por exemplo que se saiba que desenho serve de base para futuras reproduções/adaptações (como a Figura 17)[141].

Figura 17 – Rhinoceros MDXV

O trabalho do artista, então, se "limitaria" a esboçar o desenho e gravar a placa, permitindo que se retirasse dela tantas quantas imagens idênticas fossem necessárias. No Brasil, a técnica se destaca, por exemplo, na literatura de cordel.

Talvez *Dürer* nem tenha sido o primeiro a esboçar *Ganda*, afinal como demonstra a Figura 17, há elementos que seguramente constavam do relato original, mas que não foram incorporados pelo artista: as patas atadas, a crina e os pelos do rosto, por exemplo.

O *Rhinocerus* é, contudo, recebido pelo público como uma peça de arte acessível. O paradoxo é que até então a xilogravura era essencialmente utilizada para a ilustração de livros e, portanto, tida por acessória. Não se sabe ao certo se o sucesso de suas vendas se deve ao tema

---

141. Segundo Bessa, a ilustração de Hans Burgkmair seria adaptação de uma das impressões de Dürer, por isso estaria virada para o mesmo lado da matriz do artista (BESSA, 2020).

em si, ao fato de ter sido feita por um artista já reconhecido em sua época ou ao seu custo. Furava-se a bolha excludente da arte: qualquer um poderia ser dono de um *Rhinocerus*. O que, como sabemos, não é mais verdade hoje.

Dürer aparentemente foi extremamente preocupado com a atribuição de autoria, era um raro exemplo de artista que assinava tudo o que esboçava. Afinal, o sucesso comercial do *Rhinocerus* acabou fazendo surgir imitações e ele pretendia evitar que seu público não adquirisse o original. A questão acaba judicializada: *Dürer* enfim obtivera proteção ao seu anagrama (Figura 18)!

Figura 18 – Anagrama

Assim, embora viessem existir variações sobre o tema, nenhum poderia ser vendido como o *Rhinocerus* de *Dürer*.

A xilogravura, contudo, era um trabalho coletivo. Sabemos que Dürer concebeu o esboço. O entalhe do bloco de madeira que constituiria o negativo contudo, exigiria outras habilidades e tempo. Isso para não se mencionar os riscos para as mãos do pintor. Estima-se, por exemplo, que entre o esboço e a primeira impressão não tenham passado apenas 10 dias. Afinal, havia uma corrida para o pioneirismo. A obra de arte que conhecemos hoje é fruto provável de mais de duas mãos, em esforço colaborativo: do relato inicial ao impressor e vendedor.

Pretendo com isso, ilustrar a necessidade de superação da compreensão jurídica lastreada no entediante monismo jurídico liberal. Como assim? Você já notou como, no Brasil, ainda convivemos com o confortável discurso que torna sinônimos Direito e Lei? Explico.

Uma das criações daqueles movimentos liberais-burgueses que inauguraram o Estado moderno foi a concepção de um modelo de racionalidade jurídica baseado na unidade. A ordem medieval, plural, baseada em *status* e privilégio, foi extinta. Em seu lugar se construiu uma sociedade de iguais, mediada pelo Estado, supostamente objetivo e controlado. Progressivamente, então, passamos a associá-lo a um administrador das necessidades sociais, com a certeza de que o monstro Leviatã (o antigo Regime) havia sido contido. A legitimação do poder se desloca, então, do espaço teocrático para o da representação. Eis o que se vê como marco de nascimento das Relações Internacionais, por exemplo, quando a Proclamação da Paz da Vestfália[142] faz menção ao "Reino da França" e não ao seu monarca.

---

142. Celebrada em 1648 em Münster, hoje na Alemanha, a Paz da Vestfália (APW, 2024) designou uma série de tratados que colocaram fim na chamada Guerra dos Trinta Anos entre diversas potências europeias

Este deslocamento do eixo de legitimação causa uma série de abalos conceituais, é claro. De uma hora para outra precisaremos de novas explicações (a ideia de nação será apenas uma delas), procedimentos (os variados sentidos da *democracia* moderna) e papéis (desde a estruturação do aparato burocrático estatal, até o espaço privado).

Comecemos pela linguagem. Você já notou com ainda hoje utilizamos as expressões "medieval", "tradicional" e "antigo" com contornos de adjetivação negativa? Por outro lado, os termos "revolucionário", "inovador", "disruptivo" e "moderno" ganham contornos de adjetivação positiva. No cerne desta explicação está a construção de uma nova ordem social que seria associada, a partir daquele momento, no Ocidente, com algo melhor. Nossa compreensão político-jurídica começa, então, a sustentar a ideia de que aquilo que havia antes (*Ancièn Regime*, ou Antigo Regime) era pior, pois irracional (no sentido de supersticioso e sem explicação lógico-científica).

Criamos assim, no Ocidente, um espaço controlado pelo e para o Estado, cujo gestor do momento não pode mais sacar um coringa da manga e fazer o que quisesse. Dirão os constitucionalistas: '*checks and balances*' ou "freios e contrapesos"[143]! Natural, afinal é assim que controlamos o Estado e asseguramos liberdade.

Esta construção, contudo, impõe uma lógica: tudo aquilo que não decorra necessariamente deste sistema precisa ser eliminado. Lembre-se que nas sucessivas concessões que fizemos, perderíamos – por conveniência do Estado e de nossos representantes – outra liberdade: a normativa. Assim, ao mesmo tempo em que controlamos o poder estatal representado pela monarquia absolutista; melindramos manifestações sociais espontâneas de caráter normativo. Tomamos para nós, a partir de então, como certo, que Direito é apenas aquele produzido pelo Estado. Mas, ao mesmo tempo, apenas o Direito chancelado pelos procedimentos estatais é que acaba sendo reconhecido como norma.

É aqui que reside a suposta tradução de Direito por Lei. Afinal, como aceitar que diversos estatutos locais e diferentes privilégios regionais fossem factíveis no dia a dia? Sim, no século XVIII, na França, talvez este fosse o embate: em prol da unificação nacional e da reversão de distinções locais ou baseadas e insondá-

---

em uma série de conflitos regionais. Além de assegurar a existência independente das Províncias Unidas (Países Baixos) e da Confederação Suíça, os belicosos reinos europeus estabeleceram a semente do conceito de soberania (e por consequência de Estado-nação) e enterraram futuros conflitos de apelo religioso, confirmando o fim da contrarreforma (Paz de Augsburgo de 1555). Ponto central aqui é que os reis europeus estavam deixando de ser considerados os representantes divinos na terra, para representarem os anseios de 'nações' (MAINKA, 2021).

143. Consagrados por Montesquieu na obra Espírito das Leis (MONTESQUIEU, 2000), especialmente em seu capítulo VI em que desenvolve os princípios da moderação de um governo, a partir de John Locke.

veis concessões políticas momentâneas que se perpetuavam com o tempo, era necessário partir de um novo começo.

Este sistema, em parte, decorre da necessidade de imposição de freios, mas, por outro lado, retira da sociedade algo de espontâneo. Em uma comparação simplista é como se o algoritmo jurídico fosse reescrito e, nele, inserida nova diretriz: a legitimação procedimental é imprescindível para reconhecimento do fenômeno normativo. Em outros termos, o Estado – em princípio por meio do Legislativo, mas com algumas exceções[144] – captura, se não o debate, pelo menos a produção da norma. Em tese, por meio do sistema de representações, garante-se a participação pública e democrática na produção normativa. Por outro lado, alguns novos filtros, nem sempre compatíveis com a expressão social, são colocados. Assim, a sociedade segue a reboque do Estado.

É talvez por isso que, no Brasil, exista a discussão sobre leis que 'pegam' ou não e a necessidade, em vários casos, que uma mesma política pública tenha que ser reforçada em variados diferentes textos positivos[145]. Há, ainda, um outro efeito colateral que podemos identificar neste raciocínio: sua redução a nacionalismos jurídicos persistentes (que ignoram a complexidade das relações internacionais).

É importante que deixemos claro: a justificativa teórica, em si, não é boa nem má, mas (in)útil. Pessoalmente prefiro outra abordagem. Acredito que apesar de pretender ser onipresente, o Estado nunca alcança todos os aspectos da atividade humana. Seja porque muitos deles sejam considerados irrelevantes, seja porque outros tantos não podem nem são passíveis de serem absorvidos pelo debate público (como as relações afetivas, por exemplo) e, mais ainda, dados os efeitos da internacionalização, porque provavelmente sequer são reconhecidos como existentes ou relevantes.

---

144. Por exemplo, por meio dos projetos de lei de iniciativa popular (vide art. 29, XIII e art. 61, § 2º da Constituição da República) ou de iniciativa do Poder Executivo (por exemplo, art. 61, § 1º da Constituição da República).

145. Posso citar exigência de informação qualificada sobre o preço na exposição de produtos com sua indicação por unidade de medida. Quando da entrada em vigor do CDC em 1991, já se exigia que a informação fosse clara e adequada com a indicação correta de quantidade e preço (art. 6º). Talvez se pudesse depreender da necessidade de clareza que o consumidor teria direito básico à indicação da composição do preço e sua apresentação de forma proporcional à unidade de medida adotada pela embalagem. Apesar disso, o Legislador viu-se obrigado a alterar a redação original para incluir a menção aos tributos incidentes (Lei nº 12.741/2012) e que a informação sobre o preço fosse dada por medida (art. 6º, XIII incluído pela Lei nº 14.181/2021). Ocorre, contudo, que esta última exigência, por exemplo, já estava em vigor desde 2015 prevista pelo art. 2º-A da Lei nº 10.962/2004 para "venda a varejo de produtos fracionados em pequenas quantidades". Diversas iniciativas estaduais (anteriores e posteriores) existiam neste sentido, como a Lei paranaense nº 16.723 de 2010.

Em matéria negocial, constatamos a existência de mais sujeitos em nosso canteiro de obras, isto é, além das(os) engenheiras(os) (Legislador) outros agentes – nacionais ou não – produzem norma contratual[146]. Imprescindível, portanto, reconhecermos a existência da pluralidade de fontes[147] e a possibilidade de agentes privados agirem como verdadeiros órgãos de regulação jurídica, padronizando condutas e estabelecendo conteúdo normativo virtualmente obrigatório. Esta faceta da liberdade privada é, no que concerne o Direito contratual internacional, mais associada a mencionada *lex mercatoria*.

Como exemplo desta realidade podemos citar a atuação da Câmara de Comércio Internacional (CCI)[148], fundada em 1919, e tendo por objetivo estatutário:

> "(a) representar o comércio, indústria, finanças, transportes, seguros e, em geral, todos os setores da atividade econômica internacional; (ii) reunir e expressar os pontos de vista das empresas, corporações, organizações, empresas e indivíduos, cuja atividade esteja relacionada ao comércio internacional e às operações com ele relacionadas, e de conhecer e apoiar os seus pontos de vista em face das agências intergovernamentais, e, por meio dos Comitês Nacionais, Grupos e membros diretos, em face de governos e outras instâncias em seus respectivos países; (iii) adotar medidas jurídicas e econômicas eficazes e constantes de modo a contribuir para o crescimento harmonioso e para a liberdade de relações econômicas internacionais; (iv) prestar serviços especializados e práticos à comunidade empresarial internacional; (v) promover aproximação efetiva e cooperação entre empresários de diferentes países e organizações que os unem" (tradução livre, do original em inglês) (CCI, 2016).

O interessante é que esta organização tem atuação global e, em muitos temas, seu trabalho é, inclusive, aceito e incorporado por Estados em seus instrumentos jurídicos. No comércio internacional podemos citar o exemplo da arbitragem (organização e administração da câmara, cláusulas padronizadas e Estatuto) que acabou influenciando a concepção de muitas outras câmaras mundo afora; os modelos de contratos (agência, concessão, franchising etc.); e a UCP-600 ou *Uniform Customs and Pratice for Documentary Credits* que buscar normatizar a contratação de cartas de crédito (em operações de crédito documentário) por meio das quais se pode realizar o pagamento de operações internacionais com intermediação bancária.

Incoterms. Contudo, um dos exemplos mais adequados da amplitude desta produção são os *INCOTERMS*, sigla que se refere aos *International commercial terms* ou, condições comerciais internacionais. Estas são condições contratuais

---

146. (GLITZ F. E., Contrato, globalização e lex mercatoria, 2014).
147. (FEITOSA, 2007).
148. (JIMÉNEZ, 1996).

padrão do comércio internacional utilizadas em contratos internacionais[149] de compra e venda para a identificação do momento de transferências dos riscos (e, portanto, custos) sobre a mercadoria. Existem diferentes termos do comércio internacional[150], mas os mais utilizados e famosos são aqueles coligidos pela Câmara de Comércio Internacional de Paris (CCI). A primeira versão (de 1936) foi seguida de outras (1953, 1967, 1976, 1980, 1990, 2000, 2010 e 2020) sempre que novos métodos ou tecnologias fossem sendo incorporadas à logística internacional. Esta iniciativa, pode-se afirmar, apesar de ter origem privada e corporativa, acaba permitindo a uniformização de regras contratuais[151], auxiliando e facilitando a interpretação das condições negociais.

Eles se expressam em siglas de três letras e se dividem em termos de modais de transportes, variando em torno das obrigações atribuídas ao vendedor e ao comprador. A tabela a seguir é baseada na publicação da CCI, mas está disponível em site da autoridade alfandegária brasileira[152], que a adotou e impõe nas operações de comércio exterior:

Sigla	Descrição
EXW	EX WORKS (named place of delivery) NA ORIGEM (local de entrega nomeado). O vendedor limita-se a colocar a mercadoria à disposição do comprador no estabelecimento do vendedor, no prazo estabelecido, não se responsabilizando pelo desembaraço para exportação nem pelo carregamento da mercadoria em qualquer veículo coletor. Utilizável em qualquer modalidade de transporte. Nota: em virtude de o comprador estrangeiro não dispor de condições legais para providenciar o desembaraço para saída de bens do País, fica subentendido que esta providência é adotada pelo vendedor, sob suas expensas e riscos, no caso da exportação brasileira.
FCA	FREE CARRIER (named place of delivery) Livre no Transportador (local de entrega nomeado). O vendedor completa suas obrigações e encerra sua responsabilidade quando entrega a mercadoria, desembaraçada para a exportação, ao transportador ou a outra pessoa indicada pelo comprador, no local nomeado do país de origem. Utilizável em qualquer modalidade de transporte. Comprador e vendedor poderão utilizar transporte próprio em trechos do deslocamento.
FAS	FREE ALONGSIDE SHIP (named port of shipment) Livre ao Lado do Navio (porto de embarque nomeado). O vendedor encerra suas obrigações no momento em que a mercadoria é colocada, desembaraçada para exportação, ao longo do costado do navio transportador indicado pelo comprador, no cais ou em embarcações utilizadas para carregamento da mercadoria, no porto de embarque nomeado pelo comprador. Utilizável exclusivamente no transporte aquaviário (marítimo ou hidroviário interior).

---

149. Alguns autores encaram os Incoterms como contratos especiais de compra e venda (MARTINS F., 1979) ou contratos-tipo (DERAINS & GHESTIN, 1990) e (KASSIS, 1984). A maior parte da doutrina, no entanto, os entende como condições especiais da compra e venda (FONSECA, 1998).

150. Ao lado deles são amplamente usadas as "Definições americanas revisadas do comércio exterior" (Revised American Foreign Trade Definitions). Embora muito similares, possuem diferenças substanciais como, por exemplo, a cláusula FOB com seis diferentes significados (MARTINS F., 1979).

151. (MARTINS COSTA, 1996).

152. (BRASIL, 2023).

FOB	FREE ON BOARD (named port of shipment) Livre a Bordo (porto de embarque nomeado). O vendedor encerra suas obrigações e responsabilidades quando a mercadoria, desembaraçada para a exportação, é entregue, arrumada, a bordo do navio no porto de embarque, ambos indicados pelo comprador, na data ou dentro do período acordado. Utilizável exclusivamente no transporte aquaviário (marítimo ou hidroviário interior).
CFR	COST AND FREIGHT (named port of destination) Custo e Frete (porto de destino nomeado). Além de arcar com obrigações e riscos previstos para o termo FOB, o vendedor contrata e paga frete e custos necessários para levar a mercadoria até o porto de destino combinado. Utilizável exclusivamente no transporte aquaviário (marítimo ou hidroviário interior).
CIF	COST, INSURANCE AND FREIGHT (named port of destination) CUSTO, SEGURO E FRETE (porto de destino nomeado). Além de arcar com obrigações e riscos previstos para o termo FOB, o vendedor contrata e paga frete, custos e seguro relativos ao transporte da mercadoria até o porto de destino combinado. Utilizável exclusivamente no transporte aquaviário (marítimo ou hidroviário interior).
CPT	CARRIAGE PAID TO (named place of destination) TRANSPORTE PAGO ATÉ (local de destino nomeado). Além de arcar com obrigações e riscos previstos para o termo FCA, o vendedor contrata e paga frete e custos necessários para levar a mercadoria até o local de destino combinado. Utilizável em qualquer modalidade de transporte.
CIP	CARRIAGE AND INSURANCE PAID TO (named place of destination) TRANSPORTE E SEGURO PAGOS ATÉ (local de destino nomeado). Além de arcar com obrigações e riscos previstos para o termo FCA, o vendedor contrata e paga frete, custos e seguro relativos ao transporte da mercadoria até o local de destino combinado. Utilizável em qualquer modalidade de transporte.
DAP	DELIVERED AT PLACE (named place of destination) ENTREGUE NO LOCAL (local de destino nomeado). O vendedor completa suas obrigações e encerra sua responsabilidade quando coloca a mercadoria à disposição do comprador, na data ou dentro do período acordado, num local indicado no país de destino, pronta para ser descarregada do veículo transportador e não desembaraçada para importação. Utilizável em qualquer modalidade de transporte. Comprador e vendedor poderão utilizar transporte próprio em trechos do deslocamento.
DPU	DELIVERED AT PLACE UNLOADED (named place of destination) ENTREGUE NO LOCAL DESCARREGADO (local de destino). O vendedor completa suas obrigações e encerra sua responsabilidade quando a mercadoria é colocada à disposição do comprador, na data ou dentro do período acordado, em local determinado no país de destino, descarregada do veículo transportador mas não desembaraçada para importação. Utilizável em qualquer modalidade de transporte. Comprador e vendedor poderão utilizar transporte próprio em trechos do deslocamento. Termo definido em substituição ao DAT, com a diferença que o DAT determinava a a"entrega"exclusivamente em terminais de carga, podendo o DPU ser utilizado em terminais ou qualquer outro local determinado (por exemplo o armazém do comprador).
DDP	DELIVERED DUTY PAID (named place of destination) ENTREGUE COM DIREITOS PAGOS (local de destino nomeado). O vendedor completa suas obrigações e encerra sua responsabilidade quando a mercadoria é colocada à disposição do comprador, na data ou dentro do período acordado, no local de destino designado no país importador, não descarregada do meio de transporte. O vendedor, além do desembaraço, assume todos os riscos e custos, inclusive impostos, taxas e outros encargos incidentes na importação. Utilizável em qualquer modalidade de transporte. Comprador e vendedor poderão utilizar transporte próprio em trechos do deslocamento. Nota: em razão de o vendedor estrangeiro não dispor de condições legais para providenciar o desembaraço para entrada de bens do País, este termo não pode ser utilizado na importação brasileira, devendo ser escolhido o DPU ou DAP no caso de preferência por condição disciplinada pela ICC.

A própria CCI fornece um quadro ilustrativo e operacional destas siglas e um guia introdutório. Nele é possível perceber, nitidamente, a diferença no conteúdo das obrigações do comprador e vendedor nas diferentes condições.

QR Code 27 – Incoterms

O fundamento de sua obrigatoriedade é tratar-se de exercício da autonomia privada[153], embora sua 'autoridade' decorra da utilidade, atualização, origem e uso contínuo por quase um século. Além disso, serviriam como definição comum (uniforme)[154] das condições negociais mais usais nesse comércio internacional, evitando dúvidas[155] e repetições.

QR Code 28 – Guia Introdutório

Se você retornar à figura nº 08 (*invoice*), você perceberá a presença da sigla FOB no campo assinalado com o nº 06. Considerando que não houve outra indicação, presume-se aplicável a última versão dos Incoterms, ou seja, 2020. Esta é a recomendação da própria CCI, assim como, a de se evitar adaptações, que prejudicariam a uniformidade de interpretação alcançada.

A condição FOB significa *free on board* (livre a bordo) ou, em outros termos, que o vendedor entrega a mercadoria quando ela ultrapassa a amurada do navio no porto de embarque (ou seja, desembaraçada). A partir deste ponto, todos os custos e riscos passam a ser do comprador. Esta cláusula, segundo regulamento dos *Incoterms*, seria de utilização exclusiva para o transporte marítimo ou hidroviário.

153. (BASTOS & KISS, 1990); (DERAINS & GHESTIN, 1990); (GRANZIERA, 1995); (BARBI FILHO, 1996); (CALIENDO, 1998); (RODRIGUES W. , 2004); (AMARAL, 2004); (PINHEIRO L. d., 2006); (WALD, Curso de Direito civil brasileiro: obrigações e contratos, 2006).

154. (MARTINS F., 1979); (STRENGER, Contratos internacionais do comércio, 2003).

155. (CAMARA, 2006); (BARBI FILHO, 1996); (GUIMARÃES & SILVA, 1996); (AMARAL, 2004); (GOULART, 2007); (STRENGER, Contratos internacionais do comércio, 2003).

Contudo, a prática brasileira – incluindo a capturada pelos tribunais – demonstra que não só ela é utilizada para o transporte rodoviário de mercadorias, como para reger relações comerciais nacionais[156].

Outro exemplo que pode ser citado é o das cláusulas padronizadas, dentre elas as de *hardship e força maior*. A CCI, em 2020, com base na experiência adquirida com a interrupção do comércio internacional pela pandemia COVID-19, retomou outro trabalho: a revisão de cláusulas padronizadas que pudessem adequar os contratos aos efeitos futuros sobre sua execução[157].

QR Code 29 – Hardship e força maior

As chamadas cláusulas de *hardship* e de *force majeure* (força maior) são, então, outro exemplo desta contribuição privada para a laboração de um Direito Contratual Internacional mais amplo.

São cláusulas que se referem a extrema dificuldade (ou não) e a impossibilidade (ou não) de execução do contrato por consequências de efeitos de evento posterior à formação contratual. Assim, portanto, são usualmente desenhadas em estrutura binária[158]: fato e consequência de sua verificação (obrigação de negociar e exoneração, respectivamente).

Estudo da prática de diferentes tribunais arbitrais revelou, por exemplo, que, em contratos internacionais, espera-se que os contratantes assumam os riscos do cumprimento do contrato, salvo previsão contratual diversa e que, nestes casos aquele que invoca uma cláusula de força maior deveria demonstrar a ocorrência de um evento externo, imprevisível e incontornável que tivesse tornado a execução das obrigações contratuais impossíveis[159].

Como cláusulas contratuais que são, enorme variação de *design* é possível. Assim, a rigor são cláusulas que podem ser redigidas de forma a se tornarem mais

---

156. (GLITZ F. E., Transferência do risco contratual e incoterms: breve análise de sua aplicação pela jurisprudência brasileira, 2009).
157. (ICC, 2020).
158. Esta característica, especificamente para as cláusulas de *hardship*, é enfatizada, por exemplo, por (ULLMANN, 1988), (MARCHAL ESCALONA, 2000), (RIMKE, 1999-2000) e (FRIGNANI, 1979).
159. (FIROOZMAND & ZAMANI, 2017).

ou menos inclinadas à conservação do contrato[160]. O que se percebe, contudo, ao compará-las com outros padrões (como os Princípios UNIDROIT 2016[161]) é a existência – bastante harmonizada – dos requisitos identificadores, dos procedimentos a serem adotados, dos remédios disponíveis e das consequências para o vínculo contratual.

Também citamos anteriormente (Capítulo 2.2.1) a UNCITRAL, o ISO e o UNIDROIT, mas podemos – ainda – acrescentar a OCDE[162]. Ainda em âmbito global é possível citar a FIDIC (Federação Internacional de Engenheiros Consultores) que se propôs, dentre outras tarefas, a de elaborar e publicar diversos padrões internacionais de contratos para obras de engenharia[163].

Outro exemplo possível de ser invocado são as licenças *Creative Commons*[164] que buscam, por meio da escolha de modelos previamente formulados, facilitar a divulgação autoral regulando, a partir da escolha do autor, como aquela propriedade intelectual pode vir a ser utilizada e modificada por terceiros.

QR Code 30 – Creative Commons

Você, provavelmente, as reconhecerá pelo desenho constante de alguns documentos disponíveis on-line. A licença CC BY-AS (figura nº 19), por exemplo, permite ao terceiro que redistribua, reformule, adapte ou derive aquela obra por qualquer meio ou formato, desde que seja dada atribuição da autoria ao autor

---

160. (GLITZ F. E., 2013).

161. (GLITZ F. E., Contrato internacional na crise: reflexões sobre as cláusulas de força maior e hardship em tempos de Covid-19, 2020).

162. Organização para a Cooperação e Desenvolvimento Econômico. A partir de sua fundação, priorizou-se a regulação de temas de interesse econômico. Atualmente, trabalha com outras temáticas e instrumentos, tais como as Diretrizes (Guidelines) para Empresas multinacionais, os Princípios para a Governança Corporativa e a Convenção de combate à corrupção de agentes públicos estrangeiros em transações internacionais (GEIGER, 2011). Em janeiro de 2022 o Brasil iniciou negociações para a adesão à Organização, o que corresponderia a adaptação de diferentes setores de sua economia e de diversos aspectos normativos internos conforme aponta o Relatório da Organização (OECD - Organisation for Economic Co-operation and Development, 2022).

163. Detalhes podem ser obtidos em (JAEGER & HÖK, 2010) (BAKER, MELLORS, CHALMERS, & LAVERS, 2009) e (BRUNNI, 2005).

164. (CREATIVE COMMONS, 2024).

original. Esta é uma licença que permite exploração comercial e, em caso de adaptação, reformulação ou derivação, o produto precisa ser licenciado nos mesmos termos. Assim, se o autor opta por este licenciamento, bastaria ele indicar suas condições (literalmente a figura sugerida pela CC) para deixar claras as condições de licenciamento para terceiros.

Figura 19 – Creative Commons

A ideia detrás da iniciativa da organização sem fins lucrativos, seria o compartilhamento do conhecimento. Assim, ao tornar a licença algo simples e transparente, o projeto incentivaria a produção coletiva. Essa, aliás, parece ser a grande inovação potencial em torno da figura, isso porque apesar de manter o regime do *copyright* (ou seja, excludente por natureza) é forte a iniciativa de conscientização do autor para a necessidade de divulgação e acesso aos material/ conclusões de sua pesquisa ou trabalho[165].

No Brasil, podemos citar, ainda, a Associação Nacional dos Exportadores de Cereais (ANEC) em sua busca pela padronização dos contratos de exportação e a adoção nacional das Normas Internacionais de Contabilidade[166].

QR Code 31 – ANEC

A questão é, portanto, que na busca pela concepção do conteúdo contratual, os tradicionais desafios postos pela dogmática ao exercício da autonomia privada (quem contrata? como se contrata? o que se contrata?) podem ser acrescidos de um quarto elemento: qual o regulamento deste contrato? E, dentre as possíveis respostas, podem estar instrumentos não legislativos ou formais, concebidos, inclusive, por agentes privados.

---

165. (GLITZ F. E., Padronização internacional do contrato: notas a partir dos Creative Commons, 2010).
166. Detalhes podem ser obtidos em (COSTA C. N., 2014).

Neste segundo Capítulo tratamos de relacionar uma série de preocupações contemporâneas do Direito Contratual, em parte já absorvidas e tratadas no Brasil, e que trazem profundas consequências para a própria concepção do que venha a ser um contrato. Sua leitura, portanto, não é nada simples. Considero, no entanto, que este capítulo tem uma série de funções fundamentais. Talvez a mais importante delas é a de desmistificação, indispensável para podermos encarar algumas alegorias (o nosso unicórnio) e projetar alguns interessantes efeitos e discussões futuras. Se a partir dele, no entanto, você encontrar provocações para suas futuras inquietações, este Guia atendeu seu objetivo.

Com este turbilhão de informações em mente, acredito que possamos avançar para o próximo capítulo para enfrentar a questão que te trouxe até aqui: afinal, o que torna um negócio qualquer um "legítimo" contrato internacional. Ou, como venho preferindo, vamos entender o porquê o *Rhinocerus*, não é *Ganda*.

Capítulo três:
INTERNACIONALIDADE

Depois deste longo percurso de (des)construção, é a internacionalidade do contrato que precisa ser enfrentada. Tentaremos, então, responder o que faz com que um negócio jurídico regular ganhe este adjetivo.

Seria, em princípio, irrelevante se o sistema jurídico brasileiro previsse ou não a definição de um contrato como sendo internacional. Em algum sentido, é quase um paradoxo que tentasse fazê-lo, já que seu limite de competência legislativa é, justamente, o nacional. Os contratos internacionais, por outro lado, são aqueles que, por definição, tendem a "escapar" das garras do Direito nacional.

Assim, ao concebermos um contrato como internacional, teremos um negócio que busca fugir à atração exclusiva do Direito brasileiro em específico, ligando-se, potencialmente, a outro ou a mais de um ao mesmo tempo. Ele não é, no entanto, diferente, em si, de qualquer outro. A importação/exportação é, por essência, uma compra e venda e exige que nos preocupemos com o preço, a transmissão do risco e da titularidade e, eventualmente, os vícios redibitórios. Este negócio pode também vir a se formar da mesma forma que outros contratos: entre presentes ou ausentes; de forma tácita ou expressa; digitalmente ou não; etc.

Mas, para além disso, precisaríamos perceber que esta compra e venda não é necessariamente brasileira, isto é, um fenômeno definido (qualificado) e tratado (regido) apenas pelo Direito brasileiro.

Desta forma, os temas do preço, da transmissão do risco e da titularidade e dos vícios redibitórios não serão definidos, obrigatoriamente, pela legislação nacional brasileira, nem, necessariamente, regidos da mesma forma como seriam por aqui.

Em termos muito simplistas: pode ser que esta compra e venda em questão sequer seja tratada pela legislação brasileira ou avaliada por julgador nacional. Para que possamos compreender adequadamente esta afirmação, imagine a seguinte situação:

> Um contratante brasileiro e sua contraparte japonesa celebram negócio de compra e venda de mercadorias, de forma presencial e por escrito, em Tóquio, Japão. As mercadorias vendidas estão armazenadas e serão entregues naquele mesmo país, diretamente para o brasileiro. O preço é expresso e deve ser adimplido em ienes (¥). Esta obrigação, assim como a entrega, está sujeita a termo e, em caso de controvérsia, o caso deve ser submetido a uma Corte japonesa, exclusivamente. Na data aprazada, contudo, apesar de ter recebido as mercadorias, em perfeitas condições, no tempo, lugar e forma combinados, o comprador brasileiro deixa de cumprir a obrigação pecuniária, recusando-se a fazê-lo de forma voluntária.

Para iniciarmos a solução deste caso, precisaremos entender se o contrato sob análise é internacional ou não.

1º. Indaguemos: a nacionalidade dos contratantes (brasileira e japonesa) é relevante para esta operação econômica? Isso porque todos os outros elementos fáticos objetivos (local de celebração, local de execução, foro etc.) estão relacionados ao Japão. Um teste seria sua alteração: se substituirmos o brasileiro por outro japonês ou por um norte-americano haverá alguma mudança relevante na operação? Arrisco dizer que não.

Note que sequer foi necessário questionar qual a operação em si, seu valor ou seu significado. A resposta seria a mesma se este contrato de compra e venda tivesse por objeto um *ikayaki* (espetinho de lula grelhada, típica comida de rua) adquirido de um *yatai* (ambulante); uma *katana* (espada samurai) antiquíssima e valiosíssima comprada de algum renomado antiquário; ou um robô cirurgião pneumático IBIS adquirido diretamente da fábrica. Para esta resposta inicial, também não foi necessário entender se algum dos contratantes é vulnerável ou não; empresário ou não etc.

A resposta buscada, basicamente é: este negócio jurídico atrai a incidência de qual ou quais sistemas jurídicos específicos. Em outros termos, esta compra e venda é atraída – para fins de definição e regramento – pelo Direito japonês, pelo Direito brasileiro ou por ambos. Neste exemplo, arriscaria dizer que o contrato é relevante apenas para um Sistema jurídico que não o brasileiro (o japonês). Por quê? Da formação do contrato ao seu (des)cumprimento ele não guarda nenhuma relação relevante (jurídica ou econômica) com o Brasil, a não ser o fato de o comprador ser brasileiro (pode ser que sequer fosse aqui domiciliado, por exemplo). Note que isso não é suficiente para atrair a incidência do Direito brasileiro à definição e regência do contrato. Este contrato, aliás, sequer seria apreciado por um julgador brasileiro. Podemos, portanto, afirmar, com razoável certeza, que este contrato é japonês e, portanto, nacional de outro Estado. Do ponto de vista brasileiro ele é, portanto, estrangeiro, não internacional.

2º. Destaco: eventual discussão envolvendo o mérito do contrato, talvez, nem seja de competência de um juiz brasileiro. Pode até ser que este negócio nunca chegue ao conhecimento do Ordenamento jurídico brasileiro. Talvez aqui só venha a ser conhecido para a execução de uma sentença que estabeleça a indenização pelo inadimplemento. Neste caso, contudo, não importará mais a nacionalidade dos contratantes, já que análise da homologação recairá, agora, sobre o título judicial e este é, sem dúvidas, estrangeiro (pois não proferido em território nacional), como já decidiu o STJ em importante precedente:

Referência: (Sentença estrangeira contestada, 2013).	***Destaque***: "4. A discussão acerca do descumprimento de avença estipulada no título estrangeiro extrapola os limites do procedimento de homologação de sentença, no qual o Superior Tribunal de Justiça exerce juízo meramente delibatório ao verificar se a pretensão atende aos requisitos previstos na Resolução nº 9/2005/STJ."

E se o contratante japonês propuser a execução do próprio contrato no Brasil? O julgador nacional teria diante de si um negócio potencialmente em outra língua; que obedeceu a formalidades que lhe são desconhecidas; mencionando moeda estrangeira; com credor não domiciliado no Brasil e cláusula de eleição de foro exclusivamente estrangeiro. Isto o torna internacional? Novamente a resposta seria negativa. Por quê? Se retomarmos o caso exemplificativo, perceberemos que, para o negócio (em si), continua inexistindo ligação com mais de um Ordenamento Jurídico ao mesmo tempo. Ele se forma no Japão e lá deixa de ser executado voluntariamente.

Se o contrato fosse trazido ao Brasil (abstraindo provisoriamente a questão da competência), seria como título extrajudicial estrangeiro e, como tal, exigiria preocupações do credor japonês: desde a tradução juramentada do contrato (art. 148 LRP) a, eventualmente, o apostilamento de alguma assinatura, selo ou carimbo de autoridade pública (art. 1º do Convenção da Haia, Decreto nº 8.660/2016). Embora não houvesse, neste caso, a exigência de homologação (art. 784, § 2º do CPC) ou da prestação de caução (art. 83, § 1º, II do CPC), seria necessário demonstrar que o título atende todos os requisitos formais para sua constituição (art. 784, § 3º do CPC, primeira parte), ou seja, análise do Direito material japonês.

Se, contudo, não houver previsão de cumprimento da obrigação no Brasil, sequer haveria competência nacional (art. 784, § 3º do CPC, parte final). Neste caso caberia ao credor japonês, talvez, executar o contrato no Japão e, via medidas de cooperação internacional, tentar localizar bens no Brasil ou, eventualmente, buscar declarar seu crédito no Japão para depois homologar a decisão também no Brasil e aqui executá-la. Estas últimas opções, aliás, seriam, talvez, as mais aconselháveis em razão da existência da cláusula de eleição de foro exclusivo estrangeiro (art. 25 do CPC).

Em resumo, o fato de o contrato não ser brasileiro não o torna internacional. Para que ele viesse a ser internacional ele teria que ser atraído, concomitantemente, por outro Ordenamento jurídico além do japonês. Bastaria, talvez, no nosso exemplo, que o negócio tivesse sido celebrado digitalmente (por partes domiciliadas em países distintos), pago com cartão de crédito internacional ou que as mercadorias fossem enviadas para o Brasil. Este é o caso, por exemplo, daquela importação (por menor que seja o valor) que você fez via plataforma digital em que adquiriu a mercadoria vinda da China, por exemplo.

Com estas modificações ao enunciado, perceba que teremos a possível incidência do Direito brasileiro da formação (contratação) e até a execução do negócio. Ainda que se mantivesse válida a cláusula de eleição de foro, até mesmo o juiz japonês precisaria entender se o Direito brasileiro não condicionaria, juridicamente, algum aspecto desta contratação.

Atribuir a internacionalidade a um contrato é, então, atividade que exige certo desprendimento, **(a)** no sentido de imaginar contornos normativos mais amplos que os estritamente brasileiros; **(b)** e de entender os limites da eficácia que receberá em razão do seu eventual tratamento jurídico. Assim, ainda que se pudesse cogitar se um desdobramento futuro da uniformização do Direito Contratual não seria a abolição desta distinção[1], ela – no Brasil – ainda traz consequências práticas.

Comecemos, então, pela primeira situação: como identificar um negócio jurídico internacional.

3.1 UM FENÔMENO INTERNACIONAL?

A pele do rinoceronte

Em uma remota ilha deserta na costa do Mar Vermelho um rinoceronte com um chifre em seu nariz, olhos suínos e modos reprováveis furtou o bolo recém assado por um parse[2]. Após uma onda de calor, o rinoceronte foi se refrescar no mar, desabotoando sua pele e deixando-a na praia. Buscando vingar-se pelo furto, o parse tratou de colocar migalhas de bolo dentro da pele do rinoceronte que, ao vesti-la, não pode deixar de se coçar. Tamanha foi a fúria com que se roçou que sua pele esgarçou. E, por fim, até mesmo os botões que a prendiam arrancou. É assim que *Rudyard Kipling*, poeta anglo-indiano da era vitoriana, explica, em conto infantil, como o rinoceronte indiano, que vestia uma pele bem justa, ganhou suas dobras características.

---

1. (WITZ, L'internationalité et le contrat, 2002).
2. (KIPLING, 2020). Membro de grupo étnico-religioso praticante do zoroastrismo, originário do Irã, mas que acabou se fixando nos atuais territórios da Índia e Paquistão após a queda da dinastia sassânida e a conquista da Pérsia no século VII. O cantor *Farrokh Bulsara* (*Freddie Mercury*) tinha origem parse (MARTÍNEZ, 2018).

Pelo que se sabe, a pele do rinoceronte indiano tem função termorreguladora[3], por isso grossa e dotada de gordura subcutânea. É, em geral, de coloração acinzentada, mas tem tons róseos nas pregas do couro, que são mais acentuadas em torno de seu pescoço. Não possui pelos, embora cílios e pelagem na ponta da cauda e das orelhas estejam sempre presentes[4]. Sua pele é coberta de protuberâncias que se assemelham a rebites, o que lhe empresta ainda mais a aparência de couraça medieval.

Sabemos, contudo, que *Ganda* não só não tinha a armadura que lhe deu *Dürer*, como seguramente não foi vítima (nem um ancestral seu) da vingança do parse e, menos ainda, tinha botões para prender seu couro. Embora não seja a única distinção entre as subespécies africana e indiana, é a aparência da pele que empresta ao rinoceronte indiano uma feição única. Por isso podemos perdoar o excesso de liberdade artística de *Dürer e Kipling*.

Entre os contratos, também é uma "pele" que empresta "aparência" distinta ao contrato internacional. Para não abusar da metáfora, chamá-la-emos de internacionalidade.

Precisamos, contudo, tomar um cuidado adicional. Na biologia, a ciência vitoriana buscou classificar cada espécime a partir de uma exclusão. Assim, no cerne de sua lógica, ao afirmarmos que *Ganda* seria um rinoceronte fêmea indiana, isto queria dizer que ela não poderia ser pensada como africana. Não nos esqueçamos, contudo, que ambos são rinocerontes. A lógica classificatória é, como sabemos, de índole excludente e absoluta, evitando variações: ou se é ou não se é. Esta explicação acaba pressupondo um negócio jurídico internacional de existência distinta daquele outro, o nacional. Classificações, como sabemos, tendem a não funcionar sempre, como nos ensina a ótica: entre a ausência da luz (preto) e a sua reflexão total (branco), existem diferentes espectros visíveis.

É por isso que adotei a metáfora da pele: ela só emprestará uma característica ao nosso negócio que fará com uma preocupação (a mais) nos ocupe a mente. Em outros termos, o fato de ser internacional, não retira a natureza contratual da operação, nem lhe torna coisa essencialmente distinta de outros negócios. Ela deve ser pensada, portanto como um adjetivo, não um substantivo.

Assim, ao invés de buscarmos um conceito para o contrato internacional, sugiro nos dedicarmos a entender em quais situações podemos atribuir-lhe a internacionalidade. Esta abordagem parece ser mais adequada por variados motivos: nem sempre os respectivos Direitos nacionais definem um contrato como internacional ou não; existem múltiplos possíveis conceitos e diferentes critérios, como veremos; o tratamento dado pelas Convenções e Tratados é plural e nem sempre se ocupa da conceitualização; mas, acima de tudo, como a internacionalidade depende de fatos específicos diretamente lidados ao negócio, mais apropriada seria uma abordagem caso a caso.

O papel do intérprete, então, é identificar se as características fáticas específicas daquele negócio em concreto são ou não suficientes, nos termos do re-

---

3. (ENDO, et al., 2009).
4. (LAURIE, LANG, & GROVES, 1983).

gramento específico aplicável. Para que possamos assim proceder, precisaremos, antes, saber quais seriam elas.

O primeiro *input* disponível, é o doutrinário. Consultando a doutrina brasileira[5], perceberemos que, de um modo geral, a internacionalidade de um contrato estaria relacionada a sua situação conflitual, ou seja, ao fato de este negócio estar, potencialmente, submetido ao regime de diferentes Ordenamentos jurídicos. É a situação que ilustramos anteriormente. Temos aqui, então, um **primeiro** critério de análise: os contratos internacionais são fenômenos de Direito Internacional Privado (DIPRI). O que isto quer dizer?

Se lembrarmos que a ONU reconhece, atualmente, 193 Estados soberanos; concluiremos que cada um deles, tem exclusividade para definir a sua própria sistematização jurídica. Isto quer dizer que conviveremos com outros 192 distintos Direitos (no sentido de Ordenamentos jurídicos nacionais). O termo 'convivência' é proposital, pois como sabemos, em inúmeras ocasiões, fatos e negócios podem vir a pretender ser (re)conhecidos e produzir efeitos em mais de um país e, portanto, atrair para si a possível incidência de mais de um Direito ao mesmo tempo. Trata-se de uma situação que chamaremos de **conflito de Direitos**[6], por isso conflitual.

Note que a situação não é, necessariamente, litigiosa. Isso porque o conflito em questão recai, estritamente, quanto ao Direito a ser aplicável para definir (qualificar) e reger (dar tratamento) ao caso. É exatamente a situação que cada casal de turistas brasileiros em viagem internacional de lua de mel está submetido quando se declara casado no momento de *check in* no hotel. O negócio jurídico (casamento) está atraindo efeitos para além do território em que constituído (extraterritoriais, portanto).

---

5. (CÁRNIO, 2009); (AQUINO, 2007); (ENGELBERG, 2003); (ARAUJO N. d., 2003); (STRENGER, Contratos internacionais do comércio, 2003); (GARCEZ, 1994); (GREBLER E., *O contrato internacional no direito de empresa*, 1992), por exemplo.

6. Esta situação é, clássica e tradicionalmente, chamada de *conflito de leis* ou *conflito de legislações*. Chamaremos de conflito de Direitos por dois motivos. Em primeiro lugar, para evitar que sejamos induzidos em erro a pensar que a referência se dá apenas à legislação estrangeira. Afinal, como sabemos e já alertamos, ao aplicar a norma, não levamos em conta apenas a fonte eventualmente escrita, mas todo o sistema jurídico aplicável, com suas múltiplas fontes e ferramentas de solução de aparentes antinomias. Em segundo lugar, devemos lembrar que nem todos os sistemas jurídicos optam pela prevalência da fonte legislativa, algumas vezes o papel primordial é legado a fontes não estatais (costumes, por exemplo) ou outras fontes estatais (precedente, por exemplo). Por fim, utilizamos o "D" maiúsculo para deixar claro que não estamos nos referindo ao "choque" de diferentes direitos subjetivos, mas à necessidade de atendermos a dois (ou mais) diferentes Sistemas jurídicos (que não se excluem). Neste sentido, por exemplo, "Direito aplicável" é a expressão consagrada tanto na tradução oficial para o português da CIDIP-V (OEA. Departamento de Direito Internacional, 1994), quanto pelo Guia da OEA sobre Direito aplicável (OEA. Comissão Jurídica Interamericana, 2020).

Isso conduz a outra importante conclusão. Quando chamamos um negócio jurídico de "internacional", até poderíamos ter a impressão de que ele escaparia da incidência de Direitos nacionais. Trata-se de ilusão[7], uma vez que ele é constituído em algum lugar e busca ser reconhecido em outro onde, eventualmente, projetará efeitos. A questão, então, é que ao reconhecê-lo como internacional, precisaremos identificar as circunstâncias que o colocam em contato com plurais sistemas jurídicos de forma concomitante.

Como identificamos estas circunstâncias? Neste primeiro momento por meio de um critério eminentemente jurídico, ou seja, a possibilidade de mais de um Direito atrair, para nele incidir, este negócio em específico. E como isso é feito? Usualmente pela eleição daquilo que chamamos no Brasil de "elementos de conexão". Basicamente critérios jurídicos objetivos que, hoje, são bastante harmonizados e que, sem exageros, são fruto de extenso desenvolvimento no último milênio.

Hoje, estes critérios correspondem a uma escolha política, por meio da qual cada Estado define em que circunstâncias aceitaria aplicar um Direito que não fosse o seu. Como ato soberano, esta escolha pode se dar de forma muito ampla ou com uma série de restrições. Assim, ao definir estas circunstâncias, o Estado acaba por eleger características objetivas, que serão identificadas no caso concreto, que permitirão aplicação do Direito não nacional àquele caso, como por exemplo, domicílio, sede, local de formação, local de execução etc.

No Brasil, o exercício desta escolha já foi objeto de outras normas, mas, atualmente, estaria concentrado, segundo o majoritário entendimento doutrinário, no Decreto-lei nº 4.657/1942, conhecido como Lei de Introdução às Normas do Direito brasileiro (LINDB). É neste sentido que percebemos os exemplos jurisprudenciais.

O enigmático[8] Código Bustamante

Firmada em Havana, Cuba, em 1928, a Convenção de Direito Internacional Privado dos Estados Americanos é também chamada de Código Bustamante em homenagem ao seu principal idealizador. Sua importância estaria em unificar o Direito conflitual nos Estados americanos, substituindo ou complementando os sistemas nacionais (GARCEZ, 1994).

Embora tenha sido ratificado pelo Brasil por meio do Decreto nº 18.871/1929, poucos outros países o fizeram. A doutrina brasileira, de um modo geral, em razão da redação do artigo 2º[9] de seu preâmbulo, acabou consolidando o entendimento de que sua aplicação se limitaria aos países que aderissem à Convenção. Mas, passou a entendê-lo como tratado bilateral.

---

7. (PEREIRA J. E., 1989).
8. Adjetivo emprestado de (BOGGIANO, 1995).
9. "As disposições desse Codigo não serão applicaveis senão ás Republicas contractantes e aos demais Estados que a elle adherirem, na forma que mais adiante se consigna".

Para além disso, havia quem sustentasse que mesmo que sua ratificação tivesse derrogado o Direito conflitual brasileiro da época, o próprio Código Bustamante teria perdido vigência com a promulgação da antiga Lei de Introdução ao Código Civil.

Fato que é que o Código Bustamante está em vigor (BRASIL. Ministério das Relações Exteriores, 2024) e muito raramente é invocado pela jurisprudência. O STJ, por exemplo, o fez em um único precedente do STJ sobre hipoteca naval (Recurso Especial, 2017).

Como devemos, então, lidar com este texto normativo?

1º. Deve-se atentar que o objetivo daquela Convenção era a uniformização do Direito internacional privado. Para tanto, seu texto é extenso e detalhado, contando com 437 artigos que abordam desde temas contratuais, processuais e falimentares até o da extradição. Segundo a lógica deste tipo de texto normativo, cada Estado substituiria ou complementaria seu próprio Direito nacional pela adoção do texto unificador. Como iniciativa de Direito uniforme, em tese, não se depende da adesão de outros Estados para que o efeito unificador ocorra em sede nacional. Por isso, pouco sentido faz interpretar o art. 2º como se estivesse insculpido em tratado bilateral (condicionando a vigência comum da norma).

2º. O Brasil possui antiga tradição em reconhecer ao Tratado internacional ratificado o mesmo *status* de Lei Ordinária. Vide neste sentido, o famoso precedente do STF em torno da eficácia da Convenção de Genebra sobre letras de câmbio e notas promissórias (Recurso Extraordinário, 1977).

3º. Convém lembrar que a própria Lei de Introdução (então LICC) quando foi decretada (1942) previa que "a lei nova, que estabeleça disposições gerais ou especiais a par das já existentes, não revoga nem modifica a lei anterior." (art. 2º, § 2º).

4º. A LICC quando foi decretada não regulava, por inteiro, a matéria abordada pelo Código Bustamante.

5º. Destaque-se que inexiste revogação expressa do texto do Decreto nº 18.871/1929.

Parece razoável, portanto, concluir que quando a LICC entra em vigor, ao não revogar expressamente o Código Bustamante, permite que ambos convivam para reger o DIPRI brasileiro. Considerando que ambos os Decretos teriam a mesma hierarquia normativa, para permitir que o fizessem adequadamente, o intérprete precisaria utilizar as duas outras clássicas regras de solução de antinomias: anterioridade e especialidade. Assim, podemos aceitar que existiriam amplos espaços conflituais regidos pelo Código Bustamante, inclusive em matéria contratual[10]. Isso porque a abordagem da LINDB é resumida, neste aspecto específico, ao disposto no art. 9º (caput e parágrafos).

---

10. O Código Bustamante traz tratamento detalhado sobre o Direito aplicável a diversos contratos específicos (por exemplo compra e venda – arts. 194 e 195). Suas regras gerais de definição do Direito material aplicável para a matéria contratual encontram-se previstas a partir do art. 175: "Art. 175. São regras de ordem publica internacional as que vedam o estabelecimento de pactos, clausulas e condições contrarias ás leis, á moral e á ordem publica e as que prohibem o juramento e o consideram sem valor. Art. 176. Dependem da lei pessoal de cada contractante as regras que determinam a capacidade ou a incapacidade para prestar o consentimento. Art. 177. Applicar-se-á a lei territorial ao êrro, á violencia, á intimidação e ao dolo, em relação ao consentimento. Art. 178. É tambem territorial toda regra que prohibe sejam objecto de contracto serviços contrarios ás leis e aos bons costumes e cousas que estejam fora do commercio. Art. 179. São de ordem publica internacional as disposições que se referem á causa illicita nos contractos. Art. 180. Applicar-se-ão simultaneamente a lei do lugar do contracto e a da sua execução, á necessidade de outorgar escriptura ou documento publico para a efficacia de

Esta, contudo, não era a opinião de Pontes de Miranda, para quem tal convivência seria uma anomalia e o Código de parca aplicação[11], opinião compartilhada por outros[12].

No caso da matéria contratual (e obrigacional em geral) o elemento de conexão escolhido foi o "local de formação" (art. 9º, *caput* da LINDB). Se, por outro lado, o contrato fosse celebrado entre ausentes (ou seja, não houver um local comum de formação), o elemento de conexão seria o "lugar em que residir o proponente" (art. 9º, § 2º da LINDB).

> Art. 9º Para qualificar e reger as obrigações, aplicar-se-á a lei do país em que se constituírem.
>
> § 1º Destinando-se a obrigação a ser executada no Brasil e dependendo de forma essencial, será esta observada, admitidas as peculiaridades da lei estrangeira quanto aos requisitos extrínsecos do ato.
>
> § 2º A obrigação resultante do contrato reputa-se constituída no lugar em que residir o proponente.

O que isto quer dizer na prática? Que se um(a) eventual juiz(a) brasileiro(a) competente, ao apreciar o caso, se deparar com um contrato que aparentaria ser atraído por mais de um Direito precisaria decidir em qual destes Sistemas buscaria a norma (material) aplicável ao caso. Isto é a norma que definiria o contrato (qualificar) e lhe daria conteúdo (reger). Não há uma escolha propriamente dita, já que o Legislador determinou que, no exemplo negocial, tal norma seja o Direito do local de formação do contrato (se entre presentes).

Note, contudo, que este critério é utilizado para a definição do Direito aplicável a um negócio não nacional, seja ele estrangeiro ou internacional. Por isso, o critério jurídico é, apenas, parcial e se destina a primeira abordagem, mas não significa – ainda – a existência da internacionalidade.

Voltaremos a este tema no **Capítulo 4.1** em que a metodologia será explicada em detalhes. Por ora, interessa-nos reter a seguinte informação: é potencialmente internacional o negócio que atrair a possível incidência de mais de um sistema jurídico a ele. Este é o **critério jurídico** que tem, como se percebe, **natureza con-**

---

determinados convenios e á de os fazer constar por escripto. Art. 181. A rescisão dos contratos, por incapacidade ou ausencia, determina-se pela lei pessoal do ausente ou incapaz. Art. 182. As demais causas de rescisão e sua forma e effeitos subordinam-se á lei territorial. Art. 183. As disposições sobre nullidade dos contractos são submettidas á lei de que dependa a causa da nullidade. Art. 184. A interpretação dos contractos deve effectuar-se, como regra geral, de accôrdo com a lei que os rege. Comtudo, quando essa lei fôr discutida e deva resultar da vontade tacita das partes, applicar-se-á, por presumpção, a legislação que para esse caso se determina nos arts. 185 e 186, ainda que isso leve a applicar ao contracto uma lei distincta, como resultado da interpretação da vontade. Art. 185. Fora das regras já estabelecidas e das que no futuro se consignem para os casos especiaes, nos contractos de adhesão presume-se acceita, na falta de vontade expressa ou tacita, a lei de quem os offerece ou prepara. Art. 186. Nos demais contractos, e para o caso previsto no artigo anterior, applicar-se-á em primeiro lugar a lei pessoal commum aos contractantes e, na sua falta, a do lugar da celebração".

11. (PONTES DE MIRANDA, 1935).
12. Por exemplo, (CASTRO, Direito internacional privado, 2002); (GARCEZ, 1994).

flitual. Ele é limitado, portanto, pois não define um negócio como internacional (ele pode ser 'só' estrangeiro) e se propõe, exclusivamente, a abordar qual o Direito material será aplicado ao caso concreto. Neste sentido seria mais adequado chamá-lo de primeiro **indício de internacionalidade.**

O **segundo** critério tradicionalmente identificado para a definição da internacionalidade do contrato seria o **econômico,** ou seja, que a operação econômica representada pelo contrato se desse com a transposição ("fluxo e refluxo") de prestações através das fronteiras. Este critério é baseado em precedente francês da década de 1920 que abordava a compra e venda e o contrato de câmbio (moeda de pagamento)[13]. Além disso, ele é pensado em termos "analógicos", ou seja, de transposição física de fronteiras. Também ele é limitado, portanto.

Daí porque, com o tempo, se passou a qualificar este segundo indício: a internacionalidade deveria ser da **essência da operação econômica.** É por isso, talvez, que o mero fato de o comprador ser brasileiro no exemplo que tratamos até agora não ser suficiente para chamarmos aquela compra e venda de internacional. Diferente cenário seria, talvez, se o objeto da compra tivesse sido entregue no Brasil, por exemplo. Nesta hipótese teríamos um "fluxo" através das fronteiras e esta característica sendo parte essencial do cumprimento do contrato. É o que chamamos, por exemplo, de exportação.

Por que utilizei o "talvez"? Porque apenas entregar a mercadoria em outro país pode não ser suficiente em termos jurídicos. Imagine que a entrega do robô japonês IBIS, mencionado anteriormente, acontece em filial brasileira do comprador sediado no Japão, em nada afetando, fundamental e juridicamente, a transação japonesa.

É por isso que se acaba mencionando a necessidade de estarem preenchidos os dois critérios (ou indícios) ao mesmo tempo[14]. Desta forma, só seria internacional o contrato que, ao mesmo tempo, atraísse a incidência concomitante de mais de um Ordenamento jurídico nacional e tivesse, na essência da operação econômica representada, traços de internacionalidade. Seria o caso potencial da compra e venda que chamamos de importação ou exportação (a depender do ângulo de análise). Poderíamos até mesmo arriscar uma perigosa generalização (que só funciona para fins didáticos): cada um daqueles dólares norte-americanos representados na Figura 6 é objeto de um contrato internacional.

---

13. (DOLINGER, *Direito Internacional Privado*: Contratos e obrigações no Direito Internacional Privado, 2007).
14. Por exemplo (BASSO, Introdução às Fontes e Instrumentos do Comércio Internacional, 1996) e (ALMEIDA, 2017).

Este *input* funciona na prática? Ou seja, podemos considerar suficiente/ indispensável a presença, concomitante, dos indícios jurídico e econômico para atribuição da internacionalidade?

Para responder esta questão é necessário um segundo *input*, o jurisprudencial e a aplicação de um teste: como os critérios anteriores são trabalhados pelos Tribunais brasileiros. Para fins exclusivamente didáticos, limitarei a explicação à jurisprudência do STJ. Nesta identificaremos a existência de dois possíveis conjuntos de decisões.

No primeiro grupo, notaremos casos em que **apenas o critério jurídico** foi levado em consideração. Assim, o local de celebração, local da sede, o local de execução, o foro estrangeiro etc. foram considerados suficientes para a atribuição da internacionalidade:

Referência	Destaque
(Recurso Especial, 2022) e (Recurso Especial, 2021).	"A natureza internacional de um contrato, incluído o de seguro, decorre da sua conexão com mais de um ordenamento jurídico. Os elementos do contrato internacional podem ser identificados a partir da nacionalidade, domicílio e residência das partes, do lugar do objeto, do lugar da prestação da obrigação, do lugar da formalização da avença, do foro de eleição e da legislação aplicada".
(Recurso Especial, 2010)	"as provas apresentadas demonstram, cabalmente, que se trata de um contrato de âmbito internacional, sendo suas obrigações cumpridas essencialmente no país estrangeiro, qual seja, a Itália. (...) o ato ou fato, no caso, o contrato, foi realizado na Itália e, as obrigações principais, que são a entrega das motos e a entrega dos valores respectivos, são realizadas no citado país estrangeiro".
(Sentença Estrangeira Contestada, 2007)	"O contrato foi assinado pela requerida, empresa nacional, com empresa estrangeira, avença esta firmada no Japão e com indicação do foro japonês para dirimir as controvérsias. Logo não se trata de contrato nacional e sim internacional".
(Recurso Especial, 2005)	"Verifica-se que o contrato de representação comercial em exame foi celebrado, na Alemanha, por uma empresa brasileira e outra alemã, e estabeleceu cláusula arbitral, convencionando que eventuais conflitos deveriam ser dirimidos, pelo direito alemão, por árbitros da Câmara de Comércio Internacional de Paris".

(Recurso Especial, 2003)	"O contrato, como já anotei, sem dúvida, é um contrato internacional, não apenas pela sua natureza, isto é contrato de licença firmado por empresa estrangeira, no estrangeiro sediada, e empresa brasileira, em língua estrangeira, estabelecendo juízo arbitral com sede em Milão, ou seja, com obediência à lei daquele país, não sendo mesmo, no caso destes autos, de se aplicar o Código de Processo Civil de 1973".

No segundo grupo, que no caso do STJ é representado por apenas um precedente, considera-se, além daqueles **indícios jurídicos**, a existência de uma **operação econômica** internacional representada pelo negócio analisado.

Referência: (Recurso Especial, 1990).	*Destaque:*"Não são apenas fatores geográficos ou relativos ao domicílio das partes que o caracterizam como contrato internacional, em oposição aos contratos internos, mas, sobretudo, a finalidade do contrato, ou seja, o transporte marítimo de país a país, portanto, transnacional, atividade econômica de apoio, principalmente, aos contratos de compra e venda entre pessoas de nacionalidades diversas, sujeitas a sistemas jurídicos distintos, que acabam por vincular-se pela vontade das partes".

Perceba-se, então, que haveria um descompasso inicial entre a concepção doutrinária mais clássica e sua aplicação por aquela Corte, que tende a – usualmente – adotar apenas os critérios jurídicos.

Talvez fosse por isso que Baptista[15] argumentasse a conveniência de uma abordagem "eclética", isto é, que levasse em consideração, além dos indícios econômico e jurídico, a relevância desempenhada por cada um daqueles componentes no negócio em si (caso específico). Exemplos desta abordagem, contudo, também não foram localizados na jurisprudência do STJ.

Podemos afirmar, ainda, a partir da análise dos julgados do STJ[16], que, em termos proporcionais, são poucos os casos nos quais é efetivamente abordada a internacionalidade do contrato. O mesmo ocorre com muitos Tribunais estaduais[17].

Os *inputs* doutrinário e jurisprudencial resolvem definitivamente a questão? Acredito que não, uma vez que contratos internacionais são verdadeiros processos obrigacionais[18], mais que simples arrolamentos de direitos e deveres, portanto[19].

---

15. (BAPTISTA, Contratos internacionais, 2011).
16. (GLITZ F. E., A jurisprudência do Superior Tribunal de Justiça e a construção de um conceito de internacionalidade do contrato, 2013).
17. Há mesmo casos em que a pesquisa jurisprudencial não revela debate sobre a natureza internacional do negócio. Para esta conclusão vide (ZAGONEL & GLITZ, 2018).
18. (COUTO E SILVA, 1976).
19. (MASKOW, 1992)

Eles, contudo, revelam as dificuldades com que o operador jurídico brasileiro precisa lidar quando se envolve com o Direito Contratual Internacional.

O terceiro *input* possível, seria o legislativo. Contudo, nele não há uma definição geral e definitiva do que tornaria um contrato internacional. Esta ausência de respostas peremptórias pode, em algum momento, até parecer verdadeira maldição, muitas vezes enfatizada pelos comentaristas como agravante daquilo que, genericamente, se chama de risco Brasil.

Considero, contudo, que ela também pode ser vista como benção, se me permitem o jogo de palavras. A ausência de um critério fixo permite, como adverte o mesmo Baptista[20], a simplificação de análises muitas vezes bastante complexas. Assim, operações dentro de grupos ou envolvendo braços internacionais da atividade ou grupo podem, ou não, virem a ser tratadas como internacionais a depender dos objetivos envolvidos na negociação. Acredito que esta circunstância acaba sendo relevante na análise do caso envolvendo o financiamento internacional e que abordaremos no próximo Capítulo, por exemplo (**Capítulo 4.2**).

Além disso, é de se destacar que uma abordagem "mais eclética", acaba evitando um problema corrente na área: a desatualização. Dela padece, por exemplo, o principal texto uniforme ratificado pelo Brasil: a CISG. Debatida e aprovada sob a perspectiva dos anos 1970, hoje precisa lidar com um comércio global que se digitaliza, embora seu texto se restrinja a mercadorias corpóreas. O mesmo não ocorre, por outro lado, com as ferramentas mais flexíveis. Cito, como exemplo, os INCOTERMS, concebidos na primeira metade da década de 1920, foram revistos em 1928, 1936, 1953, 1967, 1974, 1980, 1990, 2000, 2010 e 2020 sempre buscando acompanhar o desenvolvimento logístico (frete ferroviário, aéreo, adoção de contêineres etc.) para estabelecer um regramento mínimo e confiável sobre a transmissão dos riscos (**Capítulo 2.4.4**).

Além da desatualização, a atividade legislativa também está sujeita à limitação de agenda política, que acaba condicionando a atenção estatal àquilo que é considerado relevante pela opinião pública ou grupos de pressão. No caso brasileiro, a temática contratual internacional está muito longe, como sabemos, de seduzir a cobertura da mídia e o interesse público.

Por fim, lembremos que também a técnica jurídica se desenvolve significativamente para abarcar novas metodologias legislativas que vão, por exemplo, desde a consagração de elementos de conexão mais flexíveis (como a "conexão

---

20. (BAPTISTA, Contratos internacionais, 2011).

mais próxima"[21] ou "vinculação objetiva"[22], por exemplo) até a recepção plena de autonomia privada. Todos estes fatores poderiam conduzir, rapidamente, eventual comando normativo ao anacronismo.

Apesar da importância do tema, no próximo capítulo (3.2) você perceberá que os instrumentos que estão disponíveis, no Brasil, para que possamos identificar o critério de atribuição da internacionalidade ao contrato, não são muitos. Além disso, notará que não há verdadeira sistematização de qualquer dos critérios adotados.

Não há nisso uma crítica à atividade legislativa, pois a diversidade dos temas abordados faz com que também estejam disponíveis diversos elementos, mas, acima de tudo, porque as iniciativas internacionais são temáticas, cada vez mais frequentes e plurais e, portanto, não se fundam necessariamente em uma lógica de sistematização tipicamente associada com Ordenamentos jurídicos nacionais (codificação ou marcos legais seriam exemplos). Como exercício destas conclusões, convido-a(o) a analisar alguns dos instrumentos, em matéria contratual, ainda *não* incorporados ao Direito brasileiro:

Contrato	Instrumento	Critério de internacionalidade
Agência	Convenção de Genebra 1983[23]	Sedes em Estados distintos (art. 2º)
Leasing	Lei Modelo UNIDROIT (2008)[24]	Não distingue
	Convenção de Ottawa 1988[25]	Sedes em Estados distintos (art. 3º)
Factoring	Convenção de Ottawa de 1988[26]	Sedes em Estados distintos (art. 2º)
	Lei Modelo UNIDROIT (2023)[27]	Não distingue
Notas promissórias e letras de câmbio	Convenção de Nova Iorque de 1988[28]	O local de emissão; o local indicado ao lado dos nomes das partes e do local de pagamento são distintos (art. 2º)
Transferência de crédito	Lei Modelo UNCITRAL (1994)[29]	Bancos em diferentes Estados (art. 1º).
Garantias independentes e cartas de crédito	Convenção das Nações Unidas sobre (1995)[30]	Sedes em Estados distintos (art. 4º).

---

21. Por exemplo, Convenção de Singapura sobre transações internacionais resultantes de mediação (UNCITRAL, 2019).
22. Por exemplo, A Convenção Interamericana sobre Direito aplicável aos contratos internacionais CIDIP-V (OEA. Departamento de Direito Internacional, 1994).
23. (UNIDROIT, 2024). Convenção não ratificada pelo Brasil.
24. (UNIDROIT, 2024). Texto não adotado pelo Brasil.
25. (UNIDROIT, 2024). Convenção não ratificada pelo Brasil.
26. (UNIDROIT, 2024). Convenção não ratificada pelo Brasil.
27. (UNIDROIT, 2023). Texto não adotado pelo Brasil.
28. (ONU, 2024). Convenção não ratificada pelo Brasil.
29. (UNCITRAL, 1994). Texto não adotado pelo Brasil.
30. (ONU, 1995). Nunca ratificada pelo Brasil.

Comércio eletrônico	Lei Modelo UNCITRAL (1996)[31]	Não distingue
Cessão de crédito	Convenção sobre cessão de crédito no comércio internacional (2001)[32]	Localização em Estados distintos (art. 3º).
Assinaturas eletrônicas	Lei Modelo UNCITRAL (2001)[33]	Não distingue
Resseguros	Princípios UNIDROIT para o Direito Contratual do Resseguro (2019)[34]	Não distingue
Transações com garantia sobre bens móveis	Lei Modelo UNCITRAL (2019)[35]	Não distingue
Reconhecimento de identidade e Serviços de autenticação	Lei Modelo UNCITRAL (2022)[36]	Uso e reconhecimento transfronteiriço (art. 2º)

Atentos às limitações, perceba que será imprescindível, a cada caso específico, pesquisarmos os instrumentos de *hard law* eventualmente existentes, assim como os desdobramentos existentes na *soft law*.

3.2 OS DIFERENTES TRATAMENTOS ESPECÍFICOS

Ganda, o gato & Cacareco

Constatava-se, em meados da década de 1990, certo desinteresse brasileiro pelas questões jurídicas internacionais[37]. Se esta sensação continua existindo, é uma questão de deixo para você julgar. Para ajudá-la (o) gostaria de lhe contar o interessante caso representado pelo processo de incorporação da Convenção de Viena de 1980 sobre compra e venda internacional de mercadorias (CISG) ao Direito brasileiro.

Embora o Brasil tenha participado das discussões sobre seu conteúdo na época (final da década de 1970), foi apenas em meados de 2010 que o tema foi retomado pela pauta política. Dizia-se, na época, que era uma questão de competitividade e, claro, pressuposto preparatório para a participação em organizações internacionais de interesse nacional. Fato é que o texto da Convenção foi aprovado pelo Senado Federal em março de 2012 e pela Câmara dos Deputados em outubro do mesmo ano.

Como se sabe, é de competência exclusiva do Congresso resolver, definitivamente, sobre tratados quando envolverem encargos ao patrimônio nacional (art. 49, I da Constituição da República – CR). Contudo, é de competência da Presidência da República a celebração de Convenções internacionais (art. 84, VIII – CR), referendadas pelo Congresso Nacional. Uma interpretação sistêmica dos dois artigos indicaria, então, que caberia ao Congresso aprovar o texto da CISG, mas ao Presidente, promulgá-la e, com isso, tornar seu texto obrigatório em

---

31. (UNCITRAL, 1999). Texto não adotado pelo Brasil.
32. (ONU, 2001). Nunca tendo entrado em vigor, nem tendo sido ratificada pelo Brasil.
33. (UNCITRAL, 2002). Texto não adotado pelo Brasil.
34. (UNIDROIT; PRICL PROJECT GROUP, 2024).
35. (UNCITRAL, 2019). Texto não adotado pelo Brasil.
36. (UNCITRAL, 2023). Texto não adotado pelo Brasil.
37. (CASELLA, Utilização no Brasil dos princípios UNIDROIT relativos a contratos comerciais internacionais, 1996).

território brasileiro, como legislação nacional (instrumento definitivo). Neste sentido é o já citado precedente do STJ (Recurso Especial, 2017):

"O iter procedimental de incorporação dos tratados internacionais – superadas as fases prévias da celebração da convenção internacional, de sua aprovação congressional e da ratificação pelo Chefe de Estado – conclui-se com a expedição, pelo Presidente da República, de decreto, de cuja edição derivam três efeitos básicos que lhe são inerentes: (a) a promulgação do tratado internacional; (b) a publicação oficial de seu texto; e (c) a executoriedade do ato internacional, que passa, então, e somente então, a vincular e a obrigar no plano do direito positivo interno."

Neste caso em concreto, uma vez aprovado pelo Congresso Nacional, o texto traduzido da CISG foi publicado em 18 de outubro de 2012 como Decreto legislativo nº 538 e foi este instrumento 'definitivo' que acabou depositado perante a UNCITRAL em 04 de março de 2013.

Como se sabe, o depósito é uma exigência formal da CISG para os Estados que aderiram, posteriormente, ao seu conteúdo. Para a UNCITRAL e para os demais Estados signatários da Convenção é, também, o marco temporal a partir do qual se começa a contagem do prazo de entrada em 'vigor', internacional, para o Estado depositante[38]. A ideia, imagina-se, é que o texto da Convenção fosse, incialmente, obrigatório dentro de suas próprias fronteiras, para depois obrigar o Estado internacionalmente. No Brasil, contudo, alterou-se esta ordem, passando o texto da CISG a vincular o Brasil, antes mesmo daqueles que aqui celebrassem tais contratos. O dia 1º de abril de 2014 ainda hoje é reconhecido como a data do 'nascimento' brasileiro da CISG. A data, no Brasil, também é conhecida por outro motivo: os trotes.

Seria, então, a CISG um 'gato', ou seja, um jogador que altera a idade para poder jogar uma competição? Certo é que não caberia a UNCITRAL e aos demais países fiscalizarem nosso processo legislativo.

Ganda e sua prima Cacareco, ao que se sabe, nunca precisaram mentir sobre suas respectivas idades. *Ganda* até teria tido oportunidade, para poder participar da rinha com o elefante. Mas em Lisboa ninguém estava preocupado com isso. Já Cacareco, nem oportunidade teve, até porque como a primeira rinoceronte a nascer em cativeiro na América do Sul, isso seria bastante difícil. Ela é famosa, contudo, por sua passagem por uma "outra competição". Em 1958 foi emprestada pelo Rio de Janeiro como a atração principal para inauguração do zoológico paulistano inaugurado, pelo então governador, Jânio Quadros (o mesmo que acabaria Presidente da República alguns anos depois). Ocorre que, em 1959, se realizariam novas eleições municipais no Brasil e, na maior cidade do país, o clima não era de satisfação. Logo se projetou a original proposta de candidatura[39] da rinoceronte a uma vaga na Câmara Municipal de São Paulo. A candidata tinha até mesmo um jingle:

"Tereco teco,

Por tereco teco,

Melhor votar no Cacareco"

(autoria desconhecida)

---

38. "Primeiro dia do mês seguinte ao término do prazo de seis meses, contados da data em que o depositário houver recebido a notificação" art. 97 (3).
39. (ENTINI, 2013).

Segundo se sabe, o voto de protesto não era novidade no Brasil, afinal, Ioiô e Cheiroso já haviam sido eleitos em Fortaleza, Ceará (1922) e Jaboatão, Pernambuco (1955), respectivamente[40]. Mas, Cacareco foi um fenômeno! Tendo recebido mais de 100 mil votos seria capaz de eleger $^1/_3$ da Câmara municipal e chegou a inspirar filme como famoso ator Oscarito[41].

Diz-se que as autoridades temiam que a população fizesse empossar a paquiderme. Para conter o risco, trataram de devolvê-la aos cariocas antes[42] do próprio pleito. Sacramentou-se, depois, a nulidade dos votos que recebeu. E, assim, a vida se seguiu.

Figura 20 – Caricatura de Cacareco

No caso da CISG, percebida a falta do Decreto presidencial, tratou-se de publicá-lo em outubro 2014. Sacramentava-se, então, no preâmbulo do Decreto nº 8.327/2014 "considerando que a Convenção entrou em vigor para o Brasil, no plano jurídico externo, em 1º de abril de 2014".

Cacareco (Figura 19)[43], não morreu afogada como sua prima *Ganda*, mas viveu pouco. Que se saiba, nunca mais teria concorrido a qualquer outra função pública, mas de volta a São Paulo, seu esqueleto dá expediente no Museu de Anatomia Veterinária da USP[44].

É a partir da incorporação da CISG ao Direito brasileiro que se retomou a importante discussão sobre quais seriam ou deveriam ser os critérios a serem utilizados para a caracterização da internacionalidade de um contrato.

Convenções como a CISG são especialmente interessantes. Como instrumentos de uniformização voltam-se a criar um ambiente de uniformidade legislativa, ou seja, criam quadros normativos que, uma vez adotados pelos diferentes Estados, permitiriam afirmar que, embora cada legislação interna que o incorpore seja uma, todas elas compartilham o mesmo conteúdo.

Assim, ao aderir ao conjunto programático desenhado por iniciativa internacional, o legislador brasileiro estaria participando de um projeto global mais amplo em busca de simplificação jurídica para o tema que, como temos percebido, tem muitas nuances.

---

40. A saga eleitoral caprina seguiu ainda com Bode 90, candidato não eleito à prefeitura de Jati, Ceará.
41. (CEDOC – FUNARTE, 2022).
42. (OLIVEIRA A., 2019).
43. (ENTINI, 2013).
44. (BRASIL. Conselho Federal de Medicina Veterinária, 2015).

Em matéria contratual, existem alguns exemplos em que o legislador brasileiro assim procedeu. Nestes casos, existem regimes legais específicos (incorporados ao Direito nacional) onde buscar os elementos de caracterização da internacionalidade. Por outro lado, também existem outros tipos de iniciativas internacionais, que vão dos Tratados bilaterais, Protocolos e Acordos Regionais, até instrumentos de indução à harmonização.

3.2.1 Compra e venda de mercadorias

Talvez o mais comum instrumento de efetivação e mais evidente exemplo de contrato internacional é a compra e venda internacional de mercadorias. Usualmente nos referimos a ele, a depender do ângulo de análise, como uma exportação ou uma importação. É, portanto, a este contrato que os números da balança comercial brasileira (figura 6) acabam se referindo.

Historicamente, dentre as iniciativas internacionais de uniformização das regras aplicáveis à compra e venda internacional de mercadorias, seria possível identificar a existência de certa tendência em atribuir a internacionalidade aos contratos cujos contratantes (partes) fossem domiciliados ou tivessem sedes em Estados diversos. É o clássico critério territorial.

Embora a Convenção da Haia de 1955[45] e as duas de 1958[46] tenham silenciado sobre esta definição, a tendência de viés territorial pode ser exemplificada pelos demais instrumentos internacionais sobre o tema: (a) pela Convenção da Haia de 1964 para a uniformização do Direito aplicável a venda internacional de mercadorias (ULIS)[47] (art. 1º)[48]; (b) pela Convenção da Haia de 1964 para a

---

45. A Convenção da Haia de 1955 sobre o Direito aplicável a compra e venda internacional de mercadorias se limita a definir que ela e aplica aos contratos de venda de objetos corpóreos móveis de caráter internacional (art. 1º), sem mencionar o que os caracterizaria. Salienta, no entanto, que a mera afirmação dos contratantes sobre uma determinada legislação aplicável ou competência para julgamento, não seria suficiente para caracterizar sua internacionalidade (HCCH, 1955). Embora tenha entrado em vigor, não foi ratificada pelo Brasil.

46. Assim como a Convenção de 1955, a Convenção da Haia de 1958 sobre o Direito aplicável à transferência de propriedade na compra e venda internacional de mercadorias e a Convenção de 1958 sobre a jurisdição do foro escolhido nos contratos de venda internacional se limitam a definir que ela e aplica aos contratos de venda de objetos corpóreos móveis de caráter internacional (art. 1º), sem mencionar o que os caracterizaria. Salientam, no entanto, que a mera afirmação dos contratantes sobre uma determinada legislação aplicável ou competência para julgamento, não seria suficiente para caracterizar sua internacionalidade (HCCH, 1958) e (HCCH, 1958). As Convenções nunca entraram em vigor, tendo sido a primeira ratificada apenas pela Itália e a segunda por nenhum Estado.

47. (ONU, 1964). Nunca ratificado pelo Brasil.

48. "Article 1 1. The present Law shall apply to contracts of sale of goods entered into by parties whose places of business are in the territories of different States, in each of the following cases: (a) where the contract involves the sale of goods which are at the time of the conclusion of the contract in the course of carriage or will be carried from the territory of one State to the territory of another; (b) where the

uniformização do Direito aplicável à formação do contrato de venda internacional de mercadorias (ULFC)[49] (art. 1º)[50]; (c) pela Convenção das Nações Unidas sobre a Prescrição em Matéria de Compra e Venda Internacional de Mercadorias de 14 de junho de 1974[51] de Nova York (art. 2º, "a")[52]; (d) pela Convenção da Haia de 1986 sobre a lei aplicável aos Contratos de venda internacional de mercadorias[53] (art. 1º, a)[54] e (e) pela Convenção de Nova York sobre o uso de comunicações eletrônicas em contratos internacionais (2005)[55] que prevê o critério do local de negócio (*place of business*) em Estados distintos (art. 1º)[56]. Como uma possível variável, podemos ainda mencionar a Convenção de Genebra de 1983 sobre representação na venda internacional de bens[57] (art. 2º)[58] que prevê, além dos distintos domicílios, a eleição do Direito aplicável como critério alternativo.

Dentre os instrumentos internacionais com aplicação relevante para o Brasil, e que seguem essa tendência, deve-se destacar a CISG[59] que, embora não aborde um conceito do que venha a ser um contrato internacional[60], estabelece – em seu art. 1º – o critério do estabelecimento dos contratantes, em Estados diversos, para definição da internacionalidade do contrato:

---

acts constituting the offer and the acceptance have been effected in the territories of different States; (c) where delivery of the goods is to be made in the territory of a State other than that within whose territory the acts constituting the offer and the acceptance have been effected."

49. (ONU, 1964) Nunca ratificada pelo Brasil.

50. "1. The present Law shall apply to the formation of contracts of sale of goods entered into by parties whose places of business are in the territories of different States, in each of the following cases: (a) where the offer or the reply relates to goods which are in the course of carriage or will be carried from the territory of one State to the territory of another; (b) where the acts constituting the offer and the acceptance are effected in the territories of different States; (c) where delivery of the goods is to be made in the territory of a State other than that within whose territory the acts constituting the offer and the acceptance are effected".

51. (ONU, 1974). Nunca ratificado pela Brasil.

52. "For the purposes of this Convention: (a) a contract of sale of goods shall be considered international if, at the time of the conclusion of the contract, the buyer and the seller have their places of business in different States".

53. (HCCH, 1986). Que nunca entrou em vigor, nem foi ratificada pelo Brasil.

54. "This Convention determines the law applicable to contracts of sale of goods – a) between parties having their places of business in different States; b) in all other cases involving a choice between the laws of different States, unless such a choice arises solely from a stipulation by the parties as to the applicable law, even if accompanied by a choice of court or arbitration".

55. (ONU, 2005). Nunca ratificada pelo Brasil.

56. "1. This Convention applies to the use of electronic communications in connection with the formation or performance of a contract between parties whose places of business are in different States".

57. (UNIDROIT, 1983). Nunca ratificado pelo Brasil.

58. "(1) This Convention applies only where the principal and the third party have their places of business in different States and: (a) the agent has his place of business in a Contracting State, or (b) the rules of private international law lead to the application of the law of a Contracting State".

59. (BRASIL, 2014).

60. (FRADERA V. M., 2004); (GAMA JR., 2006).

> "(1) Esta Convenção aplica-se aos contratos de compra e venda de mercadorias entre partes que tenham seus estabelecimentos em Estados distintos: (a) quando tais Estados forem Estados Contratantes; ou (b) quando as regras de direito internacional privado levarem à aplicação da lei de um Estado Contratante".

A relevância da CISG para o Direito contratual brasileiro está, justamente, no fato de sua ratificação representar a adesão brasileira a instrumento global de uniformização e, com isto, em tese e por força de seu art. 7º(1), compartilhar a interpretação uniforme (única) sobre o critério de internacionalidade para a contrato de compra e venda internacional de mercadorias. Sem muito exagero, portanto, pode-se dizer que há um critério global majoritário para a internacionalidade deste tipo de contrato, já que a CISG foi incorporada ao Direito de 97 diferentes países[61], representando, aproximadamente, mais de $2/3$ de todo comércio internacional.

Embora não exista estatística confiável neste sentido, convém destacar que as principais economias do mundo e os principais destinos das exportações brasileiras em 2023[62] a ratificaram, conforme demonstraria a Figura 20[63].

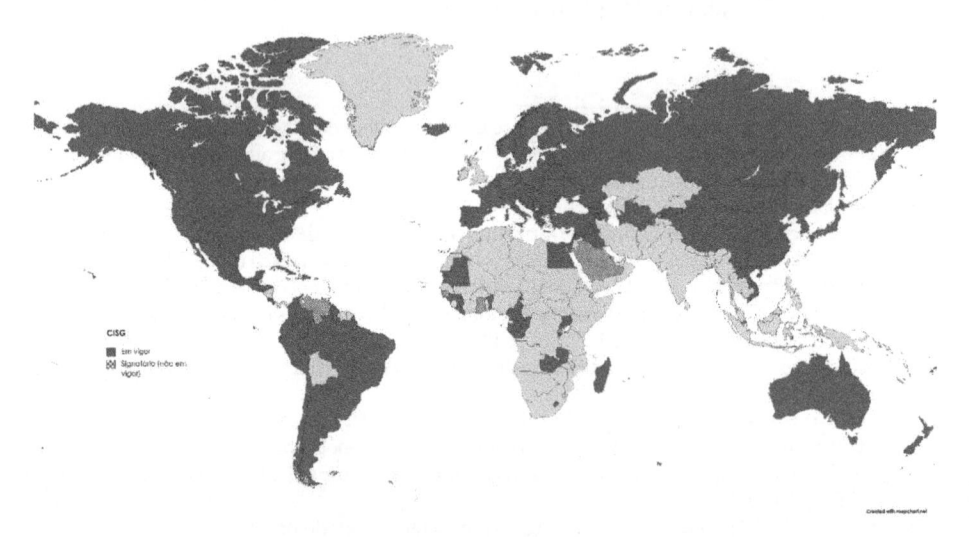

Figura 21 – CISG

É claro que uma iniciativa puramente nacional não teria a mesma importância, uma vez que representaria apenas uma pequena fração de todo este conjunto de operações. Mas, o mais relevante é que muitas vezes a adoção da CISG

---

61. (UNCITRAL, 2024), mas em permanente atualização.
62. China (1º.01.1988), Estados Unidos (1º.01.1988), Argentina (1º.01.1988), Países-baixos (1º.01.1992), Canadá (1º.05.1992), Japão (1º.08.2009), Alemanha (1º.01.1991), Espanha (1º.08.1991) e Chile (1º.03.1991).
63. Elaborado pelo autor com o uso do MapChart em dezembro de 2023.

representa certo desprendimento de soluções adotadas internamente. No caso do Brasil, por exemplo, tanto o regime da formação do contrato de compra e venda, como a orientação tradicional das soluções para o caso de inadimplemento eram distintos, no momento da adesão, daqueles adotados pelo texto convencional[64].

Outra consequência colateral que pode ser destacada é que muitas vezes, apesar da existência de blocos regionais, a harmonização/uniformização legislativa só é alcançada por meio da iniciativa mais ampla, como a CISG. Embora seja, por exemplo, objetivo do MERCOSUL a criação de um Direito "comunitário", em matéria de compra e venda internacional de mercadorias é a ratificação da CISG pelos Estados membros que, até pouco tempo, fazia surgir esta uniformidade regional[65].

Ainda que seja inegável sua importância, fato é que a CISG também é afetada pelo tempo, já que reflete um momento histórico e tecnológico anterior ao atual (do final dos anos 1970, na verdade). Além disso, como o mapa (Figura 20) corrobora, há consideráveis espaços de não- adesão: desde países produtores de petróleo e gás-natural (por exemplo a Bolívia e a Líbia. Na Arábia Saudita entrou em vigor em 1º.09.2024), até Sistemas que adotam a *Common law* (a exemplo do Reino Unido, África do Sul e Índia, todos relevantes no comércio internacional).

Além disso, o escopo de incidência do texto é limitado. Natural que o fosse quando muitos detalhes e diferentes concepções jurídicas estavam sendo discutidos na Conferência. Assim, embora a CISG se aplique à compra e venda internacional de mercadorias, nem todo negócio que assim chamaríamos, acabou abrangido pelo seu texto. Especialmente importante são as exclusões (art. 2º), portanto:

> a) de mercadorias adquiridas para uso pessoal, familiar ou doméstico, salvo se o vendedor, antes ou no momento de conclusão do contrato, não souber, nem devesse saber, que as mercadorias são adquiridas para tal uso;
>
> (b) em hasta pública;
>
> (c) em execução judicial;
>
> (d) de valores mobiliários, títulos de crédito e moeda;
>
> (e) de navios, embarcações, aerobarcos e aeronaves;
>
> (f) de eletricidade.

Daí porque, genericamente, se afirmar que estão excluídos de sua aplicação: os contratos de consumo; contratos imobiliários; contratos envolvendo cessão de ativos; contratos que envolvam a prestação de serviços (fabricação sob demanda,

---

64. (VIEIRA, 2006).
65. (SILVEIRA & GLITZ, 2020), que existia enquanto suspensa a Venezuela e que deixou de existir quando da efetivação da adesão da Bolívia ao bloco.

por exemplo); contratos de transferência de tecnologia; contratos de trespasse e contratos energéticos; vendas judiciais e até de alguns bens móveis de maior valor agregado.

Tentando orientar a futura aplicação desta interpretação, para casos mais complexos envolvendo *software* embutido na mercadoria, o Conselho da Justiça Federal (CJF) editou, em 2014, durante a III Jornada de Direito Comercial o Enunciado nº 89:

> "Para fins de interpretação do art. 3(2) da CISG (Convenção das Nações Unidas sobre Contratos de Compra e Venda Internacional de Mercadorias), promulgada pelo Decreto n. 8.327, a natureza de compra e venda de mercadoria é prevalente e não é descaracterizada pelo (i) caráter híbrido do bem objeto da compra e venda, como eletrodomésticos inteligentes, computadores e outros itens com funcionalidades digitais associadas, nem pela (ii) prestação de serviços acessórios de instalação, atualização ou desenvolvimento de software necessários para o funcionamento do bem objeto da compra e venda"[66].

Diante das futuras novas circunstâncias de sua aplicação, algum debate é esperado. Afinal, por exemplo, a adesão de países da Organização dos Estados Exportadores de Petróleo (OPEP) inevitavelmente atrairá o olhar para os "barris". Nada muito distinto do que já ocorreu com os *softwares*, alguns anos atrás, que acabaram sendo considerados mercadorias, de um modo geral, apenas, quando houvesse "suporte material" e "padronização" na fabricação.

Também quanto ao escopo jurídico da CISG pode se empregar o mesmo adjetivo: "limitado". O passar de olhos em seu índice revela que a Convenção aborda, 'apenas', a formação do contrato de compra e venda e os créditos (direitos) e obrigações de vendedores e compradores das mercadorias (art. 4º, *caput*).

---

66. Com a seguinte justificativa: "Redigida em sua versão final em 1980, a CISG foi o produto de debates em um cenário de comércio internacional que se alterou drasticamente nestes 40 anos. Embora a Convenção não deva ser reescrita a cada modismo, necessário que sua leitura se atualize de forma a garantir que possa continuar a cumprir seu papel vital. Uma das principais quebras de paradigma foi a da separação entre software e hardware. Por um processo que culmina na chegada da internet of things, é cada vez mais comum que bens contenham dimensões digitais relevantes – da interface necessária para operar maquinário industrial até sensores integrados a móveis. Estes bens são vendidos, comprados e divulgados como híbridos – smart products – mercadorias em si próprias. Assim, não faria sentido que a interpretação jurídica dos contratos por meio dos quais circulam tais mercadorias ocorresse de forma diversa. Ao contrário, levaria a um destacamento injustificado entre prática comercial e jurídica. Conforme Hiroo Sono, o tratamento destes bens como "mercadorias híbridas" cuja venda é sujeita à CISG é a regra em casos análogos. Um livro é composto também de uma dimensão física (papel, tinta) e uma digital/codificada (informação), mas nem por isso se afasta a aplicação da CISG sobre parte ou toda a sua venda. Da mesma forma, serviços acessórios que visem o funcionamento do aspecto digital devem ser absorvidos pela obrigação principal de compra e venda – não podem ser preponderantes em si, quando são por natureza secundários. Dessa forma, ainda que os debates sobre a CISG não tenham inicialmente previsto tais níveis de tecnologia, a própria Convenção foi designada para se adaptar, aprimorando-se em técnica e uso, de forma a se tornar flexível para lidar com operações do mercado internacional" (CONSELHO DA JUSTIÇA FEDERAL, 2024).

Assim, portanto, ela não incide em discussões sobre a validade do contrato ou de qualquer das suas cláusulas, bem como à validade dos usos e costumes (art. 4°, a); os efeitos que o contrato pode ter sobre a propriedade das mercadorias vendidas (art. 4°, b) e a responsabilidade do vendedor pela morte ou lesões corporais causadas pelas mercadorias a quem quer que seja (art. 5°).

Se isso já não bastasse, a própria Convenção autoriza que os contratantes excluam sua aplicação ou modifiquem seus efeitos por meio de disposição específica no contrato (art. 6°). Este ponto é essencial, pois, como se perceberá, assegura inédita autonomia negocial ao contrato regido pelo Direito brasileiro (**Capítulo 4.2**).

O grande desafio da CISG está, justamente, no seu objetivo: a aplicação uniforme do Direito. Isso porque cada um daqueles países que a ratificaram, o fizeram por meio de mecanismos previstos em seus próprios Ordenamentos. Depois disso, a CISG será aplicada, nestes mesmos países, por diferentes operadores que precisarão, por meio do instrumento nacional de incorporação, fazer incidir uniforme e uniformizadora compreensão de texto global (art. 7, 1):

> (1) Na interpretação desta Convenção ter-se-ão em conta seu caráter internacional e a necessidade de promover a uniformidade de sua aplicação, bem como de assegurar o respeito à boa fé no comércio internacional.

É razoável supor que haverá tendência à variação local. Isso acontece por pré-conceitos culturais, presunções de uniformidade ou por meio da adaptação a conceitos/interpretações utilizadas no dia a dia local. Em princípio, a ideia é que esta variação seja evitada e que a interpretação da CISG seja a mais literal possível. O Conselho da Justiça Federal, por exemplo, procurando evitar tal risco aprovou, na mencionada III Jornada de Direito Comercial (2014), o Enunciado n° 90 com a seguinte recomendação:

> "Na interpretação da CISG (Convenção das Nações Unidas sobre Contratos de Compra e Venda Internacional de Mercadorias), promulgada pelo Decreto n. 8.327/2014, ou de contrato a ela submetido, deve-se atentar para a jurisprudência e doutrina internacionais sobre a CISG, tendo em vista as diretrizes fixadas no seu art. 7(1)"

Você já ouviu falar do "Caso dos pés de galinha"?[67] Embora a CISG já tivesse tido aplicação jurisprudencial no Brasil antes de sua ratificação (como resultado da metodologia conflitual), este precedente do Tribunal de Justiça do Rio Grande do Sul é considerado o pioneiro caso brasileiro de aplicação da Convenção após a sua ratificação. Ele nos ajuda a demonstrar a exemplificar a complexidade, para

---

67. Sobre o caso, sugiro a leitura de (KUYVEN & PIGNATTA, 2017).

o julgador, representada pela aplicação uniforme da Convenção e o manejo de metodologia e instrumentos não nacionais.

Caso:

Tratava-se de litígio envolvendo o descumprimento de contrato de compra e venda internacional de mercadorias (135 toneladas de pés de frango), a consequente resolução do contrato pela compradora em razão da não entrega pela vendedora e a indenização cabível.

Procedimento:

Apelação Cível nº 70072362940, 12ª Câmara Cível, julgamento 14.02.2017.

Decisão:	*Destaque:*
Tribunal manteve a sentença que declarou a resolução do contrato e a restituição do valor pago.	Ementa: "Contato de compra e venda internacional de mercadorias cuja rescisão vai declarada, por força da aplicação conjunta das normas do art. 47(1), do art. 49(1)(b) e do art. 81(2), todos da Convenção das Nações Unidas sobre Contratos de Compra e Venda Internacional de Mercadorias ("Convenção de Viena de 1980"), a cujo marco normativo se recorre simultaneamente ao teor dos Princípios Unidroit relativos aos Contratos Comerciais Internacionais" (Apelação Cível, 2017).

Conclusão:

A decisão do Tribunal de Justiça do Rio Grande do Sul tem sido debatida desde que proferida. Alguns argumentam que se trata de decisão com recurso excessivamente complexo para discussão que seria de outra forma simples pela aplicação da LINDB. Fato é que o acórdão não só faz remissão ao princípio da proximidade (um dos novos elementos de conexão que mencionamos antes), não previsto pela LINDB para atrair a aplicação do Direito brasileiro para caso que, talvez, fosse regido pelo Direito estrangeiro (em que já vigoraria a CISG). Além disso, fez incidir a CISG em caso celebrado antes de sua vigência no Brasil e se socorre dos PICC e da *lex mercatoria* como reforços argumentativos. A riqueza do acórdão, por outro lado, está justamente na forma e esforço empregados pela Corte para compreender um fenômeno internacional e a necessidade de lhe dar tratamento jurídico condizente. A internacionalidade do contrato, contudo, poderia ser extraída, neste caso, da própria aplicação da CISG. Isso porque o negócio teria sido proposto pela empresa dinamarquesa. Tratando-se de negócio entre ausentes, por força do art. 9º, § 2º da LINDB o juiz brasileiro buscaria, justamente, o Direito dinamarquês para qualificar e reger o contrato. Naquele país nórdico já vigorava a CISG desde 1º de março de 1990[68] e, por força do art. 1º da CISG, por meio do instrumento pelo qual foi incorporado ao Direito dinamarquês, seria internacional o contrato entre contratantes sediados em Estados diversos (Brasil e Dinamarca).

Para auxiliar a tarefa é comum que o julgador se socorra de precedentes internacionais (judiciais ou arbitrais). Estes estão disponíveis e são de simples utilização, como demonstra o sistema CLOUT[69] que colige precedentes internacionais sobre todos os textos promovidos pela UNCITRAL, incluindo a CISG e o já mencionado UNILEX. Ainda, a própria UNCITRAL elabora, periodicamente, esta seleção de casos, publicando um Digesto[70] que ajuda na localização dos precedentes necessários. Devemos salientar, no entanto, que estas ferramentas não fornecem uma certeza estatísticas. Isso porque baseiam-se no trabalho de

---

68. (UNCITRAL, 2024).
69. (UNCITRAL, 2024).
70. (UNCITRAL, 2016).

fornecimento, nacional, de precedentes relevantes traduzidos. Assim, nem todos os julgados sobre a aplicação da CISG lá se encontrarão.

QR Code 33 – CLOUT   QR Code 32 – Digesto

Além deles, devemos destacar o papel do Conselho Consultivo da CISG. Embora, é claro, estas Opiniões tenham natureza muito mais próxima de um parecer (*soft law*), a autoridade de quem os declara traz muito prestígio à linha de argumentação. Podemos exemplificar esta atuação no parecer sobre a interpretação do art. 3º da CISG e a exclusão dos já mencionados contratos de fabricação sob demanda de sua incidência (CISG Opinion nº 4[71]).

Destaco, por fim, o papel da doutrina. Se você consultar a própria Opinion nº 4, notará a presença de alguns dos nomes mais destacados da área, como Bonell[72], Witz[73] e Schwenzer[74]. No Brasil, nomes como Fradera[75] e Grebler[76] são incontornáveis e fundamentais.

Em 1981, Kahn[77] escrevia que a CISG poderia ser vista pela perspectiva pessimista e otimista: embora reconhecesse alguma falta de técnica e a pouca adesão inicial ao texto, ele acreditava que a CISG deveria ser recebida pela Comunidade Internacional como um instrumento eficaz de pacificação. Depois de quatro décadas[78], sua aplicação permitiu que pudesse vir a ser considerada um exemplo de "Código da compra e venda internacional de mercadorias"[79] já que, dotada de alguma sistematização, por meio da aplicação de suas normas e cláusulas gerais permitem a aproximação de diferentes sistemas jurídicos. Eis o tamanho de sua relevância.

---

71. (CISG ADVISORY COUNCIL, 2024).
72. Por exemplo: (BONELL, 2007).
73. Por exemplo: (WITZ, The place of performance of the obligation to pay the price art. 57 CISG, 2005).
74. Por exemplo: (SCHWENZER & HACHEM, 2009).
75. Por exemplo: (FRADERA V. J., A CISG como um Código da venda internacional de mercadorias, 2018).
76. Por exemplo: (GREBLER E., A Convenção das Nações Unidas sobre Contratos de Venda Internacional de Mercadorias e o Comércio Internacional brasileiro, 2008).
77. (KAHN, 1981).
78. (FRADERA V. J., 40 anos da CISG, 2020).
79. (FRADERA V. J., A CISG como um Código da venda internacional de mercadorias, 2018).

QR Code 34 – Palestra 40 anos CISG

3.2.2 Transporte aéreo

Outro exemplo de Convenção de uniformização em matéria contratual que foi adotada pelo Brasil é a Convenção de Montreal, promulgada pelo Decreto nº 5.910 de 2006.

A Convenção de 1999 buscava organizar e modernizar o quadro normativo existente, revisitando, especialmente, a Convenção de Varsóvia de 1929 que ainda vigorava no Brasil. Seu escopo, contudo, é bastante limitado, já que se refere, apenas, ao contrato de transporte aéreo internacional de pessoas, bagagem ou carga (art. 1º):

> 1. A presente Convenção se aplica a todo transporte internacional de pessoas, bagagem ou carga, efetuado em aeronaves, mediante remuneração. Aplica-se igualmente ao transporte gratuito efetuado em aeronaves, por uma empresa de transporte aéreo.
>
> 2. Para os fins da presente Convenção, a expressão transporte internacional significa todo transporte em que, conforme o estipulado pelas partes, o ponto de partida e o ponto de destino, haja ou não interrupção no transporte, ou transbordo, estão situados, seja no território de dois Estados Partes, seja no território de um só Estado Parte, havendo escala prevista no território de qualquer outro Estado, ainda que este não seja um Estado Parte. O transporte entre dois pontos dentro do território de um só Estado Parte, sem uma escala acordada no território de outro Estado, não se considerará transporte internacional, para os fins da presente Convenção.

O critério para identificação da internacionalidade deste negócio surge já na alínea 2 do art. 1º: ponto de partida e de destino, independentemente de interrupção, localizem-se em países distintos. Ou seja, esta é outra Convenção que adota o critério territorial.

A importância da Convenção de Montreal é sua abrangência praticamente global, sendo, na matéria contratual, sem dúvidas, o exemplo de maior sucesso uniformizante. A Figura 21[80] tenta demonstrar esta abrangência:

---

80. Elaborado pelo autor com o uso do MapChart em dezembro de 2023 com base nos dados disponibilizados pelo Secretariado da ICAO. Seriam 139 países membros.

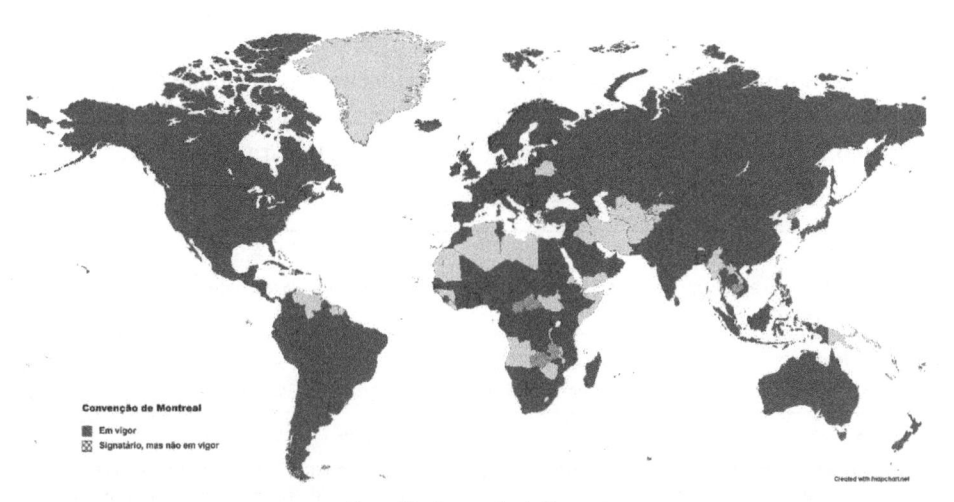

Figura 22 – Convenção de Montreal

Seu texto é considerado como altamente técnico, por meio do qual se buscou a uniformidade da aplicação direta dos padrões internacionais. Eis aí, contudo, um ponto de atenção: a ausência de participação de todas as partes interessadas no tema gera resistência em sua aplicação[81]. No Brasil esta Convenção normalmente surge em discussões judiciais envolvendo pretensões indenizatórias em razão de danos causados pelo transportador. O debate, aliás, pouquíssimas vezes se circunscrevia à internacionalidade do contrato, que traria importantes consequências para o caso concreto que iriam da própria competência do julgador nacional ao Direito aplicável. Usualmente, presumir-se-ia a incidência do Código de Defesa do Consumidor e aceitar-se-ia o processamento do pedido perante os Juizados Especiais.

A preocupação em entender a natureza de consumo, ou não, do contrato e o regime da responsabilidade civil aplicável também ocupou os trabalhos do CNJ resultando em três Enunciados Aprovados, sempre sob a mesma perspectiva:

Enunciado nº 37 da I Jornada de Direito Comercial (CNJ, 2024).	"Aos contratos de transporte aéreo internacional celebrados por empresários aplicam-se as disposições da Convenção de Montreal e a regra da indenização tarifada nela prevista (art. 22 do Decreto n. 5.910/2006)."
Enunciado nº 559 da VI Jornada de Direito Civil (CNJ, 2024).	"Observado o Enunciado 369 do CJF, no transporte aéreo, nacional e internacional, a responsabilidade do transportador em relação aos passageiros gratuitos, que viajarem por cortesia, é objetiva, devendo atender à integral reparação de danos patrimoniais e extrapatrimoniais."
Enunciado nº 369 da IV Jornada de Direito Civil (CNJ, 2024).	"Diante do preceito constante no art. 732 do Código Civil, teleologicamente e em uma visão constitucional de unidade do sistema, quando o contrato de transporte constituir uma relação de consumo, aplicam-se as normas do Código de Defesa do Consumidor que forem mais benéficas a este."

---

81. (VIGLINO, 2016).

O caso merece destaque, contudo, porque é um dos raros exemplos de temática contratual (e em especial de contratos internacionais) a ter alcançado os olhares da Suprema Corte brasileira. Neste sentido, deve-se destacar o importante precedente que reconheceu a prevalência do disposto no Tratado internacional, assim como reconhecido por parte da doutrina[82], embora não se abordasse o tema da internacionalidade contratual:

Caso:
Tratava-se de litígio envolvendo a limitação do valor da indenização devida em razão do extravio de bagagem em voo internacional.

Procedimento:
Recurso Extraordinário nº 636.331 (com repercussão geral), Pleno, julgamento 25.05.2017.

Decisão:	**Destaque:**
A Corte decidiu dar provimento ao recurso, reformando, por maioria, a decisão do Tribunal de Justiça do Rio de Janeiro.  *QR Code 35 – Caso extravio bagagem*	Tema fixado (nº 210): "Nos termos do art. 178 da Constituição da República, as normas e os tratados internacionais limitadores da responsabilidade das transportadoras aéreas de passageiros, especialmente as Convenções de Varsóvia e Montreal, têm prevalência em relação ao Código de Defesa do Consumidor". (Recurso Extraordinário, 2017).

Conclusão:
A decisão do STF analisou se o art. 178, da Constituição Federal permitiria, ou não, a limitação indenizatória, com base na Convenção de Varsóvia (Convenção para a Unificação de Certas Regras Relativas ao Transporte Aéreo Internacional), das indenizações por danos morais e materiais decorrentes de extravio de bagagem. O voto majoritário se deu no sentido de que "é de se concluir pela prevalência da Convenção de Varsóvia e demais acordos internacionais subscritos pelo Brasil em detrimento do Código de Defesa do Consumidor não apenas na hipótese extravio de bagagem. A mesma razão jurídica impõe afirmar a mesma conclusão também nas demais hipóteses em que haja conflito normativo entre os mesmos diplomas normativos." Com isso, a Corte reconheceu a prevalência da norma constitucional (da forma com que foi interpretada) sobre a legislação nacional, em razão de sua especialidade e hierarquia. Embora o art. 10, II[83] da Lei nº 7.565/1986 (Código brasileiro de Aeronáutica) não tenha sido objeto de análise, provavelmente – em razão da hierarquia das normas – o resultado também não teria sido diferente. Por outro lado, excluir-se-ia a eventual indenização por danos morais uma vez que não prevista pela Convenção.

Desdobramento: em julgado posterior, o STF fixou a tese nº 1240 "Não Se aplicam as Convenções de Montreal às hipóteses de danos extrapatrimoniais decorrentes de contrato de transporte aéreo internacional." (Recurso Extraordinário, 2023). Em julgado mais recente, o STF entendeu, por maioria, que a tese fixada no julgado anterior também se aplicaria para o transporte aéreo internacional de cargas (Recurso Extraordinário com Agravo, 2024).

---

82. (SALIBA & SOUZA, 2017).
83. Art. 10. Não terão eficácia no Brasil, em matéria de transporte aéreo, quaisquer disposições de direito estrangeiro, cláusulas constantes de contrato, bilhete de passagem, conhecimento e outros documentos que: (...) II – visem à exoneração de responsabilidade do transportador, quando este Código não a admite; III – estabeleçam limites de responsabilidade inferiores aos estabelecidos neste Código (artigos 246, 257, 260, 262, 269 e 277).

Assim como a Convenção de Montreal, o critério dos distintos países como locais de origem e destino foi adotado por outras Convenções não ratificadas pelo Brasil sobre transporte rodoviário: Convenção de Genebra de 1956[84], Convenção interamericana de 1989[85] e o Acordo do MERCOSUL de 2002[86] e sobre transporte marítimo: Regras de Hamburgo de 1978[87], Convenção de Viena de 1991[88] e as Regras de Roterdã de 2008[89].

3.2.3 Contrato de garantia internacional

A Convenção da Cidade do Cabo (2001) sobre Garantias Internacionais Incidentes sobre Equipamentos Móveis promulgada pelo Brasil por meio do Decreto nº 8.008/2013 também introduz noção de internacionalidade contratual específica (arts. 3º e 4º):

---

84. Convenção sobre contratos internacionais de transporte rodoviário de mercadorias que prevê que o local de coleta da mercadoria e a do destino de entrega devam estar situados em países distintos, tendo, pelo menos, um deles ratificado a Convenção (art. 1, 1) (UNIDROIT, 2024). Embora tenha entrado em vigor, não foi ratificada pelo Brasil.

85. Convenção interamericana sobre os contratos internacionais de transporte rodoviário de mercadorias que prevê que o local de despacho da mercadoria e o de entrega estejam situados em países distintos (OEA, 2024). A Convenção não entrou em vigor, nem foi ratificada pelo Brasil.

86. Acordo sobre Jurisdição em Matéria de Contrato de Transporte Internacional de Carga apenas menciona que o transporte seja internacional, no âmbito dos Estados do MERCOSUL, desde que rodoviário, ferroviário ou fluvial. O Acordo ainda não entrou em vigor, pois ratificado apenas pelo Brasil e, ainda, de forma parcial (BRASIL, 2004).

87. Convenção sobre o transporte de mercadorias pelo mar que seria aplicável a todos os contratos de transporte marítimo entre dois diferentes Estados (art. 2º, 1) (United Nations Convenion on the Carriage of goods by sea, 1978 (Hamburg Rules), 1994). Embora esteja em vigor e tenha sido assinado pelo Brasil, seu texto ainda não foi ratificado.

88. Convenção sobre a responsabilidade dos Operadores de Terminais de Transporte no Comércio Internacional que se refere apenas a internacionalidade do transporte (art. 2º, 1), conceituada como aquele que tem local de partida e destino localizados em dois diferentes Estados (art. 1º, c). (UNCITRAL, 1994). A Convenção não entrou em vigor, nem foi ratificada pelo Brasil.

89. Convenção das Nações Unidas sobre Contratos para o transporte internacional, parcial ou total, de mercadorias por mar prevê que o local de recebimento e o destino estejam localizados em países diferentes, assim como estejam em países distintos os portos de embarque e desembarque (art. 5º) (UNCITRAL, 2014). A Convenção não entrou em vigor, nem foi ratificada pelo Brasil.

Art. 3º (...)

1. A presente Convenção aplica-se quando, ao tempo da conclusão do contrato que constitui uma garantia internacional ou sobre ela dispõe, o devedor estiver localizado em um Estado Contratante. (...)

Art. 4º (...)

1. Para os efeitos do parágrafo 1º do Artigo 3º , o devedor está localizado em qualquer Estado Contratante:

(a) segundo a lei do qual foi incorporado ou constituído;

(b) no qual tenha seu escritório registrado ou sua sede estatutária;

(c) no qual se encontrar a sede de sua administração; ou

(d) no qual se encontrar seu estabelecimento;

2. Se o devedor tiver mais de um estabelecimento, uma referência ao estabelecimento do devedor nos termos da alínea d do parágrafo anterior deverá significar o lugar de seu estabelecimento principal ou, se não tiver nenhum estabelecimento, sua residência habitual.

A exemplo da CISG e da Convenção de Montreal há nítida utilização de critério territorial para a definição da internacionalidade. Também sua abrangência é muito ampliada, contando atualmente com a adesão de 86 países, conforme ilustra a Figura 22[90] embora inexistam precedentes conhecidos de sua aplicação pelo julgador nacional.

Figura 23 – Convenção da Cidade do Cabo

3.2.4 Jurisdição internacional

Ainda sob a perspectiva de critérios específicos (quanto à matéria) para a identificação da internacionalidade do contrato convém destacar, em âmbito regional, o Protocolo de Buenos Aires sobre jurisdição internacional em matéria

---

90. (UNIDROIT, 2001).

contratual, promulgado pelo Brasil pelo Decreto nº 2.095/1996 e em vigor no MERCOSUL[91].

Também ele adota um critério territorial (domicílio) e se limita a contratos internacionais cíveis ou comerciais (art. 1º) que não sejam previdenciários, administrativos, trabalhistas, de consumo, transporte, seguro e não constituam direitos reais, abranjam relações falimentares ou matéria de Direito de família ou sucessões (art. 2º):

> O presente Protocolo será aplicado à jurisdição contenciosa internacional relativa aos contratos internacionais de natureza civil ou comercial celebrados entre particulares – pessoas físicas ou jurídicas: a) com domicílio ou sede social em diferentes Estados Partes do Tratado de Assunção;
>
> b) quando pelos menos uma das partes do contrato tenha seu domicílio ou sede social em um Estado Parte do Tratado de Assunção e, além disso, tenha sido feito um acordo de eleição de foro em favor de um juiz de um Estado Parte e exista uma conexão razoável segundo as normas de jurisdição deste Protocolo.

Existe um único precedente de aplicação deste Protocolo pelo STJ, embora a internacionalidade do contrato não tenha sido debatida.

Caso:	
Tratava-se de litígio envolvendo a definição da jurisdição competente para apreciação do caso, este sim reconhecido como internacional.	
Procedimento:	
Recurso Especial nº 1.633.275/SC, Terceira Turma, julgamento 08.11.2016.	
Decisão:	**Destaque:**
A Corte decidiu negar provimento ao recurso, mantendo a decisão do Tribunal de Justiça de Santa Catarina.	"2. Existência de cláusula de eleição de jurisdição no contrato celebrado entre as partes.
 QR Code 36 – Caso jurisdição	3. Ao propor a demanda no Juízo da Comarca de Blumenau – SC, limitou-se a autora a observar a cláusula de eleição de jurisdição previamente ajustada, perfeitamente validada pelas regras do Protocolo de Buenos Aires." (Recurso Especial, 2016)
Conclusão:	
A decisão do STJ foi de que a existência de cláusula de eleição de foro, escrita, prevendo a jurisdição brasileira deveria ser observada em respeito ao Protocolo de Buenos Aires, ainda que disso resultassem prejuízos para a própria autora em razão das eventuais dificuldades de tramitação do procedimento.	

---

91. Como se sabe os Protocolos do MERCOSUL dependem de adesão unânime (art. 40 do Protocolo de Ouro Preto) para sua entrada em vigor. Além disso, lembre-se que todas as decisões do MERCOSUL também são tomadas por unanimidade.

Ainda no MERCOSUL, a matéria da jurisdição contratual é tratada pelo viés de consumo pelo Protocolo da Santa Maria de 1996[92], mas ele não entrou em vigor pois não foi ratificado por qualquer dos Estados membros. O Protocolo prevê que seria internacional um contrato em que consumidor e fornecedor fossem domiciliados em Estados diferentes, assim como aquele que, embora os contratantes tivessem o mesmo domicílio, a prestação característica tivesse ocorrido em outro Estado. Adotando critérios territoriais, asseguraria maior abrangência ao não condicionar, exclusivamente, a internacionalidade ao local em que estivessem as partes, mas aceitando aquele em que a prestação fosse executada. Há, contudo, dúvida se todos os contratos que a ele se submetessem pudessem vir a merecer o adjetivo "internacional".

Em matéria de jurisdição em contratos de transporte internacional de cargas também em âmbito regional, pelo Acordo de Buenos Aires de 2002[93], que não entrou em vigor pois não foi ratificado por qualquer dos Estados membros[94], a definição de internacionalidade seria obtida pela realização do transporte no território dos Estados parte (art. 1º), sem detalhes adicionais.

Podemos citar, em âmbito internacional, a Convenção da Haia de 1958[95] sobre jurisdição do foro escolhido no caso das compras internacionais de mercadorias que segue as Convenções de 1955 e 1958, também da Haia sobre compra internacional de mercadorias, não definindo o critério de internacionalidade, mas fazendo menção de que a declaração dos contratantes sobre o Direito aplicável ou competência não seria suficiente para isso. Também elas não foram ratificadas pelo Brasil.

3.2.5 Convenção arbitral

Também convém destacar em âmbito regional o Acordo de Buenos Aires sobre arbitragem internacional, promulgado pelo Brasil pelo Decreto nº 4.719/2003[96] e em vigor no MERCOSUL.

Ele adota um critério territorial, mas para além da residência e domicílio das partes, considera, também, os chamados contatos objetivos, que qualifica de jurídico ou econômico (art. 3º):

---

92. (PARAGUAI, 2024).
93. (PARAGUAI, 2024).
94. Apenas parcialmente no Brasil pela publicação do Decreto Legislativo nº 208 de 2004 (BRASIL, 2004).
95. (HCCH, 1958).
96. (BRASIL, 2003).

> O presente Acordo se aplicará à arbitragem, sua organização e procedimentos e às sentenças ou laudos arbitrais, se ocorrer alguma das seguintes circunstâncias:
>
> a) a convenção arbitral for celebrada entre pessoas físicas ou jurídicas que, no momento de sua celebração, tenham sua residência habitual ou o centro principal dos negócios, ou a sede, ou sucursais, ou estabelecimentos ou agências, em mais de um Estado Parte do MERCOSUL;
>
> b) o contrato-base tiver algum contato objetivo – jurídico ou econômico – com mais de um Estado Parte do MERCOSUL;
>
> c) as partes não expressarem sua vontade em contrário e o contrato-base tiver algum contato objetivo - jurídico ou econômico – com um Estado Parte, sempre que o tribunal tenha a sua sede em um dos Estados Partes do MERCOSUL;
>
> d) o contrato-base tiver algum contato objetivo – jurídico ou econômico – com um Estado Parte e o tribunal arbitral não tiver sua sede em nenhum Estado Parte do MERCOSUL, sempre que as partes declararem expressamente sua intenção de submeter-se ao presente Acordo;
>
> e) o contrato-base não tiver nenhum contato objetivo – jurídico ou econômico – com um Estado Parte e as partes tenham elegido um tribunal arbitral com sede em um Estado Parte do MERCOSUL, sempre que as partes declararem expressamente sua intenção de submeter-se ao presente Acordo.

Esta opção tenderia a permitir a abordagem mais "eclética" mencionada anteriormente. Ocorre, contudo, que inexistem precedentes conhecidos de sua aplicação pelo julgador nacional, que nos auxiliassem a entender como seriam aplicados e considerados esses elementos objetivos.

Em termos internacionais mais gerais, podemos citar o Protocolo de Genebra[97] que parece fazer referência exclusivamente a diferentes jurisdições a que estariam submetidos os contratantes como critério de internacionalidade (art. 1º).

Destaque-se, ainda, que outros importantes instrumentos sobre temática arbitral, ratificadas pelo Brasil, como a Convenção de Nova Iorque 1958[98], a Convenção do Panamá de 1975[99] e a Convenção de Montevidéu de 1979[100], não se referem à internacionalidade do contrato em si (ou da cláusula).

A matéria arbitral caracteriza-se, também, pela grande quantidade de fontes de *soft law*. Neste sentido, sem sombra de dúvidas, grande destaque deve ser dado às iniciativas da UNCITRAL. A Lei Modelo da UNCITRAL, por exemplo, menciona a internacionalidade da arbitragem[101] em várias hipóteses que podem vir a servir de critérios contratuais: (a) partes tenham sedes em diferentes Estados no momento da celebração do acordo (1º, 3, a); (b) a sede do procedimento é localizada em Estado diverso daqueles que as partes tenham sede (1º, 3, b, i);

---

97. Protocolo relativo à cláusula de arbitragem firmado em Genebra 1923, ratificado pelo Brasil por meio do Decreto nº 21.187/1932 (BRASIL, 1932).

98. Convenção sobre o Reconhecimento e a Execução de Sentenças Arbitrais Estrangeiras (Nova Iorque 1958). Ratificada pelo Brasil por meio do Decreto nº 4.311/2002 (BRASIL, 2002).

99. Convenção Interamericana sobre Arbitragem Comercial Internacional (Panamá 1975). Ratificada pelo Brasil por meio do Decreto nº 1.902 de 1996 (BRASIL, 1996).

100. Convenção Interamericana sobre Eficácia Extraterritorial das Sentenças e Laudos Arbitrais Estrangeiros (Montevidéu 1979). Ratificada pelo Brasil por meio do Decreto nº 2.411 de 1997 (BRASIL, 1997).

101. (UNCITRAL, 2008).

(c) parte substancial das obrigações tenha que ser cumprida em ou esteja mais conectada a Estado diverso daqueles que as partes tenham sede (1°, 3, b, ii) ou (d) as partes assim tenham definido em contrato (1°, 3, c).

3.2.6 Acordos internacionais resultantes de Mediação

Ainda em processo de ratificação no Brasil[102], é importante mencionar a Convenção de Singapura 2018 (Convenção das Nações Unidas sobre transações internacionais resultantes de mediação, Singapura, 2018) que prevê, além do domicílio distinto, o local de execução e a conexão mais próxima (art. 1°)[103].

Ao lado do Acordo de Buenos Aires, após sua completa incorporação ao Ordenamento jurídico nacional, os critérios adotados pela Convenção de Singapura representarão importante inovação normativa no Direito conflitual brasileiro.

Abrangendo a mediação comercial, destaque deve ser dado também aos instrumentos de *soft law*, em especial à Lei modelo da UNCITRAL de 2018 cujo texto[104] considera uma mediação internacional aquele em que os contratantes da mediação, no momento da celebração deste contrato, tivessem sede em diferentes Estados (Art. 3°, 2, a) ou se a sede ficasse em Estado distinto daquele em que a principal parte da relação comercial devesse ser executada (Art. 3°, 2, b, i) ou, ainda, ou se a sede ficasse em Estado distinto daquele ao qual a matéria disputada fosse mais diretamente conectada (Art. 3°, 2, b, ii). O Brasil, contudo, também não incorporou este texto ao Direito interno.

3.2.7 A legislação interna

Afora a ratificação e incorporação dos Tratados em nosso sistema jurídico, o legislador nacional também faz ocasionais contribuições para o tema.

Em **primeiro** lugar, merece destaque a Lei n° 13.966/2019 que dispõe sobre o regime de franquias empresariais, ao dispor sobre as condições do contrato (art. 7°). Em movimento pouco comum, como se percebeu dos exemplos anteriores, tentou-se conceituar o próprio contrato internacional, por meio de parágrafo (§ 2°):

---

102. (ONU, 2018). Em processo de ratificação pelo Congresso nacional (BRASIL. Câmara dos Deputados, 2022).

103. "Article 1. Scope of application (...) 1. This Convention applies to an agreement resulting from mediation and concluded in writing by parties to resolve a commercial dispute ("settlement agreement") which, at the time of its conclusion, is international in that: (a) At least two parties to the settlement agreement have their places of business in different States; or (b) The State in which the parties to the settlement agreement have their places of business is different from either: (i) The State in which a substantial part of the obligations under the settlement agreement is performed; or (ii) The State with which the subject matter of the settlement agreement is most closely connected."

104. (UNCITRAL, 2022).

> Para os fins desta Lei, entende-se como contrato internacional de franquia aquele que, pelos atos concernentes à sua conclusão ou execução, à situação das partes quanto a nacionalidade ou domicílio, ou à localização de seu objeto, tem liames com mais de um sistema jurídico.

Desconsiderando-se a eventual questão envolvendo a técnica da redação legislativa[105], é de se notar que o legislador teria ampliado o leque de possíveis elementos de conexão passíveis de aplicação. Nisso, se aproxima de Instrumentos internacionais com a exigência da vinculação objetiva, como vimos (Acordo de Buenos Aires sobre arbitragem e Convenção de Singapura). Faz isso, entretanto, para conceituação do contrato internacional e não para a definição do Direito material que lhe será aplicado. Assim, em tese, embora o contrato de franquia possa ser considerado internacional por conta da nacionalidade dos contratantes, o Direito material a ele aplicado obedecerá aos critérios do *caput* ou do parágrafo 2º do art. 9º LINDB. Sabe-se que a regra do referido dispositivo não é conflitual, pois ela não faz referência à aplicação do Direito material eventualmente ligado àqueles elementos de estraneidade. Além disso, embora se apresente como uma lufada de novos ares em temática tão árida, sua importância prática pode acabar reduzida por não poder produzir efeitos práticos concretos.

Ainda que não existam precedentes conhecidos de aplicação deste dispositivo pelo STJ, convém destacar que casos envolvendo franquias internacionais já foram objeto de sua análise. Em nenhum deles, contudo, a internacionalidade – em si – foi objeto de discussão.

Este tratamento não difere daquele dado pelas duas grandes referências, de *soft law*, para o tema: (a) A Lei Modelo embora se propusesse a aplicar a amplos dos tipos de franquia (doméstica e internacional), como explica seu relatório explicativo (nota 32), acaba não informando o critério de internacionalidade[106], da mesma forma que o (b) *Guide to International master franchise arrangements*[107].

O **segundo** instrumento legislativo que poderíamos citar é o revogado Decreto-lei nº 857/1969 que proibia a contratação de pagamentos em moedas estrangeiras, mas o excepcionava para contratos internacionais. A doutrina, na época, chegou a defender que ao prever exceções a estes pagamentos, estaria o legislador criando um outro conceito de internacionalidade do contrato: em virtude de seu objeto, de suas partes ou de sua vinculação a outro negócio inter-

---

105. Nos termos da Lei Complementar nº 95 de 1998 que dispõe sobre a elaboração, a redação, a alteração e a consolidação das leis, os artigos desdobram-se em parágrafos (art. 10, II) e se destinam aos aspectos complementares da norma enunciada no *caput* (art. 11, III, "c"), o que não parece ser o caso do art. 7º, já que se apresenta conceito (e possíveis consequências) autônomo às condições do contrato.
106. (UNIDROIT, 2024).
107. (UNIDROIT, 2007).

nacional. Seria uma internacionalidade definida pela acessoriedade[108]. Não há precedentes sobre este viés dentre os julgados do STJ, embora lá se tenha aplicado o referido Decreto para justificar o pagamento em moeda estrangeira.

Este argumento acabou sendo utilizado em casos em que a internacionalidade do contrato permitiria, indiretamente, a manutenção de cláusulas de correção em moeda estrangeira ou sua revisão. Cito, em especial, os casos envolvendo o *leasing* de veículos que abarrotaram o Judiciário nacional a partir de janeiro de 1999[109].

Por fim, devemos lembrar que a LINDB não trata do tema da internacionalidade em si. Seu papel é indireto e conflitual, ou seja, ela estabelece, para os contratos não nacionais, o elemento de conexão para identificação do Direito material a ele aplicável.

Embora o Direito positivo brasileiro não tenha consagrado um critério geral para identificação da internacionalidade do contrato, por aqui existem critérios específicos para vastas áreas de interesse contratual.

Com estas informações em mente, podemos avançar para o próximo capítulo para enfrentar talvez a principal questão prática decorrente do reconhecimento da internacionalidade do contrato: o Direito aplicável.

---

108. (WALD, Da licitude da inclusão de correção cambial nas operaçõews de arrendamento mercantil, 1985).

109. Sobre este tema, sugiro a leitura do livro (GLITZ F. E., *Contrato e sua conservação*: lesão e cláusula de hardship, 2008).

Capítulo quatro:
DIREITO APLICÁVEL

Agora que conseguimos identificar um negócio jurídico internacional, precisaremos entender qual a complexidade que é agregada ao contrato em razão do adjetivo que ele acaba de receber. Nos ocuparemos neste Capítulo, portanto, de entender como identificar o Direito material aplicável ao contato em análise, ou seja, com qual conjunto normativo devemos qualificar, reger e interpretar este contrato.

Para que possamos ter uma visão completa deste quadro, convido-a(o) a trilhar – inicialmente – os meandros do Direito Internacional brasileiro.

4.1 A METODOLOGIA CONFLITUAL

Quando estamos diante de um fenômeno de Direito Internacional privado, como o contrato internacional, é importante que tenhamos em mente que o que lhe dá a característica da internacionalidade é, justamente, a possibilidade de incidência de mais de um Direito material ao negócio em concreto. Isto quer dizer que, de antemão, aquele que avalia o negócio, tem poucas certezas:

1º. Ela(e) sabe que aquele negócio em especial, por circunstâncias fáticas concretas, está submetido a um regime distinto dos demais negócios que conhece (nacionais);

2º. Ela(e) sabe que estas características objetivas atraem a possibilidade de, naquele negócio em especial, incidirem normas oriundas de diferentes Ordenamentos jurídicos, de forma concomitante (conflito de Direitos);

3º. Ela(e) sabe, por fim, que todo outro aspecto decorrente da natureza daquele negócio dependerá da identificação do Direito aplicável ao caso concreto.

Mas qual seria o Direito material do caso concreto? Resumidamente, podemos afirmar que a aplicação do Direito ao caso concreto depende da solução, antes, de um conflito. Conflito que não se confunde com a eventual controvérsia, até porque esta pode não existir. O conflito a que nos referimos é a dúvida sobre qual Ordenamento jurídico (Direito) devemos fazer incidir e sobre qual aspecto do negócio em concreto. Esta dúvida surge da existência da possibilidade de mais de um Direito ser aplicado aquele caso, como vimos.

O contrato internacional, então, demanda que apliquemos o chamado método conflitual. Como vimos, isto também pode ocorrer em negócios estrangeiros (nacionais, portanto, de outro Estado). Qual é, então, a relevância do tema para os negócios efetivamente internacionais?

Porque neles, ao contrário dos nacionais (e estrangeiros), é possível a convivência (efeitos ao mesmo tempo) de diferentes Direitos ou famílias jurídicas, além de estarem economicamente associados a mais de um país. Além disso, nos negócios internacionais as fontes materiais não são necessariamente estatais, daí porque, em alguma medida, a solução também pode ser transnacional.

A explicação teórica atrás desta situação é simples: o exercício de soberania estatal (**Capítulo 2.2.4**). Ainda que hoje partamos da premissa, menos absoluta é verdade, de que o Estado exerce, dentro de suas fronteiras, poder jurisdicional ("dizer" o Direito). É o Estado, então, que define, de forma exclusiva, a sua própria competência (legislativa e, claro, jurisdicional). Embora a construção histórica da metodologia conflitual anteceda o surgimento da própria ideia de Estado moderno, ele acabou a adotando. Por quê?

Ainda que o Estado possa excluir a produção de efeitos, em seu próprio território, das normas oriundas de outros Estados, a verdade é que isto nem sempre é conveniente. De forma resumida, esta conduta poderia gerar o mesmo efeito como reação, negando-se efeitos extraterritoriais as suas próprias normas e, mais importante, poderia deixar "descobertos" interesses fundamentais daquele Estado: a proteção ao seu nacional; o relacionamento internacional amigável; a proteção dos Direitos Humanos; sua agenda política ou econômica; *soft power* etc.

Seja qual for o motivo, consagraram-se nas relações internacionais, espaços de extraterritorialidade dos efeitos da norma nacional. Em termos mais simples: os diferentes Estados nacionais tendem a aceitar a produção de efeitos da norma estrangeira, em certas ocasiões e sob certas circunstâncias. Raramente, contudo, este reconhecimento se dá de forma automática. Usualmente ele passa por um critério prévio de identificação e, posteriormente, por critério(s) de aplicação.

O primeiro (identificação) é o que instrui a metodologia conflitual. Socorrendo-se do mecanismo desenhado na idade média para resolver conflito de estatutos locais, os Estados modernos adotaram, em casos de internacionalidade, critérios para identificar o eventual Direito aplicável quando vários fossem possíveis. Você já conheceu alguns deles no Capítulo anterior: o critério jurídico.

> Imagine, por exemplo, que você, julgador(a) brasileiro(a) competente para apreciar a controvérsia, está diante de um contrato de compra e venda de mercadorias, celebrado na cidade de Nova Iorque, Estados Unidos da América, por meio de representantes de duas companhias com sedes em outros países, um deles, o Brasil. As mercadorias seriam entregues no Brasil, dentro de um determinado prazo.

Você sabe que esta relação é, potencialmente, dotada de internacionalidade, isso porque há elementos objetivos que indicam a possibilidade de incidência do Direito do estado de Nova Iorque (por exemplo, onde estavam os contratantes quando celebraram o contrato) e, ao mesmo tempo, do Direito brasileiro (por exemplo, onde seriam executadas algumas das obrigações). Qual Direito material (Ordenamento jurídico) você aplicará ao caso? E para que? Em outros termos, onde você buscaria a norma para resolver um problema, por hipótese, de interpretação. É aqui que entra a metodologia conflitual.

1º. O seu primeiro passo (e o mais importante talvez) já foi dado: identificar a internacionalidade. A partir dele seguem-se uma série de etapas que conduzirão à identificação do Direito onde buscar a solução do caso concreto.

2º. O segundo passo será identificar a sua própria competência. Isto decorre do fato de estarmos diante de um fenômeno internacional que, nem sempre, deve ser submetido à jurisdição brasileira. Esta "checagem" nos dará o foro e, por consequência, a identificação do Direito do foro (*lex fori*).

Lembremos que estamos nos limites do exercício da soberania. Cada Estado define sua própria competência, inclusive para a excluir. Assim, é possível que o Direito brasileiro diga a este juiz para *não* julgar este caso (por exemplo, no art. 25 do CPC) ou que lhe seja proibida esta apreciação por um imperativo de imunidade jurisdicional, sem que isso venha a ser considerado ofensa à garantia fundamental do acesso à jurisdição.

Este exercício de soberania se dá, em princípio, por meio da definição legislativa de competência. E, claro, isto precisa ser buscado na própria norma do Estado do foro ou, em termos mais precisos, na *lex fori* (Direito do foro). É a *lex fori*, aliás, que nos dará não só a competência, mas também as regras procedimentais a serem aplicadas se o juiz for competente (por exemplo, o art. 13 CPC). Será ela também que nos dará os critérios brasileiros da metodologia conflitual (na LINDB). Note que até aqui você utilizou apenas o seu próprio Direito nacional. Existem, contudo, alguns cuidados adicionais que você precisa ter em mente.

A. De um modo geral, no caso brasileiro, as regras de competência internacional estão previstas no Código de Processo Civil e são classificadas como de competência absoluta ou de competência relativa.

As hipóteses de competência absoluta são aqueles casos em que apenas uma decisão proferida por um juiz brasileiro produziria efeitos no Brasil. Seu rol é considerado exaustivo e encontra-se, atualmente, no art. 23 e incisos do CPC. Você perceberá que são hipóteses relacionadas a bens existentes e localizados no Brasil. É importante que você entenda: a legislação brasileira não pode excluir a competência reconhecida ou declarada pela norma estrangeira. Esta competência é absoluta pois não se permitirá a produção de efeitos para a sentença estrangeira sobre o tema, nem mesmo via homologação, cujo pedido não seria aceito (vide art. 963, I do CPC e art. 216-D do RISTJ).

Já as hipóteses de competência relativa são aqueles casos em que uma decisão estrangeira pode vir a produzir efeitos no Brasil, desde que homologada pelo STJ. Assim, tanto a autoridade jurisdicional brasileira, como a estrangeira podem proferir decisões sobre o tema. Será eficaz no Brasil aquela decisão que aqui for definitiva em primeiro lugar: seja a "nacional" via trânsito em julgado, seja a "estrangeira" via homologação. Isso só é possível porque, o Brasil não reconhece litispendência em casos internacionais, a teor do art. 24 do CPC.

O rol das hipóteses de competência relativa é reconhecido como meramente ilustrativo[1] e está previsto nos arts. 21 e 22 do CPC. Nele também se percebe o trabalho criativo da jurisprudência, já que o CPC de 2015 incorporou, no art. 22, hipóteses consagradas pelos tribunais e não previstas na legislação processual anterior.

B. No caso dos contratos, será necessário identificar, ainda, a existência (ou não) de cláusula de eleição de foro ou cláusula arbitral.

Se a cláusula de eleição de foro apenas mencionar o foro brasileiro como eleito, sua competência é tida por relativa (art. 22, III do CPC). Por outro lado, é possível que os contratantes escolham um foro *exclusivo estrangeiro*, nestes casos haveria, então, a exclusão de outras autoridades jurisdicionais, incluindo a brasileira (art. 25 do CPC)[2]. Se o foro escolhido for estrangeiro (de forma exclusiva), não haveria competência nacional, ou seja, o juiz brasileiro não poderia julgar o tema e a incompetência precisaria ser alegada como preliminar de contestação (art. 64 do CPC). A rigor, contudo, não se pode falar de (in) competência absoluta, uma vez que se trata de matéria contratual e, portanto, a omissão da parte em alegar a incompetência poderia ensejar a prorrogação de competência. Neste sentido pode-se mencionar o importante precedente do STJ sobre o tema:

---

1. A jurisprudência nacional costuma basear sua interpretação em regras de competência interna. Pode--se, como exemplo citar julgado do Superior Tribunal de Justiça que baseou a competência nacional no disposto no art. 11 do Marco Civil da Internet (Lei nº 12.965/2014) (Recurso em Mandado de Segurança, 2022).
2. Recente reforma a legislação brasileira, inclusive, determina que as cláusulas de eleição de foro devam mencionar expressamente ao negócio em que estão inseridas, além de necessariamente guardarem pertinência com o domicílio ou residência de um dos contratantes ou com o "local da obrigação" (sic). (BRASIL, 2024).

Referência: (Agravo Interno no Agravo em Recurso Especial, 2023).	**Destaque**: "O art. 25 do Código de Processo Civil de 2015 buscou acabar com as discussões sobre a validade da cláusula de eleição de foro estrangeiro em contratos internacionais em caso de competência internacional concorrente. 4. Não se tratando de situação abrangida pela competência exclusiva da Justiça brasileira, tendo sido a incompetência da autoridade judiciária brasileira suscitada, oportunamente, pelo demandado em contestação, em razão de existência de cláusula de eleição de foro livremente estabelecida entre as partes, correto o entendimento das instâncias ordinárias."

C. Nem sempre a cláusula de foro exclusivo estrangeiro é considerada eficaz pelo julgador brasileiro. A jurisprudência nacional tem ponderado ocasional abusividade da cláusula no caso concreto, especialmente em situações de vulnerabilidade. Em geral o faz com base na presunção de que o foro nacional é mais protetivo ao consumo. Contudo, ao fazê-lo, tende a não analisar o Direito material aplicável à cláusula.

Referência: (Recurso Especial, 2023).	*Situação*: Consumidores residentes e domiciliados no Brasil que celebraram contrato de prestação de serviços hoteleiros no exterior.

D. Caso você estive diante de hipótese em que foi convencionada cláusula arbitral, em tese, o juízo brasileiro seria absolutamente incompetente[3].

3º. Confirmada sua competência e definida a *lex fori*, é no Direito nacional do juiz (*lex fori*) que se buscará o critério para identificar o Direito material aplicável ao caso. No caso do nosso exemplo, sendo o(a) julgador(a) brasileira(o), será no Direito brasileiro que se buscarão as "normas de conflito". Elas estão dispostas no Decreto-lei nº 4.657/1942 (Lei de Introdução – LINDB).

4º. Contudo, como você localizará a norma específica na LINDB? Para isso será necessário "qualificar" a questão debatida, isto é, será necessário classificá-la/defini-la. Se a discussão versar sobre o cumprimento do contrato, sua natureza, portanto, é obrigacional[4]. Concorda? Se sim, acabamos de encontrar o chamado **objeto** (objeto de conexão). Se a natureza fosse sucessória ou real, o objeto seria outro.

---

3. Vide art. 7º (para casos de recalcitrância) e art. 8º (competência-competência), ambos da Lei nº 9.307/1996 e art. 42 do CPC. Contudo, tratar-se-ia, também, de matéria a ser sustentada em preliminar de contestação, sob pena de aceitação da jurisdição estatal e renúncia ao juízo arbitral (art. Art. 337, X e § 5º e § 6º do CPC).

4. O atual sistema classificatório (de qualificação) é realmente simplista. De um modo resumido: temas que se volta à pessoa estão qualificados no art. 7º da LINDB; temas de Direito real, no art. 8º; temas obrigacionais, no art. 9º; temas sucessórios, no art. 10 e temas associados à pessoa jurídica, no art. 11. Isso assim ocorre, porque o Brasil parece ter esquecido do Código Bustamante (Capítulo 3.1) e, muito raramente, o emprega em casos concretos.

5º. De posse do objeto (Obrigação), basta você identificar a qual **elemento** (critério objetivo) ele está vinculado pela norma. Neste caso você terá identificado o elemento de conexão e, por consequência, definido qual o Direito aplicável ao caso (Direito material).

Neste nosso exemplo teríamos o seguinte raciocínio: trata-se de matéria obrigacional (objeto). As obrigações estão reguladas pelo art. 9º da LINDB, que identifica o local de constituição como elemento:

Norma	(LINDB) "Art. 9º. Para qualificar e reger as **obrigações**, aplicar-se-á a **lei do país em que se constituírem**" (BRASIL, 1942).
Objeto	"as obrigações", a questão contratual
Elemento	"país em que se constituírem" (formação/celebração) ou *lex loci celebrationis*

Embora esta seja a atual opção do legislador brasileiro, outros elementos de conexão, no Brasil, já estiveram associados ao objeto obrigacional. Além disso, é bastante provável que, em futuro breve, exista importante alteração deste cenário, como explicaremos (Item 4.2).

6º. O Direito material aplicável ao caso seria, então, aquele do local em que foi celebrado o contrato, se entre presentes (art. 9º, *caput* LINDB) ou aquele do local em que residisse o proponente se entre ausentes (art. 9º, § 2º LINDB).

Norma	Art. 9º Para qualificar e reger as ***obrigações***, aplicar-se-á a lei do país em que se ***constituírem***. (...) § 2º A obrigação resultante do contrato reputa-se ***constituída*** no lugar em que ***residir o proponente***.
Objeto	"as obrigações", a questão contratual
Elemento	"residência do proponente"

No nosso exemplo, se os contratantes estivessem em Nova Iorque quando celebraram o contrato, ainda que representados, seria o Direito contratual (material) daquele estado norte-americano que seria aplicado ao caso para definir a solução para a dúvida de interpretação. Por outro lado, se o negócio tivesse sido realizado por e-mails, troca de mensagens ou até mesmo por carta, seria indispensável avaliar quem seria o proponente e onde seria sua sede; pois seria o Direito deste Estado que seria o aplicável, de acordo com a metodologia conflitual brasileira, ao caso concreto que tivesse por autoridade jurisdicional competente o juiz nacional. Existem, contudo, alguns cuidados adicionais que você precisa ter em mente:

A. O Brasil adota a chamada *dépèçage*, ou seja, será necessário proceder à qualificação e identificação da norma de regência para cada matéria de mérito. Este termo tem por tradução "tornar em pedaços" e significa, basicamente, que, como fato jurídico, o negócio é mais amplo que o mero instrumento. Assim, existem circunstâncias adicionais em sua realização que precisam ser pensadas e tratadas de forma autônoma. Uma "dica" disto é o parágrafo primeiro do próprio art. 9º. Se a matéria for uma formalidade essencial ao negócio, o Direito aplicável é aquele do local de realização do ato, ainda que redigida de forma unilateral.

É por isso que, no nosso exemplo, se surgisse dúvida sobre quem deveria ter assinado a procuração que outorgava poderes aos representantes, você não poderia pressupor a aplicação da mesma norma aplicável à interpretação do contrato. Seria indispensável refazer os passos (competência – *lex fori* – qualificação – objeto – elemento) para identificar o Direito aplicável a cada objeto juridicamente significativo deste fato jurídico. No caso da representação, por exemplo, você notará que o elemento é outro:

A.1 Se a dúvida fosse sobre quem teria poderes para delegar a representação dentro da estrutura da Companhia, o elemento seria *local de constituição* [da sociedade], por força do art. 11 da LINDB. Assim, se a Companhia tivesse sido constituída na Cidade do Cabo, seria o Direito sul-africano que seria aplicado para reger esta matéria específica.

A.2 Se a dúvida fosse sobre a capacidade daquele que, em tese, teria poderes para delegar a representação dentro da estrutura da Companhia, o elemento seria *domicílio da pessoa*, por força do art. 7º da LINDB. Assim, se o Diretor cuja capacidade você precisa determinar fosse domiciliado em Singapura, será o Direito singapurense que você aplicaria para reger a matéria.

Note, então, que em um único caso você pode ter a incidência de vários distintos Direitos materiais ao mesmo tempo. Neste nosso breve exercício: Direito de Nova Iorque para a matéria contratual; o Direito brasileiro para o procedimento judicial, competência e conflito; o Direito de Singapura para a capacidade do Diretor, mas o sul-africano para identificá-lo como a pessoa que poderia outorgar a procuração.

B. A segunda questão é que você deve buscar – no caso brasileiro – o Direito material indicado e não sua remissão. Parece simples? Nem sempre é. Você notará, por exemplo, que entre os portugueses é comum que as normas conflituais estejam dispostas no próprio Código Civil. Assim, normas conflituais (indiretas) poderiam ser confundidas como normas materiais (diretas). Por exemplo, imagine que o domicílio do representante, no exemplo anterior, fosse em Portugal e, ao aplicar o Direito português, você localizasse a seguinte norma no Código Civil lusitano:

> "Artigo 28º 3. Se o negócio jurídico for celebrado pelo incapaz em país estrangeiro, será observada a lei desse país, que consagrar regras idênticas às fixadas nos números anteriores".

Você deveria seguir a remissão do Código Civil português e aplicar o Direito do estado de Nova Iorque (onde o negócio jurídico foi realizado) para definir as consequências da incapacidade?

Não! Pois se o fizer dará seguimento ao chamado **reenvio**, proibido pela legislação brasileira (art. 16 LINDB). Você deverá, na verdade, buscar como o Direito material português (Código Civil, jurisprudência etc. por exemplo) trata o tema da incapacidade (por exemplo o art. 226º). Como saber a diferença? Normalmente a norma indicativa (que faz remissão a outra) é uma norma conflitual, pois indireta. Você deve buscar uma norma de mérito (material e direta).

C. Se o Direito material localizado for **estrangeiro**, ele **deve** ser aplicado da mesma forma como o aplicaria o julgador estrangeiro[5]. Isto quer dizer que ao ser levado, então, ao Direito material português, você não pode deixar de aplicá-lo porque ele é estrangeiro. Nem o fazer como aplicaríamos aquele conteúdo no Brasil. Se o fizer estaria negando vigência ao próprio Direito brasileiro que lhe faz remissão (LINDB). Neste caso, inclusive, há dever de o julgador o aplicar de ofício, como reconheceu o STJ em importante precedente:

Referência: (Recurso Especial, 2021).	**Destaque**: "4. Sendo caso de aplicação do direito estrangeiro, caberá ao juiz brasileiro fazê-lo, de ofício, consoante as normas do direito internacional privado, entendido este como o conjunto de regras que orientam a solução das relações jurídicas privadas envolvidas em mais de uma esfera de soberania. 5. A lei estrangeira, aplicada por força de dispositivo de direito internacional privado (art 9º da LINDB), se equipara a legislação federal brasileira, para efeito de admissibilidade de recurso especial."

Deve-se ter cuidado, portanto, com a interpretação literal do art. 14 da LINDB, do art. 376 do CPC e do Art. 142 do RISTJ. Eles poderiam dar a entender que se trataria de matéria sujeita à distribuição de ônus probatório, em que – eventualmente – o juiz pudesse distribuir o dever de comprovar a vigência e conteúdo deste Direito a uma das partes. Note, contudo, que o juízo pode se valer da ajuda das partes (dever de colaboração), mas para não negar vigência a sua própria norma (LINDB) ele precisa aplicar o Direito estrangeiro mesmo que não tenha sido alegado por elas. Neste sentido dispõe o art. 408 do Código Bustamante, inclusive.

Há, contudo, outro precedente do STJ, mais antigo, que determina a aplicação de ofício do Direito estrangeiro, mas autoriza a aplicação do Direito nacional

---

5. Sobre o tema: (GLITZ F. E., *Direito estrangeiro e o juiz nacional*: como as Cortes Superiores brasileiras aplicam o Direito estrangeiro, 2017).

quando não for viável a produção da prova do Direito estrangeiro (Recurso Especial, 2000). Não fica claro no acórdão, entretanto, qual o critério de viabilidade, o que pode trazer consequências desastrosas para casos em que a dificuldade ou oneração sejam confundidas com inviabilidade.

O caso da demurrage

Dadas as peculiaridades da geografia e do comércio internacional brasileiro, boa parte de nosso comércio exterior é realizada por meio de operações multimodais (rodoviária e/ou ferroviária e navegação de longo curso). Como forma de proteção da mercadoria, facilitação do transporte e das operações de (des)embarque, não raras vezes, a mercadoria é transportada em contêineres[6]. Estes, por sua vez, nem sempre são de titularidade do transportador, mas objeto de cessão onerosa por terceiro. A disponibilização dos contêineres, portanto, tem valor econômico. Por isso, é usual a previsão indenizatória em caso de atraso em sua devolução (demurrage).

Também tem sido cada vez mais comum, no Brasil, a discussão sobre o fundamento de sua cobrança. Assim, sua 'importação', exemplo da mencionada internacionalização do Direito contratual brasileiro, passa a exigir que as Cortes locais encontrem uma forma de reconhecê-la.

O juiz do caso está diante de uma situação realmente complexa:

1. Seria ele competente para julgar este caso?

2. Se competente, as principais fontes normativas internacionais do contrato de transporte internacional, ao lado do Direito costumeiro e da jurisprudência do tribunal marítimo, as regras de Haia/Visby, as regras de Hamburgo e as regras de Rotterdam não foram ratificadas pelo Direito brasileiro (**item 3.2.2**).

3. Sendo um negócio internacional, seria o caso de se identificar o Direito aplicável à responsabilidade contratual (art. 9º da LINDB).

4. Se aplicável o Direito doméstico brasileiro, além da legislação geral (Código Civil, por exemplo), seria necessário avaliar se a incidência de legislação específica, como a Lei nº 9.611/1998 que rege o contrato de transporte multimodal e define o atraso na entrega (art. 14).

5. Por outro fim, é extremamente comum que os *bills of lading* (BL) prevejam cláusulas de eleição de foro fazendo remissão à legislação e jurisdição alienígenas (*Paramount*[7]). Elas precisariam ser apreciadas de acordo com a legislação de cada país em que se formaram os contratos, como vimos (**item 4.2**).

Imagine-se, então, que se constatou a indevida retenção dos *contêineres* em porto nacional brasileiro. Aqui, portanto, estaria ocorrendo a *demurrage*, ou seja, o inadimplemento do

---

6. Descrito como "cofre de carga no qual são acondicionadas mercadorias" (MARTINS E. M., 2008). Trata-se de recipiente em que é organizada a mercadoria para transporte facilitando-se seu manejo e organização em veículos de carga, dada certa padronização internacional de seu tamanho (volume e comprimento).

7. Tal cláusula define a legislação aplicável ao BL e, portanto, "questões de suma importância, tais como: o regime de responsabilidade do transportador marítimo (situações em que será responsável perante o usuário por perdas e danos nas mercadorias e situações em que não o será); os limites de indenização existentes em caso de ser apurada uma responsabilidade do transportador; a definição dos prazos para o usuário efetuar reclamações por danos ou faltas de mercadorias e interpor ações decorrentes desses fatos" (BORGES VIEIRA, 2002).

contrato de transporte ou de cessão dos contêineres. A esta altura pode parecer claro que a discussão envolveria a indenização pelo descumprimento de um contrato[8], tema de inadimplemento, portanto.

Saiba, contudo, que, embora se reconheça essa natureza indenizatória, ainda se discute se a *demurrage* poderia ser entendida como cláusula penal[9] ou não. Por quê? Bem, a começar pelo fato de a cláusula penal, no Brasil, ser acessória e ter limitação (art. 412 do Código Civil) e não poder ser cobrada, genericamente, em moeda estrangeira (art. 318 do Código Civil) e, por outro lado, porque o fundamento teórico original definir a *demurrage* como uma criação puramente contratual para compensação pelos prejuízos causados[10].

Em sua origem, contudo, sabe-se que a indenização pelo atraso no embarque/desembarque de um navio pode ter duas naturezas: *demurrage* ou *damages for detention*[11]. Enquanto estas exigiriam que o efetivo dano fosse demonstrado, a *demurrage* se referiria à prefixação de perdas e danos em caso de atraso[12]. A cláusula ainda representaria o montante máximo exigível pelo atraso[13], sob pena de se tornar uma cláusula inexequível de penalidade[14].

Em resumo, então, não só a *demurrage* seria prefixação de danos, como seria exigível sem a prova da perda pelo armador ou dono do navio, além de representar o máximo valor previsto como indenização, cobrindo apenas o atraso na disponibilização do navio/contêiner. Isto faria, então, com que a *demurrage* assumisse, no *Common Law*, o papel de cláusula de estipulação indenizatória (*liquidated dammages*), de valor limitado cuja finalidade seria, justamente, a liquidação antecipada dos danos que possam vir a ser sofridos.

Seria natural supor, então, que a *demurrage* fosse recebida, no Direito brasileiro, como uma cláusula penal? Afinal, também esta é uma indenização prefixada que independe até mesmo da alegação de dano (art. 416 do Código Civil).

Três acórdãos recentes do Tribunal de Justiça de São Paulo, contudo, ajudam a demonstrar como o debate não é tão simples. Normalmente as Cortes declaram sua natureza indenizatória e fundamento negocial da *demurrage*[15], permitindo a cobrança dos valores indenizatórios

---

8. Distinta, portanto, de outra clausula: o preço para o exercício de direito de retenção do contêiner (DOCKRAY, 2004).
9. (MARTINS E. M., 2008).
10. (WILSON, 2010).
11. "One of the most important clauses in a voyage charterparty is that which specifies the amount of time allowed for loading and unloading the cargo. These agreed 'lay days' are available free of charge to the charterer, who is regarded as having paid for them in the freight. If these lay days are exceeded, however, then the charterer has to pay compensation to the shipowner either in the form of agreed damages (known as demurrage) or unliquidated damages (known as damages for detention)." Tradução livre: "Uma das cláusulas mais importantes de um afretamento marítimo é aquela que especifica o tempo permitido para embarque e desembarque da carga. Estes "dias de estadia" acordados estão disponíveis gratuitamente ao afretador, entendendo-se estarem incluídos no frete. Se esses dias de permanência forem excedidos, entretanto, o afretador deverá pagar uma indenização ao armador, seja na forma de danos acordados (conhecidos como *demurrage*) ou danos não liquidados (conhecidos como danos por detenção)". (WILSON, 2010).
12. (TOOD, 2016).
13. (DOCKRAY, 2004).
14. (TOOD, 2016).
15. Apelação – Ação de cobrança – Demurrage (sobre-estadia) – Transporte marítimo – Sentença de procedência – Insurgência da ré – Cobrança de sobre-estadia de contêineres – Natureza indenizatória que surge em decorrência de prejuízo causado ao armador pelo prazo excedido para devolução do equipamento de armazenamento utilizado – Conhecimento de embarque (Bill of Lading) e demais

previstos no instrumento[16] e, por fim, estabelecendo uma natureza indenizatória distinta da cláusula penal[17]. Além disso, o próprio STJ fixou a tese nº 1035[18] que prevê ser aplicável à prescrição da pretensão de sua cobrança o mesmo prazo aplicável a outras obrigações de natureza contratual[19], não incidindo a limitação prevista para as cláusulas penais.

Assim, ao mesmo tempo em que a *demurrage* parece ser percebida, em países de *Common Law*, como cláusula de *liquidated damages*, por meio da qual, as partes preveem o montante máximo de indenização em caso de atraso na restituição do navio/contêiner; montante este que não precisa ser provado e não se aplica para outros tipos de danos. No Direito obrigacional brasileiro ela parece ser recebida como outro tipo de cláusula indenizatória, sem se confundir com a cláusula penal[20].

O exemplo da *demurrage* nos demonstra a dificuldade, muito comum, de 'traduzir' a natureza jurídica de ferramentas contratuais advindas do processo de internacionalização.

D. O Direito estrangeiro pode ser comprovado de qualquer forma lícita[21], mas lembre-se que nem sempre ele é escrito, fruto de processo legislativo ou um

---

documentos coligidos aos autos que expressamente preveem a sobre-estadia e adendo devidamente registrado com informação sobre os valores e prazos – Validade – Meras alegações desprovidas de provas insuficientes a afastar a cobrança impugnada – Presunção de veracidade – Aplicação do art. 252 do Regimento Interno desse E. Tribunal de Justiça – Ratificação dos fundamentos da decisão recorrida que se impõe – Sentença de procedência mantida – Recurso não provido (Apelação cível, 2024).

16. Apelação – Ação de cobrança – Demurrage – Sobre-estadia de contêiner – Sentença de procedência. Excesso de cobrança – Argumentos da ré que não convencem – Alegação de ocorrência de excesso de cobrança dos valores cobrados referentes à sobre-estadia de contêineres – Descabimento – Valor cobrado pela autora que respeita a tabela de sobre-estadia de contêineres prevista no "Termo de Compromisso e Responsabilidade Sobre a Retirada e Devolução de Contêineres", levando-se em consideração o "free time" de 14 dias para o cálculo do valor cobrado – Autora que se desincumbiu do ônus de fazer prova dos fatos constitutivos de seu direito, falhando a ré em desconstituí-los – Excesso de cobrança não configurado. Sentença mantida – Recurso desprovido. (Apelação cível, 2024).

17. Ação de Cobrança – Sobre-estadia de contêineres – Demurrage – Cobrança decorrente do atraso na devolução de contêineres utilizados no transporte de carga marítima – Comprovação da relação jurídica entre as partes e suficiência de documentos a demonstrar a idoneidade da cobrança – Contêineres devolvidos em prazo superior ao acordado – Precedentes jurisprudenciais – Obrigação de pagar reconhecida – Pretensão recursal afastada. Sobre-estadia – Natureza jurídica – Não se trata de cláusula penal, mas sim indenização por descumprimento contratual – Conversão do valor devido pela sobre-estadia (fixado em dólar) para a moeda nacional na data do efetivo pagamento – Condenação mantida – Ação procedente – Sentença mantida – RITJ/SP, artigo 252 – Assento Regimental nº 562/2017, art. 23 – Honorários recursais arbitrados com fulcro no art. 85, §11 do CPC. Recurso não provido. (Apelação cível, 2024).

18. "A pretensão de cobrança de valores relativos a despesas de sobre-estadias de contêineres (demurrage) previamente estabelecidos em contrato de transporte marítimo (unimodal) prescreve em 5 (cinco) anos, a teor do que dispõe o art. 206, § 5º, inciso I, do Código Civil de 2002" (Tese 1035, 2020).

19. (GLITZ F. E., Mora na devolução do conteiner: análise da visão jurisprudencial brasileira acerca do comércio internacional, 2013).

20. Sustento tratar-se, no entanto, de cláusula penal à qual se aplicariam os limites legislativos (GLITZ & GONDIM, O Direito obrigacional brasileiro e a natureza jurídica da demurrage em contratos de agenciamento de carga, 2018).

21. Incluindo os chamados *affidavit*, mencionados pelo Código Bustamante (art. 409) ou por meio de pedido de cooperação internacional (por exemplo, art. 410 do Código Bustamante e art. 28 do Protocolo de Las Leñas – Decreto nº 6.891/2009).

conjunto codificado de regras. O que isso quer dizer? Que nem sempre bastará a cópia da página do Código Civil, por exemplo (por isso a regra do art. 142 do RISTJ precisa ser interpretada de forma ampla). Pode ser, inclusive, que aquele dispositivo legal esteja derrogado ou que tenha outra interpretação dada, por exemplo, pela jurisprudência. Ou, mesmo, que não exista um. O Direito aplicável não é sinônimo de Lei, como já estabelecemos.

Assim, o exercício de aplicação do Direito estrangeiro é o mesmo que de aplicação do Direito nacional: para demonstrar conteúdo e vigência você precisa buscar a norma no sentido que lhe dá o Ordenamento do país de origem (utilizando-se os critérios hierárquico, temporal e de especialidade, por exemplo). Esta busca, além disso, se dará em fontes que, talvez, você não esteja familiarizado (costumeiras, orais, religiosas etc.).

Assim, por exemplo, ao aplicar o Direito de Nova Iorque ao nosso exemplo, seguramente você não buscará apenas um texto legislativo, já que – naquele sistema – são os precedentes importante fonte normativa.

E. O Direito estrangeiro, mesmo sendo o Direito material aplicável ao caso, nem sempre produzirá efeitos no Brasil. Pode ser que, após você identificar o Direito aplicável e localizar seu conteúdo e vigência, tenha em mãos efeitos inadmissíveis no Direito brasileiro. Nestes casos, embora o Direito estrangeiro seja, ainda, aplicável; será indispensável pensar como fazer incidir seus efeitos.

O principal critério usado no Direito internacional privado brasileiro é a ordem pública[22] (art. 17 do LINDB), mas o RISTJ traz interessante inovação ao mencionar, para a homologação de decisão estrangeira, a dignidade da pessoa humana como outro óbice a produção de efeitos no Brasil (art. 216-F RISTJ). Neste caso não se trata de negar completamente a aplicação ao Direito estrangeiro, mas apenas de afastar seus efeitos contraditórios com nosso Ordenamento, nem que seja pela sua adaptação. Pense o seguinte exemplo:

Referência: (MOREIRA, 2020)	*"O negócio"*: o marido estaria com dificuldades financeiras, decidindo então "emprestar" sua esposa ao cunhado em troca de comida, bebida e dinheiro, ou seja, verdadeira cessão de cônjuge em pagamento

---

22. "Numa conceituação inicial, poderíamos definir a ordem pública de um sistema jurídico, como o conjunto de normas e princípios de tal maneira inerentes a ele, que não permitem serem afastados por outros de outros sistemas. É a lei local, que se impõe de maneira absoluta, impedindo que a vontade das partes ou leis estranhas ao foro disponham sobre a matéria por ela regulada, de modo taxativo. Sua existência constitui princípio fundamental do sistema jurídico e, nas hipóteses em que haja permissividade da lei para as partes construírem um sistema particular normativo (via contrato) ou para elas buscarem soluções normativas em outros sistemas (via eleição de lei estrangeira, nos contratos internacionais), a lei local se imporá, se for considerada uma norma de ordem pública" (SOARES, 2012).

Seguramente não poderíamos atribuir uma série de efeitos a esta relação que iriam, por exemplo, desde a negativa da tutela 'creditícia', passando pena negativa de atribuição de efeitos indenizatórios ao 'atraso' na 'devolução'.

O STJ, por outro lado, tem consolidado sua jurisprudência no sentido de que não é ofensiva à Ordem Pública a cobrança de dívida de jogo. Ainda que ela, no Brasil, não seja dotada de pretensão (art. 814 do Código Civil). Entende a Corte que se ela for constituída sob legislação que a autorize, sua cobrança pode ocorrer no Brasil. Este posicionamento ajuda a explicar como a Ordem pública é conceito que depende muito do momento histórico e da sociedade em que é analisado.

Referência: (Recurso Especial, 2017).	**Destaque**: "5. Aquele que visita país estrangeiro, usufrui de sua hospitalidade e contrai livremente obrigações lícitas, não pode retornar a seu país de origem buscando a impunidade civil. A lesão à boa-fé de terceiro é patente, bem como o enriquecimento sem causa, motivos esses capazes de contrariar a ordem pública e os bons costumes."

Como você notou, a tarefa de encontrar e aplicar o Direito material do caso concreto não é, portanto, simples. Isto é especialmente verdade quando dependemos exclusivamente de ferramentas conflituais clássicas. Não seria mais fácil depender exclusivamente de uma cláusula para esta escolha?

4.2 A ESCOLHA DO DIREITO APLICÁVEL

Imagine, então que você – a/o juiz(a) brasileiro(a) – está diante da seguinte cláusula:

Direito aplicável. As leis do estado da Califórnia regem nossos Termos e as Contestações, judiciais ou em arbitragem, que possam surgir entre você e o ▆▆▆▆▆ independentemente de conflitos entre as leis de diferentes Estados da federação.

Figura 24 – Direito aplicável

Esta é uma redação muito simples para uma cláusula denominada de "eleição de Direito aplicável" fruto do exercício da chamada "autonomia da vontade"[23]. Explico.

No Direito contratual internacional é comum se aceitar mais um nível de autonomia para o particular: além do objeto (o que contratar), a forma (como contratar) e os sujeitos envolvidos (com quem contratar), os contratantes pode-

---

23. Esta clássica nomenclatura persiste sendo utilizada doutrinariamente para explicar a possibilidade de "escolha" do Direito material aplicável a um negócio internacional. O que se tem discutido, contudo, é sobre o que recai esta escolha: apenas um Direito nacional ou outras fontes normativas transnacionais como o *restatement*, por exemplo.

riam exercer sua liberdade definindo o quadro normativo que serviria de base para o regramento do negócio que estão construindo.

Em princípio, dentro da lógica moderna, este nível de autonomia seria incompatível com o exercício de soberania nacional: internamente quem definiria o Direito seria o Estado, não o particular[24]. Esta autonomia, contudo, combinaria bem com um ambiente em que existe a necessidade de resolução de um conflito de Direitos, como aquele com o qual estamos trabalhando.

Daí porque você já viu outros exemplos mais complexos deste tipo de cláusulas antes. Especialmente quando analisou os exemplos de cláusulas padronizadas disponíveis eletronicamente (exemplos 1 e 2 no **Capítulo 1.3**). Se as retomar, perceberá que elas elegem o Direito do estado da Califórnia (material e conflitual).

Como você se comportaria diante destes três exemplos? Todos seus problemas estariam resolvidos e você aplicaria o Direito do estado norte-americano?

Para que possamos entender o problema detrás da pergunta, sugiro que você analise este interessante caso apreciado pelo STJ:

Objeto:

Tratava-se de litígio envolvendo mútuo e cessão de créditos entre uma construtora e um banco. A questão era controvertida porque a cessão de créditos amortizaria em parte o financiamento, só que a cessão estaria submetida a condição suspensiva: o reconhecimento do pagamento por governo estrangeiro dos créditos alegados (cedidos). Pouco tempo depois, este Estado estrangeiro se envolveu em guerra de agressão e viu contra ele imposto embargo econômico internacional, frustrando o reconhecimento do pagamento. O banco credor ajuizou a execução para a cobrança da dívida, que acabou extinta pelo Tribunal estadual sob o fundamento de ausência de certeza e liquidez do título. O recurso a este acórdão foi julgado, então, pelo STJ.

---

24. Lembre-se que o projeto moderno se consolida com a lógica da unidade: uma nação, uma língua, um padrão de medidas, uma burocracia, um Estado, um Direito. Sabemos, por outro lado, que há brechas neste projeto. A organização de Estados plurinacionais e de Estados federativos, por exemplo, exigiriam breves modificações na organização do raciocínio. Mas, para além disso, sempre há a espontaneidade social que age, justamente, nos espaços da vida que não são alcançados pelo novo Leviatã. Para aprofundamento da discussão, indico a leitura do Capítulo III de (GLITZ F. E., Contrato, globalização e lex mercatoria, 2014), mas podemos citar exemplos que vão desde a forma como organizamos nossas relações afetivas até como dívidas são pagas (cheques pré-datados, por exemplo). Apenas para ilustrar, no passado, o casamento foi tratado pela legislação brasileira como o padrão a ser seguido, negando-se efeitos a outras formas de relacionamento e o reconhecimento da filiação dela proveniente. Em verdade desde que Caramuru aqui desaguou, o casamento não foi "o normal" (no sentido de mais comum) e a prole não deixou de ser reconhecida por conta disso. Por isso parecem "estranhas" as tentativas de o Estado moldar certos aspectos da vida privada: seja "proibindo" ou, mais propriamente, insistindo em não reconhecer certas realidades que se impõe (do casamento homoafetivo até as famílias plurais). Para o adequado dimensionamento do tema, sugiro a leitura de (RUZYK, 2020). Imediatamente vem-me à mente o famoso refrão musical: é proibido proibir (VELOSO, 1968).

Procedimento:

Recurso Especial nº 1.280.218/MG do STJ. É o procedimento para que o STJ aprecie, neste caso, a contrariedade à legislação federal (Código Civil de 1916 e CPC 1973). Trata-se de matéria de competência do STJ (art. 105, III, "a" da Constituição da República). Portanto, o credor buscava a reforma do acórdão do Tribunal estadual e a retomada da execução da dívida.

Decisão:	*Destaque:*
O STJ acolhe parcialmente o recurso para reconhecer a existência de hipótese de força maior e, por consequência, a invalidade da condição suspensiva e o retorno ao *status quo ante*.	1. "Em contratos internacionais, é admitida a eleição de legislação aplicável, inclusive no que tange à regulação do prazo prescricional aplicável. Prescrição afastada, in casu, diante da aplicação do prazo previsto na lei contratualmente adotada (lei do Estado de Nova Iorque – Estados Unidos da América)."

QR Code 37 – Caso Direito de NY

2. Corpo do acórdão: "Contudo, a utilização de direito alienígena, o qual, no caso concreto, disciplina a prescrição – apenas diferenciando-lhe o prazo –, não pode ser tido como um regramento violador da ordem pública nacional" (Recurso Especial, 2016).

Comentário:

A discussão envolvia, em parte, a aplicação ou não do Direito do Estado de Nova Iorque para reger o prazo prescricional do contrato. O contrato foi celebrado na cidade de Nova Iorque e continha cláusula expressa elegendo o Direito a ser aplicado ao contrato em quase de conflito.

a. A leitura do acórdão ilustra um bom exemplo do tema abordado no item anterior (**4.1**). Note que o STJ aceitou que, em caso apreciado pelo Judiciário nacional e cuja decisão aqui seria executada, pudesse ser aplicada norma distinta da nacional (a do estado norte-americano). Mais interessante, não só esta norma era estrangeira, como tratava de assunto tido, no Brasil, como matéria de ordem pública e que isto, em si, não ofenderia a ordem pública nacional (2º trecho em destaque).

b. O segundo aspecto importante, em especial para este item, é a existência de uma cláusula que determina (escolha) o Direito material a ser aplicado ao caso concreto. Note que a cláusula, em si, reflete um exercício de autonomia. São os contratantes – e não o Estado – que estariam indicando com que Direito material o julgador resolveria o debate.

A leitura da ementa indica a afirmação da possibilidade de os contratantes – em negócio internacional – escolherem – no contrato – o Direito material a ser aplicado em caso de dúvida ou litígio (1º trecho em destaque). A mesma afirmação estará disponível no corpo do voto vencedor. O acórdão, contudo, esclarece ainda que: "Ademais, também é valor tutelado pela ordem jurídica nacional, a proteção à boa fé e à autonomia da vontade, que impõe aos contratantes a atuação transparente e coerente ao longo da negociação e mesmo após a extinção dos contratos. Desse modo, tendo em vista que as partes livremente optaram pela formalização da transação por meio de um contrato internacional, acertando de comum acordo o afastamento da legislação brasileira e a eleição das leis do estado de Nova York para regerem o contrato, admitir-se, em execução, o argumento de inaplicabilidade da lei eleita configura manifesto *vernire contra factum proprium*, com o qual a ordem pública não se compatibiliza."

Ocorre, contudo, que a matéria é complexa e a conclusão dos julgadores, talvez, encontrasse óbice na Súmula nº 5[25] do próprio STJ. Mais ainda, se a questão precisasse ser enfrentada dentro do Recurso especial, ela precisaria ser trazida por meio de prévio questionamento de dispositivo legal específico, conforme a Súmula 282 do STF[26]. Se você voltar a ler o acórdão, lá há apenas a afirmação da matéria, que se presume não ter sido debatida no Tribunal de origem (que extinguiu a execução).

---

25. "A simples interpretação de cláusula contratual não enseja recurso especial" (SÚMULA, 1990).
26. "É inadmissível o recurso extraordinário, quando não ventilada, na decisão recorrida, a questão federal suscitada" (SÚMULA, 1963).

Antes de tirarmos nossas conclusões, sugiro percorrermos o caminho que indicaria o Direito aplicável ao concreto, como fizemos no item anterior, caso não tivéssemos a cláusula.

1º. A pergunta seguinte seria: estamos diante de um negócio internacional? Lendo o relatório do acórdão você notará que se trata de complexa negociação envolvendo um grupo de empresas com braços estrangeiros, governos do Brasil e de terceiro país e banco brasileiro e seus braços internacionais. Outro indicativo de que mais de um Direito poderia ser aplicável a este caso é o fato de o contrato ter sido celebrado pelas empresas estrangeiras componentes de ambos os grupos (construtora e banco), em moeda estrangeira, para liberar recursos para aplicação em obra sendo realizada em território estrangeiro. Além disso, o contrato foi formalmente celebrado em Nova Iorque. Com apoio nestas informações fáticas, podemos concluir pela internacionalidade do contrato. Esta é a abordagem eclética sugerida por Baptista.

2º. Se o negócio é internacional, precisaríamos avaliar a competência do juiz nacional. Do acórdão se extrai que haveria, também, uma cláusula de "eleição de foro", ou seja, que indicaria a autoridade judicial competente para o caso. Neste caso, o Poder Judiciário brasileiro ou novaiorquino seriam competentes. Caso, portanto, de competência relativa brasileira.

3º. O juiz nacional, então, tinha definido sua *lex fori*: o Direito brasileiro. Com ele resolveria as questões procedimentais (art. 13 do CPC) e conflituais (LINDB). O próprio acórdão é exemplo disso: recurso especial nos termos da legislação brasileira.

4º. Quanto ao aspecto material, o juiz nacional, então, qualificaria o objeto da lide encontrando o objeto de conexão (neste caso obrigacional/contratual). Pelo relatório, se deduz que se trataria de contrato entre presentes. Assim, portanto, incidiria o *caput* do art. 9º da LINDB.

5º. Neste dispositivo, buscaríamos o elemento de conexão, ou seja, o indicador de onde (qual Ordenamento) procurar a solução do caso concreto. No art. 9º, LINDB, como já vimos, este elemento é o local de formação (constituição) do contrato.

6º. Novamente retornaríamos ao relatório para constatar que as partes celebraram o contrato na cidade de Nova Iorque.

7º. O Direito material aplicável ao caso – sem a controversa cláusula – seria o Direito material do Estado de Nova Iorque[27]. Curiosamente este é o mesmo Direito material indicado pela cláusula. Coincidência? Eu diria que não. Muitas minutas contratuais apesar de "escolherem" o Direito aplicável, nada mais fazem que o exercício antecipado da aplicação da norma de DIPRI. Podemos, então, dizer que houve uma escolha do Direito material aplicável?

8º Por fim, lembre-se que o próprio Direito material de Nova Iorque autoriza a escolha de Direito material. Assim, a cláusula também seria válida porque a escolha que expressa é autorizada pelo Direito que a rege.

Para responder a esta indagação, precisaremos deixar as afirmações peremptórias para trás. Afinal, o Direito brasileiro nem sempre tratou o tema da mesma forma e isto acabou trazendo desnecessária complexidade para sua compreensão.

Como vimos ao final do item anterior, a legislação brasileira já consagrou, no passado, a possibilidade de escolha (autonomia) como elemento de conexão associado ao objeto obrigacional. Hoje, o critério é outro. Convido-lhe a analisar o percurso destas transformações no quadro a seguir:

---

27. Esta, aliás, é a conclusão de Gama em parecer sobre o caso (GAMA JUNIOR, 2014).

Ano	Elemento	Referência legislativa	Dispositivo
1850	Direito do local da execução	Decreto nº 737/1850	"Art. 4º. Os contratos commerciaes, ajustados em paiz estrangeiro mas exequiveis no Imperio, serão regulados e julgados pela legislação commercial do Brazil."
1858	Direito do local da execução	Consolidação das Leis Civis (Freitas, 2003).	"Art. 409. Os contractos ajustados em paiz estrangeiro, mas exeqüíveis no Império, serão regulados, e julgados pela legislação do Brazil"
1863	Autonomia privada (indireta, pelo domicílio).	Esboço de Teixeira de Freitas (não entrou em vigor).	Art. 1965 "Não prevalece o disposto nos arts. 1936 e 1937: 1º quando as partes nos respectivos instrumentos ou em instrumento posterior, houverem convencionado que o contrato seja julgado pelas leis do Império, ou pelas de um país estrangeiro determinado (art. 32)."
1893	Autonomia privada (indireta, pelo domicílio).	Projeto Coelho Rodrigues (Coêlho Rodrigues, 1893) (não entrou em vigor)	Art. 81 "Podem as partes não só escolher foro diverso dos seus domicílios para o cumprimento das suas obrigações, mas até alterar de comum acordo a escolha feita, uma vez que, tanto esta como a sua alteração, seja provada por escripto da mesma espécie do título original."
1899	Autonomia privada	Nova Consolidação das leis civis de Carlos Augusto de Carvalho (Carvalho, 1899)	Art. 37 "A substancia e os effeitos das obrigações serão regulados pla lei do lugar onde forem contrahidas, salvo expressa convenção das partes contractantes. Presumem-se, porém, contrahidas conforme a lei brazileira as obrigações entre Brazileiros em paiz estrangeiro."
1916	Autonomia privada (*caput*, 1ª parte); Subsidiariamente: Direito do local da celebração (*caput*, 2ª parte); Direito do local da execução (Parágrafo único, I); Nacionalidade brasileira (Parágrafo único, II); Direito do local do imóvel (Parágrafo único, III e IV (RODAS, Elementos de conexão do Direito internacional privado brasileiro relativamente às obrigações contratuais, 2002));	Introdução ao Código Civil de 1916	Art. 13. Regulará, salvo estipulação em contrário, quanto á substância e aos efeitos das obrigações, a lei do lugar, onde forem contraídas. Parágrafo único. Mas sempre se regerão pela lei brasileira: I. Os contratos ajustados em países estrangeiros, quando exeqüíveis no Brasil. II. As obrigações contraídas entre brasileiros em país estrangeiro. III. Os atos relativos a imóveis situados no Brasil. IV. Os atos relativos ao regime hipotecário brasileiro.

1929	Direito pessoal (domicílio): capacidade e incapacidade para prestar consentimento e a extinção do contrato por incapacidade e ausência.	Código Bustamante (Decreto n. 18.871/1929)	Art. 176. Dependem da lei pessoal de cada contractante as regras que determinam a capacidade ou a incapacidade para prestar o consentimento. Art. 181. A rescisão dos contractos, por incapacidade ou ausencia, determina-se pela lei pessoal do ausente ou incapaz.
	Direito territorial (execução): erro, violência, intimidação, dolo, proibição de objeto; extinção do contrato.		Art. 177. Applicar-se-á a lei territorial ao êrro, á violencia, á intimidação e ao dolo, em relação ao consentimento. Art. 178. É tambem territorial toda regra que prohibe sejam objecto de contracto serviços contrarios ás leis e nos bons costumes e cousas que estejam fora do commercio. Art. 182. As demais causas de rescisão e sua forma e effeitos subordinam-se á lei territorial.
	Direito do local de formação e execução para formalidade		Art. 180. Applicar-se-ão simultaneamente a lei do lugar do contracto e a da sua execução, á necessidade de outorgar escriptura ou documento publico para a efficacia de determinados convenios e á de os fazer constar por escripto.
	Direito(s) subsidiários		Art. 183. As disposições sobre nullidade dos contractos são submettidas á lei de que dependa a causa da nullidade. Art. 184. A interpretação dos contractos deve effectuar-se, como regra geral, de accôrdo com a lei que os rege.
	Autonomia?[28] Subsidiariamente: pessoal e local de celebração		Art. 166. As obrigações que nascem dos contractos têm força da lei entre as partes contractantes e devem cumprir-se segundo o teor dos mesmos, salvo as limitações estabelecidas neste Codigo. Art. 184 (...) Comtudo, quando essa lei fôr discutida e deva resultar da vontade tacita das partes, applicarse-á, por presumpção, a legislação que para esse caso se determina nos arts. 185 e 186, ainda que isso leve a applicar ao contracto uma lei distincta, como resultado da interpretação da vontade. Art. 185. Fora das regras já estabelecidas e das que no futuro se consignem para os casos especiaes, nos contractos de adhesão presume-se aceita, na falta de vontade expressa ou tacita, a lei de quem os offerece ou prepara. Art. 186. Nos demais contractos, e para o caso previsto no artigo anterior, applicar-se-á em primeiro lugar a lei pessoal commum aos contractantes e, na sua falta, a do lugar da celebração.

---

28. A dúvida é substancial já que, como resume Boggiano, "todos los límites que imponen los distintos aertículos del Código parecen suponer el princípio de autonomia, antes que negarlo." (BOGGIANO, 1995). Strenger a defende, a partir de interpretação sistemática (STRENGER, Da autonomia da vontade, 2000).

1942	Local de formação (presentes) Domicílio do proponente (ausentes)	LINDB (Decreto-lei nº 4.657/1942)	Art. 9º Para qualificar e reger as obrigações, aplicar-se-á a lei do país em que se constituirem. § 1º Destinando-se a obrigação a ser executada no Brasil e dependendo de forma essencial, será esta observada, admitidas as peculiaridades da lei estrangeira quanto aos requisitos extrínsecos do ato. § 2º A obrigação resultante do contrato reputa-se constituida no lugar em que residir o proponente.
1963	Autonomia. Subsidiariamente: local de formação.	Anteprojeto Valladão	Art. 50 A substância e os efeitos das obrigações oriundas de declaração da vontade se regem, salvo estipulação em contrário, segundo a lei do lugar em que forem contraídas.
1984	PLS nº 264/1984	Código de aplicação das normas jurídicas	Manteve-se a proposta do Anteprojeto de Valladão.
1995	PL nº 4.905/1995	Dispõe sobre a aplicação das normas jurídicas	"Art. 11 Obrigações Contratuais – As obrigações contratuais são regidas pela lei escolhida pelas partes. Essa escolha será expressa ou tácita. sendo alterável a qualquer tempo, respeitados os direitos de terceiros. § 1º Caso não tenha havido escolha ou se a escolha não for eficaz, o contrato será regido pela lei do pais com o qual mantenha os vJl1culos mais estreitos. § 2º Se uma parte do contrato for separável do restante, e mantiver conexão mais estreita com a lei de outro país, poderá esta aplicar-se em caráter excepcional. § 3º A forma dos atos e contratos rege-se pela lei do lugar de sua celebração, permitida a adoção de outra forma aceita em direito, que tenha vinculação com o ato ou contrato. § 4º Os contratos realizados no exterior sobre bens situados no País, ou direitos a eles relativos, serão registrados no Brasil desde que atendidos os requisitos de forma estabelecidos no parágrafo anterior."

Quando é promulgado o Código Civil de 1916, o codificador fez incluir nele uma "introdução" e, nela, um artigo 13. Este artigo tinha a seguinte redação (BRASIL, 1916):

"Art. 13. Regulará, *salvo estipulação em contrário*, quanto á substância e aos efeitos das obrigações, a lei do lugar, onde forem contraídas.

Parágrafo único. Mas sempre se regerão pela lei brasileira:

I. Os contratos ajustados em países estrangeiros, quando exequíveis no Brasil.

II. As obrigações contraídas entre brasileiros em país estrangeiro.

III. Os atos relativos a imóveis situados no Brasil.

IV. Os atos relativos ao regime hipotecário brasileiro."

A sua redação indicava o reconhecimento da autonomia para escolha do Direito material pelos contratantes, ainda que de forma delimitada, quando consagrava a fórmula "salvo estipulação em contrário" em seu *caput*. Este espaço seria delimitado porque, no caso que estávamos analisando, se a contratação tivesse se dado entre empresas brasileiras de ambos os grupos (inciso II) ou fosse exequível no Brasil (inciso I), ao negócio se aplicaria, por determinação do Código Civil, o Direito material brasileiro. A redação deixava claro, então, que o espaço de autonomia era reconhecido pelo Ordenamento, embora ela não fosse absoluta.

Em 1942, contudo, por ato do Poder Executivo, em meio a uma das tantas rupturas democráticas de nossa História, era decretada a Lei de Introdução ao Código Civil (LICC), revogando-se a "introdução" prevista no Código Civil. Tratava-se do Decreto-lei nº 4.657/1942 que hoje, por força de uma alteração legislativa, denominamos de Lei de Introdução às Normas do direito brasileiro (LINDB). O referido Decreto tratava o tema no já citado art. 9º, que tem, até hoje, a seguinte redação:

> "Art. 9º Para qualificar e reger as obrigações, *aplicar-se-á* a lei do país em que se constituírem.
>
> § 1º Destinando-se a obrigação a ser executada no Brasil e dependendo de forma essencial, será esta observada, admitidas as peculiaridades da lei estrangeira quanto aos requisitos extrínsecos do ato.
>
> § 2º A obrigação resultante do contrato reputa-se constituída no lugar em que residir o proponente."

A própria redação do dispositivo deixa clara a alteração do tom de tratamento. Sai a "estipulação em contrário" e entra o imperativo com mesóclise. Diante dela a doutrina, de um modo geral, se posicionou no sentido de que a redação não deixava espaço para se admitir a escolha da "lei" aplicável ao contrato[29], embora muitos reconheçam a necessidade de reforma da legislação[30].

Isso porque o Direito positivo brasileiro não parece estar em linha com as mais recentes tentativas de uniformização do Direito contratual internacional, cuja tendência é no sentido do reconhecimento da ampla liberdade de escolha do Direito aplicável aos contratos internacionais. Podemos citar alguns:

---

29. (TENÓRIO, 1955); (MIRANDA, 1981); (RODAS, Direito internacional privado brasileiro, 1993); (BASSO, Autonomia da vontade nos contratos Internacionais do Comércio, 1994); (MADRUGA FILHO, 1996); (FRANCESCHINI, 2002); (ENGELBERG, 2003); (ARAUJO N. d., Contratos internacionais no Brasil: posição atual da jurisprudência no Brasil, 2008); (CASTRO, Direito Internacional Privado, 2008); (DINIZ, 2012). Em sentido contrário, durante algum tempo se defendeu a tese de Valladão de que a LINDB teria natureza supletiva, aplicando apenas no silêncio dos contratantes, como por exemplo (VALLADÃO, 1972); (SILVA, 1975) (GARCEZ, 1994) ou, mais recentemente, pela leitura constitucionalizada da liberdade, imposta necessidade de se mitigar a urgência da reforma legislativa (SOUZA JÚNIOR, 2006) ou porque não estaria proibida (MAZZUOLI, 2015).

30. (ARAUJO N. d., Contratos internacionais: autonomia da vontade, MERCOSUL e Convenções Internacionais, 2004); (RECHSTEINER, Direito Internacional Privado: teoria e prática, 2017), por exemplo.

Instrumento	Dispositivo
Convenção da Haia sobre o Direito aplicável à agência, 1978[31]	"The internal law chosen by the principal and the agent shall govern the agency relationship between them. This choice must be express or must be such that it may be inferred with reasonable certainty from the terms of the agreement between the parties and the circumstances of the case." (art. 5º)
CIDIP-V (Convenção do México de 1994)[32]	"El contrato se rige por el derecho elegido por las partes. El acuerdo de las partes sobre esta elección debe ser expreso o, en caso de ausencia de acuerdo expreso, debe desprenderse en forma evidente de la conducta de las partes y de las cláusulas contractuales, consideradas en su conjunto. Dicha elección podrá referirse a la totalidad del contrato o a una parte del mismo. La selección de un determinado foro por las partes no entraña necesariamente la elección del derecho aplicable." (Art. 7º)
Princípios UNIDROIT (UPICC 2016)	As partes são livres para celebrar um contrato e determinar-lhe o conteúdo" (art. 1.1). Embora não absoluta: "Nenhuma disposição dos presentes princípios restringirá a aplicação de normas imperativas, tenham elas origem nacional, internacional ou supranacional, que serão aplicadas de acordo com as regras de direito internacional privado pertinentes. (art. 1.4)
Projeto preliminar de Código Europeu dos Contratos	"As partes podem determinar livremente o conteúdo do contrato, dentro dos limites impostos pelas normas imperativas, pelo bom costume, pela ordem pública, conforme definidos no presente código, no Direito Comunitário, ou nas leis nacionais dos Estados-membros da União europeia, desde que as partes não visem somente prejudicar terceiros." (art. 2.1)[33]
Convenção de Roma de 1980 sobre lei aplicável às obrigações contratuais[34]	"1. O contrato rege-se pela lei escolhida pelas partes. Esta escolha deve ser expressa ou resultar de modo inequívoco das disposições do contrato ou das circunstâncias da causa. Mediante esta escolha, as partes podem designar a lei aplicável à totalidade ou apenas a uma parte do contrato. 2. Em qualquer momento, as partes podem acordar em sujeitar o contrato a uma lei diferente da que antecedentemente o regulava, quer por força de uma escolha anterior nos termos do presente artigo, quer por força de outras disposições da presente convenção. Qualquer modificação, quanto à determinação da lei aplicável, ocorrida posteriormente à celebração do contrato, não afecta a validade formal do contrato, na acepção do disposto no artigo 9º, nem prejudica os direitos de terceiros. 3. A escolha pelas partes de uma lei estrangeira, acompanhada ou não da escolha de um tribunal estrangeiro, não pode, sempre que todos os outros elementos da situação se localizem num único país no momento dessa escolha, prejudicar a aplicação das disposições não derrogáveis por acordo, nos termos da lei desse país, e que a seguir se denominam por «disposições imperativas». 4. A existência e a validade do consentimento das partes, quanto à escolha da lei aplicável, são reguladas pelo disposto nos artigos 8º, 9º 11º." (art. 3º)

---

31. Instrumento entrou em vigor em 1992 com a assinatura por apenas 4 países (Argentina, França, Países Baixos e Portugal). O Brasil não o ratificou.
32. Nunca ratificada pelo Brasil, apenas pelo México e Venezuela não tendo sequer, portanto, entrado em vigor.
33. (POSENATO, 2008).
34. Restrita aos países europeus.

Regulamento CE n° 593/2008 do Parlamento Europeu e do Conselho de 17 de junho 2008 (Roma I)[35]	"1. O contrato rege-se pela lei escolhida pelas partes. A escolha deve ser expressa ou resultar de forma clara das disposições do contrato, ou das circunstâncias do caso. Mediante a sua escolha, as partes podem designar a lei aplicável à totalidade ou apenas a parte do contrato. 2. Em qualquer momento, as partes podem acordar em subordinar o contrato a uma lei diferente da que precedentemente o regulava, quer por força de uma escolha anterior nos termos do presente artigo, quer por força de outras disposições do presente regulamento. Qualquer modificação quanto à determinação da lei aplicável, ocorrida posteriormente à celebração do contrato, não afecta a validade formal do contrato, nos termos do artigo 11°, nem prejudica os direitos de terceiros. 3. Caso todos os outros elementos relevantes da situação se situem, no momento da escolha, num país que não seja o país da lei escolhida, a escolha das partes não prejudica a aplicação das disposições da lei desse outro país não derrogáveis por acordo. 4. Caso todos os outros elementos relevantes da situação se situem, no momento da escolha, num ou em vários Estados Membros, a escolha pelas partes de uma lei aplicável que não seja a de um Estado Membro não prejudica a aplicação, se for caso disso, das disposições de direito comunitário não derrogáveis por acordo, tal como aplicadas pelo Estado Membro do foro. 5. A existência e a validade do consentimento das partes quanto à escolha da lei aplicável são determinadas nos termos dos artigos 10°, 11° e 13°" (Art. 3°).
Princípios da Conferência da Haia relativos à escolha do Direito Aplicável aos Contratos Comerciais Internacionais (2015)	 *QR Code 38 – Princípios Haia*
Guia da OEA relativo ao Direito Aplicável aos Contratos Comerciais Internacionais nas Américas (2020)	 *QR Code 39 – Guia OEA*

Destaque, contudo, deve ser dado aos dois últimos instrumentos, que tive oportunidade de traduzir[36]:

---

35. Restrita aos países europeus.
36. (GLITZ F. E., Contratos internacionais e a escolha do Direito aplicável: tradução dos Princípios Haia e Guia da Organização dos Estados Americanos, 2020).

(i) Princípios da Conferência da Haia relativos à escolha do Direito Aplicável aos Contratos Comerciais Internacionais, de 2015, visam a uniformização mais ampla, por meio do estabelecimento de verdadeiro *restatement* concebido, elaborado e redigido para promover a adoção pelos diferentes instrumentos jurídicos (nacionais, regionais, supranacionais ou internacionais) e operadores (contratantes, legisladores e julgadores) do princípio da autonomia na escolha do Direito aplicável aos contratos internacionais. O trabalho foi conduzido dentro da Conferência da Haia por meio de grupos de trabalho com a participação de grandes especialistas internacionais. Pelo escopo da Conferência, seu âmbito de incidência seria global.

(ii) A proposta do Guia da OEA relativo ao Direito Aplicável aos Contratos Comerciais Internacionais nas Américas, de 2020, é um tanto diferente. Além do distinto âmbito, ele se propõe como verdadeiro *Guide*, adotando uma abordagem, em algum sentido, mais didática e explicativa. Repassando o desenvolvimento da matéria internacional e regionalmente, são extraídas conclusões que orientariam a adoção do princípio da autonomia privada.

No Direito brasileiro atual, existe espaço parcial, de verdadeira escolha. Exemplo disso é a própria CISG, que consagraria um espaço de autonomia, já que possibilita que as partes excluam sua incidência total ou parcialmente sobre os contratos que rege:

Referência: Art. 6º do Decreto nº 8.327/2014	Texto:"As partes podem excluir a aplicação desta Convenção, derrogar qualquer de suas disposições ou modificar-lhes os efeitos, observando-se o disposto no Artigo 12."

Além dela, há quem sustente[37], também, que haveria autonomia para a escolha do Direito aplicável aos contratos internacionais de trabalho[38]. De qualquer forma, ainda que esta última hipótese fosse aceita, estaria limitada à legislação especial, tratados específicos e, claro, normas imperativas como de segurança no trabalho e direitos e garantias fundamentais.

---

37. (DEL'OLMO & ARAÚJO, 2004).
38. Deve-se ter em mente que inúmeras são as situações possíveis. Cite-se: i) a Lei nº 7.064 de 1982 que dispõe sobre a situação de trabalhadores contratados ou transferidos para prestar serviços no exterior e prevê regra de aplicação do Direito brasileiro quando este for mais benéfico (arts. 3º, II e 14); ii) a Convenção sobre Trabalho marítimo promulgada pelo Decreto nº 10.671/2021 que assegura a aplicação das condições mais favoráveis ao trabalhador; iii) O Código Bustamante, que prevê a aplicação do Direito do pavilhão no caso de contratos de trabalho internacional em navios; etc. A importância da apreciação desta complexidade pode ser vista, por exemplo, na análise das condições de contratação de trabalhadores brasileiros em navios de cruzeiro e a recente decisão do Tribunal Superior do Trabalho, Subseção de Dissídios Individuais, de fazer prevalecer as normas brasileiras mais benéficas (Embargos ao Recurso de Revista, 2023).

Referência: Art. 444 da Consolidação das Leis do Trabalho (Decreto-lei nº 5.452/1943)	**Texto**: "As relações contratuais de trabalho podem ser objeto de livre estipulação das partes interessadas em tudo quanto não contravenha às disposições de proteção ao trabalho, aos contratos coletivos que lhes sejam aplicáveis e às decisões das autoridades competentes."

A consagração da autonomia privada, pelo menos no que se refere aos contratos paritários, pode vir a se tornar o padrão também brasileiro[39]. Tramitam atualmente na Câmara dos Deputados e no Senado Federal três iniciativas legislativas para a reforma da LINDB:

Projeto	Tramitação	Dispositivo
PLS nº 281/2012	A redação inicial foi alterada pelo Substitutivo. Com a aprovação deste, o projeto seguiu para a avaliação da Câmara dos Deputados (PL nº 3514/2015) e encontra-se apensado ao PL nº 104/2011. *QR Code 40 – PLS 281/2012*	"Art. 9º-A. O contrato internacional entre profissionais, empresários e comerciantes reger-se-á pela lei escolhida pelas partes, devendo esta escolha referir-se à totalidade do contrato e ser efetuada mediante acordo expresso entre as partes. § 1º Não é necessário que haja conexão entre a lei escolhida e as partes ou a transação. § 2º A escolha de que trata o caput inclui também a indicação, como aplicável ao contrato, de um conjunto de regras jurídicas de caráter internacional, opcional ou uniforme, aceitas no plano internacional, supranacional ou regional como neutras e justas, inclusive da *lex mercatoria*, desde que não contrárias à ordem pública. § 3º Na hipótese de ausência ou de invalidade da escolha, o contrato será regido pela lei do lugar de sua celebração, assim considerado, em contratos celebrados à distância, o lugar da residência do proponente. § 4º Caso a obrigação resultante do contrato deva ser executada no Brasil e depende de forma essencial, esta será observada, admitidas as peculiaridades da lei estrangeira quanto aos requisitos extrínsecos do ato., § 5º Não obstante o disposto neste artigo, no caso de contrato standard ou de adesão celebrado no Brasil ou que aqui tiver de ser executado, aplicar-se-ão necessariamente as disposições do direito brasileiro que possuírem caráter imperativo. § 6º Este artigo não se aplica aos contratos e obrigações regulados por tratados internacionais e aos acordos sobre arbitragem ou eleição de foro."

---

39. Baraldo sustenta que seria possível, a partir da edição da Lei de Liberdade Econômica (Lei nº 13.874/2019), em especial pela aplicação de seu art. 3º, V, assegurar a autonomia da escolha do Direito aplicável, uma vez que passaria a ser interditada a interpretação proibitiva do art. 9º da LINDB (BARALDO, 2020). Monaco alcança a mesma conclusão geral, mas por outro mecanismo: a nova redação do art. 421-A do Código Civil que, em contratos paritários, impediria ao magistrado a aplicação de outro Direito que não aquele escolhido pelos contratantes (MONACO, 2024).

PLS nº 1.038/2020	O Projeto segue tramitação no Senado.  *QR Code 41 – PLS 1038/2020*	**Art. 9º** O contrato internacional entre profissionais, empresários e comerciantes rege-se pela lei escolhida pelas partes. **§ 1º** A escolha da lei aplicável deve ser expressa. Na ausência de cláusula específica, a escolha das partes deve aparecer de forma clara das disposições contratuais ou das circunstâncias do contrato. **§ 2º** O contrato será considerado internacional quando uma das partes tiver seu estabelecimento em outro país, ou quando houver elementos relacionados ao contrato em mais de um país. **§ 3º** A escolha pode referir-se à totalidade do contrato ou a parte dele. **§ 4º** Não é necessário haver conexão entre a lei escolhida e as partes ou a transação. **§ 5º** A escolha poderá ser modificada a qualquer tempo, e não prejudicará sua validade ou o direito de terceiros. **§ 6º** Na escolha a que se refere o caput, a referência à lei inclui também a indicação como aplicável ao contrato de um conjunto de regras jurídicas de caráter internacional, aceitas no plano internacional, supranacional ou regional como neutras e equilibradas, desde que não contrárias à ordem pública. **§ 7º** Na ausência ou invalidade da escolha, o contrato será regido pelo direito do Estado com o qual mantenha os vínculos mais estreitos. **§ 8º** Não obstante o disposto neste artigo, em se tratando de contrato standard ou de adesão, celebrado no Brasil ou que aqui tiver de ser executado, aplicar-se-ão necessariamente as disposições do direito brasileiro quanto revestirem caráter imperativo. **§ 9º** A lei escolhida pelas partes deve governar todos os aspectos do contrato, inclusive no que diz respeito à sua interpretação, direitos e obrigações dele decorrentes, questões relativas à extinção da obrigação, prescrição e decadência, validade e invalidade do contrato, ônus da prova, e obrigações pré-contratuais. Se houver mais de uma lei aplicável ao contrato por escolha das partes, cada uma governará a parcela relativa ao seu âmbito de aplicação."

PDL nº 170/2022	Acordo do MERCOSUL sobre Direito Aplicável em Matéria de Contratos Internacionais de Consumo  *QR Code 42 – PDL 170/22*	Artigo 4º – Contratos celebrados pelo consumidor no Estado Parte de seu domicílio 1 – Os contratos internacionais celebrados estando o consumidor no Estado Parte de seu domicílio, especialmente no caso de contratação à distância, regem-se pelo direito eleito pelas partes, as quais podem optar pelo direito do domicílio do consumidor, do local de celebração ou cumprimento do contrato ou da sede do fornecedor dos produtos ou serviços. O direito escolhido será aplicável desde que mais favorável ao consumidor. 2 – No caso de ausência de escolha válida, os contratos internacionais de consumo regem-se pelo direito do Estado Parte do domicílio do consumidor. Artigo 5º – Contratos celebrados pelo consumidor estando fora do Estado Parte de seu domicílio 1 – Os contratos internacionais de consumo celebrados pelo consumidor estando este fora do Estado Parte de seu domicílio regem-se pelo direito eleito pelas partes, as quais podem optar validamente pelo direito do local de celebração ou de cumprimento do contrato ou pelo do domicílio do consumidor. O direito escolhido será aplicável desde que mais favorável ao consumidor. 2 – No caso de ausência de escolha válida, os contratos internacionais de consumo celebrados pelo consumidor, estando este fora do Estado de seu domicílio, regem-se pelo direito do local de celebração. Artigo 6º – Escolha e informação do direito aplicável 1 – A escolha do direito aplicável pelas partes deve ser expressa e por escrito, conhecida e consentida em cada caso. No caso de escolha do direito aplicável pelo fornecedor para obter a adesão do consumidor, o direito escolhido por este como aplicável deve ser expresso de forma clara tanto nas informações prévias oferecidas ao consumidor, quanto no próprio contrato. 2 – Em caso de contrato online, a escolha do direito aplicável deve ser expressa em forma clara e destacada em todas as informações oferecidas ao consumidor."

Ainda que existam possíveis pontos a merecer atenção, especialmente quanto à redação técnica, os projetos apresentam significativa mudança no tratamento do tema, já que detalham o espaço e os efeitos da escolha e regras subsidiárias não previstas anteriormente. O projeto mais recente, incorpora, ainda, parte das recomendações dos Princípios HCCH, o que sinaliza importante avanço no reconhecimento da *soft law*.

Ao lado, contudo, destes espaços de escolhas diretas. Existem, também, espaços indiretos.

4.2.1 *Forum shopping* e as escolhas indiretas

Conforme destaca Dolinger, a jurisprudência brasileira teria a tradição em respeitar a cláusula estrangeira de eleição da legislação aplicável[40]. Alguns autores[41], então, destacam que haveria nisso a oportunidade para uma escolha do Direito aplicável ao contrato, ainda que indireta[42]. Como assim? Seria admitir que não se excluiria a aplicação da autonomia se ela fosse admitida no Direito do país em que o contrato foi formado. Isto é, se o Direito aplicável ao caso por força do art. 9º da LINDB for estrangeiro e lá se admitir a escolha do Direito aplicável, então deve-se respeitar esta escolha.

Este é o caso do Recurso Especial nº 1.280.218/MG do STJ que apreciamos no início do **Capítulo 4.2**. Nele, a escolha do Direito aplicável seria possível em razão do contrato ter sido celebrado em Nova Iorque. Assim, aplicando-se o *caput* do art. 9º da LINDB se chegaria ao Direito daquele estado norte-americano como aplicável ao caso concreto. Como o Direito de Nova Iorque admite a escolha do Direito aplicável, tal cláusula seria válida (8ª conclusão). É claro que isto seria mais relevante se no caso em concreto houvesse efetiva escolha, elegendo-se, por exemplo, o Direito marroquino ou alemão como o aplicável ao caso concreto.

A segunda forma de escolha indireta é tida por muitos como uma possível fraude. Apesar disso, há quem a defenda[43]. Ela se daria pela definição voluntária do local de constituição da obrigação, como forma de se escolher – indiretamente – o Direito aplicável. Assim, se tomarmos o caso anterior como exemplo, seria admitir que celebrar o contrato presencialmente fosse parte da estratégia para fazer incidir (por ordem do art. 9º da LINDB) seu Direito material, que permite a escolha do Direito aplicável. Em outros termos, o contrato seria celebrado em Nova Iorque apenas para se poder escolher o Direito a ele aplicável, ainda que o negócio não guardasse nenhuma outra ligação com aquela cidade.

A terceira forma de escolha indireta seria o *forum shopping*. Esta expressão acabou consagrada para a prática de se definir o foro contratual com vistas a influenciar a determinação do Direito material aplicável ao conflito. Para entender a técnica, estude a seguinte cláusula:

---

40. (DOLINGER, Direito Internacional Privado (parte especial): direito civil internacional. Contratos e obrigações no Direito Internacional Privado, 2007).
41. (TENÓRIO, 1955); (DINIZ, 2012). Castro entende que estes seriam casos em que haveria uma "miragem de escolha", no entanto (CASTRO, Direito Internacional Privado, 2008).
42. (RODAS, Direito internacional privado brasileiro, 1993); (ROVIRA, 1995); (PEREIRA L. C., 1997); (STRENGER, Direito Internacional Privado, 2000).
43. (BASTOS & KISS, 1990); (HUCK, Contratos internacionais de financiamento: a lei aplicável, 1984).

Resolução de controvérsias

Foro. Se você for um usuário do ▓▓▓▓▓▓ localizado nos Estados Unidos ou no Canadá, a seção "Cláusula especial de arbitragem para usuários nos Estados Unidos ou no Canadá" abaixo se aplica a você. Por favor, leia tal seção com cuidado e até o fim. Se não estiver sujeito à seção "Cláusula especial de arbitragem para usuários nos Estados Unidos e no Canadá" abaixo, você concorda em resolver qualquer Demanda que tenha conosco relativa, oriunda ou de alguma forma associada aos nossos Termos, a nós ou aos nossos Serviços (cada uma denominada "Controvérsia" e, em conjunto, "Controvérsias") exclusivamente perante um juiz estadual na Califórnia do Norte ou um juiz estadual localizado no condado de San Mateo, Califórnia, e concorda em se submeter à jurisdição de tais juízes no ajuizamento de qualquer ação envolvendo a Controvérsia.

Figura 25 – *Forum shopping*

Qual a importância de escolher o foro do Condado de San Mateo na Califórnia? Seguramente ao predispor esta condição em seu formulário padrão de contrato, a empresa fornecedora do serviço fez um cálculo. Qual?

Um primeiro e mais claro é a tentativa de se evitar a judicialização de demandas, pois o consumidor estrangeiro teria um alto custo para submeter-se àquela jurisdição. Esta postura é extremamente comum em contratos internacionais celebrados com vulneráveis. Você notará, inclusive, que existem padrões de redação e de jurisdições (a California, é uma delas[44]). Basta comparar os termos de uso de seus principais aplicativos para utilização das redes sociais.

Lei aplicável, Arbitragem obrigatória e Foro

6.1 Lei aplicável/jurisdição

A menos que exigido pelas leis em seu país de residência, os Contratos (e quaisquer litígios/reivindicações não contratuais decorrentes ou relacionadas a eles) estão sujeitos às leis do estado ou país listado abaixo, sem considerar a escolha ou conflitos de princípios legais.

Além disso, você e o Spotify concordam com a jurisdição dos tribunais listados abaixo para dirimir qualquer litígio, reivindicação ou controvérsia que surja em relação aos Contratos (e quaisquer litígios/reivindicações não contratuais decorrentes ou relacionadas a eles), exceto quando, mediante leis aplicáveis, você pode optar por ajuizar processos em seu país de residência ou quando precisamos ajuizar tais processos apenas no seu país de residência

País ou região	Escolha da Lei	Jurisdição
Todos os outros países e regiões em que o Spotify está disponível.	Sweden	Exclusivo; Tribunais da Suécia
Bulgária, Chipre, Estônia, França, Hong Kong, Letônia, Lituânia, Luxemburgo, Malta, Mônaco, Noruega, Filipinas, Portugal, Eslováquia, Espanha, Turquia	Leis da Suécia	Não exclusivo; Tribunais da Suécia
Brasil	Leis do Brasil	Exclusivo; Tribunais Estaduais e Federais de São Paulo, Estado de São Paulo, Brasil
Canadá	Não aplicável a residentes de Quebec: Leis da Província de Ontário Residentes de Quebec: Leis da Província de Quebec, Canadá	Não aplicável a residentes de Quebec: Exclusivo, exceto para fins de execução de julgamentos; Tribunais de Ontário, Canadá Residentes de Quebec: Tribunais de Quebec, Canadá
Argentina, Bolívia, Chile, Colômbia, Costa Rica, República Dominicana, Equador, El Salvador, Guatemala, Honduras, Nicarágua, Panamá, Paraguai, Peru, Uruguai	Estado da Califórnia, Estados Unidos	Exclusivo; Tribunais Estaduais e Federais do Condado de San Francisco, CA ou Nova York, NY
Reino Unido	Leis da Inglaterra e do País de Gales	Exclusivo

Figura 26 – Eleição de foro padronizado

---

44. Como a Figura nº 43 disponível em: https://www.spotify.com/br-pt/legal/end-user-agreement/.

Convém destacar que, em princípio, como vimos, o Direito brasileiro não se oporia a tal cláusula, reconhecendo, inclusive, sua capacidade de afastar a jurisdição nacional (art. 25 do CPC).

Referência: (Agravo de Instrumento, 2019).	*Ementa*:"Não é o caso de afastar a cláusula de eleição de foro internacional, uma vez que se trata de contrato de prestação de serviço livremente pactuado entre as partes, não se tratando de contrato de adesão com a imposição de tal cláusula. Ademais, trata-se de competência concorrente, podendo, assim, ser excluída a competência nacional, por vontade das partes, como ocorreu no caso em exame. Por fim, embora se trate de competência relativa, podendo, assim, ser prorrogável, em contestação a parte ora agravante, arguiu, em preliminar, a incompetência da justiça brasileira no presente contrato internacional, diante da existência da cláusula de eleição de foro. Assim, não há justificativa para o afastamento de cláusula de eleição de foro, livremente pactuada entre as partes. Hipótese, outrossim, em que a eleição de foro internacional implica afastamento da jurisdição nacional, levando não à declinação do foro, mas sim à extinção do feito sem resolução do mérito."
Referência: (Apelação Cível, 2019).	*Ementa:* "Cláusula de eleição de foro internacional Inteligência do art. 25 do CPC Autonomia privada das partes contratantes em sede de contrato interempresarial Insuficiência da presença de alguma dentre as situações previstas nos incisos do art. 21 do diploma processual civil Abusividade não constatada Natureza de contrato de adesão, que não impede o reconhecimento da validade da cláusula, porquanto inexistente dúvida acerca de seus termos Inteligência do art. 423 do CC Incompetência da justiça brasileira para decidir quaisquer questões referentes ao contrato de transporte entre comerciante e transportador...".
Referência: (Apelação Cível, 2017).	*Ementa:* "Quando houver cláusula de eleição de foro exclusivo estrangeiro em contrato internacional, não compete à autoridade judiciária brasileira o processamento e julgamento da ação (inteligência do art. 25 do CPC/2015)."

E, aqui, a análise de como a jurisdição foi escolhida, nos padrões legislativos brasileiros, é absolutamente importante vez que ela pode ser concorrente ou exclusiva, a depender da redação da cláusula:

Art. 22 CPC. Compete, *ainda*, à autoridade judiciária brasileira processar e julgar as ações: (...) III – em que as partes, expressa ou tacitamente, se submeterem à jurisdição nacional.	Art. 25 CPC. Não compete à autoridade judiciária brasileira o processamento e o julgamento da ação quando houver cláusula de eleição de foro *exclusivo* estrangeiro em contrato internacional, arguida pelo réu na contestação.

Além disso, vale ressaltar que recente reforma do Código de Processo Civil[45] alterou a redação do art. 63, § 1º para estabelecer que a cláusula de eleição de foro deve "constar de instrumento escrito, aludir expressamente a determinado negócio jurídico e guardar pertinência com o domicílio ou a residência de uma

---

45. (BRASIL, 2024).

das partes ou com o local da obrigação (sic), ressalvada a pactuação consumerista, quando favorável ao consumidor".

O objetivo desta alteração legislativa teria sido evitar prática de litigância predatória ou de seleção de foro – em casos nacionais – com base em avaliação de custos e dificuldade de defesa. Ocorre, contudo, que ela acaba se referindo, também a contratos internacionais e a cláusulas que, não necessariamente, são regidas pelo Direito brasileiro. Problema adicional é a aparente falta de técnica em mencionar o "local da obrigação", seria ele o da constituição ou da execução, por exemplo? Ainda é cedo, no entanto, para precisar o impacto desta reforma nos contratos internacionais.

Situações de abuso na utilização de tais cláusulas podem, ainda, vir a ser combatidas pelos Judiciários nacionais, que passaram a admitir sua própria competência concorrente. Interpretação recebida por parte da doutrina[46]. Neste sentido há vários precedentes nacionais, mas podemos destacar julgados do STJ e do TJRS que afirmam a competência de natureza concorrente em matéria de consumo (mesmo havendo cláusula de foro exclusivo) e presumem a aplicação do Direito nacional para declarar a nulidade da cláusula.

Referência: (Recurso Especial, 2023).	***Ementa:*** "1. A controvérsia resume-se a saber se a Justiça brasileira é competente para processar e julgar a ação de rescisão de contrato de negócio jurídico celebrado em território mexicano para ali produzir os seus efeitos, tendo como contratadas pessoas físicas domiciliadas no Brasil. 2. Compete à autoridade judiciária brasileira processar e julgar as ações decorrentes de relações de consumo, quando o consumidor tiver domicílio ou residência no Brasil. 3. Em contratos decorrentes de relação de consumo firmados fora do território nacional, a justiça brasileira pode declarar nulo o foro de eleição diante do prejuízo e da dificuldade de o consumidor acionar a autoridade judiciária estrangeira para fazer valer o seu direito."
Referência: (Apelação Cível, 2017).	***Ementa:*** "1. Ausência de jurisdição brasileira. Deve ser rejeitada a preliminar, porque a cláusula contratual de jurisdição exclusiva dos tribunais da República Dominicana qualifica-se como nula de pleno direito, do ponto de vista do Direito do Consumidor (art. 6º, VII, e art. 51, IV e XV, e §1º, III, CDC), e como ineficaz, do ponto de vista do Direito Internacional Privado, cuja abordagem axiológica – em busca de uma legitimação material eivada de valores sociais – não permite que se insira a cláusula em tela no âmbito de alcance da regra do art. 63, "caput", do CPC/2015."

Por outro lado, parece também haver uma tendência de identificação das condições de contratação. Em interessante julgado do TJRS afirmou-se a regra do art. 25 do CPC uma vez que o contrato não seria "de adesão". Da mesma forma que o posicionamento anterior, parece haver, neste caso, presunção de aplicação do Direito nacional a contratos não paritários (contrario sensu).

---

46. (COSTA & SANTOS, 2016).

Referência: (Agravo de Instrumento, 2019)	*Ementa:* "Não é o caso de afastar a cláusula de eleição de foro internacional, uma vez que se trata de contrato de prestação de serviço livremente pactuado entre as partes, não se tratando de contrato de adesão com a imposição de tal cláusula."

Por fim, não se deve deixar de mencionar outros aspectos que agregariam complexidade ao tema: (i) O descumprimento da cláusula de eleição de foro pode ser tida por inadimplemento? A resposta foi afirmativa para um caso apreciado pela Suprema Corte alemã, que entendeu que o contratante que optou pela jurisdição norte-americana deveria compensar os custos sofridos pelo outro, em razão da violação de cláusula de eleição de foro exclusivo alemão[47]. (ii) Não se deveria falar da aplicação do princípio da competência-competência também para cláusulas de eleição de foro estrangeiro? Arrisco dizer que sim, até para se evitar a estratégia de contorno da cláusula de eleição de foro.

Para evitar toda esta complexidade é que a cláusula em análise tem um segundo cálculo: ao escolher a jurisdição, o contratante definiu a *lex fori* e, com ela, o mecanismo de DIPRI. Ou seja, não se trata apenas de uma escolha do juízo, mas da regra conflitual e, indiretamente, do Direito aplicável.

A importância e utilização deste tipo de cláusula é tanta que a Conferência da Haia vem promovendo uma série de instrumentos internacionais para reger a cláusula de eleição de foro, destaque deve ser dado a mais recente Convenção da Haia de 2005[48] sobre acordo de eleição de foro cujo objeto seriam os contratos civis e comerciais (excluídos os de consumo, por exemplo), não ratificada pelo Brasil. A ideia geral desta Convenção é a promoção de segurança nas transações, embora o debate sobre sua conveniência não esteja encerrado[49].

Iniciativas parecidas já foram adotadas pela Conferência da Haia no passado: em 1965[50] e 1958[51] sobre jurisdição do foro escolhido no caso das compras internacionais de mercadorias. Ambas não foram ratificadas pelo Brasil. No caso do MERCOSUL – como já vimos (**Capítulo 3.2.4**) os exemplos seriam o Protocolo

---

47. (ALEMANHA. Suprema Corte, 2019).
48. (HCCH, 2005).
49. Gary Born, por exemplo, defende que ela não deveria ser ratificada. Dentre outros motivos, alega o autor que ela não protege de forma suficiente a autonomia privada e que conteria falhas severas, como a de tentar substituir a Convenção d Nova Iorque de 1958, amplamente ratificada e de não conter as mesmas salvaguardas que esta Convenção contém (BORN, Why States Should Not Ratify, and Should Instead Denounce, the Hague Choice-Of-Court Agreements Convention, Part I, 2021), (BORN, Why States Should Not Ratify, and Should Instead Denounce, the Hague Choice-Of-Court Agreements Convention, Part II, 2021) e (BORN, Why States Should Not Ratify, and Should Instead Denounce, the Hague Choice-Of-Court Agreements Convention, Part III, 2021).
50. (HCCH, 1965).
51. (HCCH, 1958).

de Buenos Aires de 1994 sobre jurisdição internacional em matéria contratual e o Protocolo de Santa Maria, de 1996 e ainda não em vigor, sobre jurisdição em matéria de relações de consumo.

Convém lembrar, ainda, que existe um outro "custo" embutido: o procedimento cível pode variar de país a país, dificultando ou onerando ainda mais a condução do litígio. Daí porque são importantes as iniciativas de harmonização procedimental como as promovidas pelo UNIDROIT[52] e pela ASADIP[53], além de tratados de cooperação jurisdicional.

QR Code 43 – Princípios ALI-UNIDROIT   QR Code 44 – Princípios ELI-UNIDROIT   QR Code 45 – Princípios ASADIP

4.2.2 Cláusula arbitral

Outra importante construção para a discussão da autonomia privada na escolha do Direito material aplicável ao contrato decorre da interpretação que vem sendo apresentada para a Lei de Arbitragem (Lei nº 9.307/1996), em especial, o seu art. 2º e parágrafos:

Art. 2º A arbitragem poderá ser de direito ou de equidade, a critério das partes.

§ 1º **Poderão** as partes **escolher, livremente**, as **regras** de **direito** que serão **aplicadas** na **arbitragem**, desde que não haja violação aos bons costumes e à ordem pública.

§ 2º Poderão, também, as partes convencionar que a arbitragem se realize com base nos princípios gerais de direito, nos usos e costumes e nas regras internacionais de comércio.

A discussão em torno da redação do art. 2º é se ela permite a escolha do Direito material e, se sim, em que circunstâncias.

A. A primeira interpretação, decorre da literalidade do texto, a de que, se assim quisessem os contratantes, tendo o contrato internacional em questão, sido regido pela legislação brasileira, poderiam expressamente optar pela decisão baseada em equidade ou exigir fundamentação jurídica específica. Quanto a esta escolha, há poucas dúvidas. A questão maior é sobre o que recai

---

52. (UNIDROIT & The American Law Institute, 2006) e (UNIDROIT & European Law Institute, 2020).
53. (ASADIP, 1996).

a escolha possível da arbitragem "de direito". A explicação mais usual é que ela se refere à imposição ao(s) árbitro(s) de fundamentação técnico-jurídica para sua decisão.

B. Uma segunda interpretação reconhece, também no art. 2º, § 1º, a autonomia procedimental. Neste caso, os contratantes poderiam, além de escolher entre a arbitragem de direito e de equidade; poderiam definir o caminho (procedimento) a ser seguido para a solução do conflito. Se esta também for a interpretação adequada para este dispositivo, ela estaria repetida e detalhada no art. 21 da mesma lei:

> "A arbitragem obedecerá ao procedimento **estabelecido** pelas **partes** na **convenção** de **arbitragem**, que poderá reportar-se às regras de um órgão arbitral institucional ou entidade especializada, facultando-se, ainda, às partes delegar ao próprio árbitro, ou ao tribunal arbitral, regular o procedimento."

Isto quer dizer que os contratantes poderiam definir um procedimento específico (*ad hoc*) para seu caso, poderiam fazer remissão a/uso de um Regulamento específico de alguma Câmara Arbitral ou, até mesmo, delegar esta escolha para o(s) árbitro(s). Embora existam muitas semelhanças entre eles, você perceberá que os procedimentos arbitrais – previstos pelas diferentes câmaras internacionais – não são iguais[54], daí porque é tão importante conhecê-los e, eventualmente, exercer a sua escolha.

QR Code 46 – Quadro comparativo

C. Por fim, alguns admitem, ainda, que a legislação teria consagrado a autonomia privada para eleição da legislação quando o caso fosse apreciado por árbitros (art. 2, §§ 1º e 2º)[55]. A questão, contudo, é que esta redação constaria de parágrafos, que deveriam explicar ou detalhar a redação do *caput*; mas, em o fazendo, deixam algum espaço de dúvida. Afinal, "regras de direito" são o que?

---

54. Como demonstra o quadro comparativo elaborado por importante escritório de advocacia internacional (BAKER MCKENZIE, 2024).

55. (GIFFONI, 1999); (JACQUES, 2005); (GREBLER E., A Convenção das Nações Unidas sobre contratos de venda internacional de mercadorias e o comércio internacional brasileiro, 2006); (PIMENTEL, AREAS, & COPETTI, 2008); (RECHSTEINER, Direito Internacional Privado: teoria e prática, 2017).

Ou ainda, elas devem ser aplicadas *na* arbitragem e porque não *pelos* árbitros. Por conta da aparente falta de técnica surgiram três correntes de pensamento.

C.1 A primeira delas, aceitando a eficácia da cláusula de eleição de Direito aplicável também para casos não internacionais[56], desde que submetidos à arbitragem. Bastaria, portanto, a existência de convenção arbitral para se abrir ampla autonomia privada na escolha do Direito aplicável, seja a caso nacionais ou internacionais. O problema é admitir a escolha do Direito aplicável a procedimentos não internacionais seria permitir a possibilidade de se contornar a aplicação de norma imperativa, o que representaria, no mínimo, fraude à lei[57].

Afora isso, não se pode ler o parágrafo de forma mais abrangente do que se leria o *caput*. Por uma questão de lógica jurídica precisaremos introduzir a dualidade arbitral[58]: e admitir a existência entre arbitragens internacionais e arbitragens nacionais. A questão, contudo, é que a legislação brasileira não faz esta distinção. Ela classifica as arbitragens como domésticas ou estrangeiras para fins de homologação do laudo pelo STJ (art. 35 da Lei nº 9.307/1996). Neste caso, o critério é estritamente territorial. Se o laudo arbitral tiver sido proferido fora de território nacional (art. 34, parágrafo único), ele será considerado estrangeiro, ainda que a questão controvertida, as partes, os árbitros e o Direito aplicável fossem, todos, brasileiros.

C.2 Assim, surge uma segunda corrente, bastante harmonizada com o Direito comparado, que afirma a internacionalidade do contrato submetido à arbitragem como condição da escolha do Direito aplicável[59].

C.3 Uma terceira corrente, limita a escolha às regras procedimentais. Para defendê-la, sustenta-se a literalidade da redação: a escolha das regras (e não normas, leis ou Direito) que seriam aplicadas no procedimento (e não pelo procedimento ou árbitros).

Ainda que fosse desejável uma melhor redação legislativa, a verdade é que esta seria uma crítica feita com o benefício do tempo. Isso porque no início da década de 1990, quando o legislador esboçou estes parâmetros legais, tal complexidade talvez não fosse ainda evidente. Uma eventual reforma, no bojo do que vem sendo proposto para o art. 9º da LINDB poderia ser salutar, mas não é indis-

---

56. (ARAUJO N. d., 1999) (ARAUJO N. d., *Contratos internacionais*: autonomia da vontade, MERCOSUL e Convenções Internacionais, 2004); (GAMA JÚNIOR, 2006); (CRETELA NETO, 2009); (BAPTISTA, Arbitragem comercial e internacional, 2011).
57. (LEE, 2002).
58. (FERNÁNDEZ ROZAS, 2007).
59. (BARRAL, 2000); (RECHSTEINER, Arbitragem privada internacional no Brasil, 2001); (LEE, 2002); (VERÇOSA, 2006); (CASELLA, Autonomia da vontade, arbitragem Comercial Internacional e Direito Brasileiro, 2006).

pensável a esta altura, isso porque a tendência majoritária da doutrina brasileira é no sentido de se admitir a autonomia privada para a escolha do Direito aplicável quando o negócio for internacional e estiver submetido à jurisdição arbitral.

Este entendimento consagrou no Brasil, portanto, um cenário distinto[60] para aqueles contratos submetidos ao judiciário nacional, fossem eles nacionais ou internacionais, em que a escolha não seria possível, por força do disposto no art. 9º da LINDB e aqueles outros que contivessem uma cláusula arbitral, em que seria possível o exercício da autonomia (material para os contratos internacionais e procedimental para todos).

Segundo parte da doutrina, a existência desta solução e a convivência das soluções só seria possível, porque seriam diferentes os destinatários da norma: juiz e árbitro[61], explicação, contudo, que não agrada a todos[62], que enfatizam a necessidade de reforma da legislação brasileira para permitir a autonomia também para os casos submetidos à autoridade judicial.

---

60. (BAPTISTA, Arbitragem comercial e internacional, 2011).
61. (BASSO, Curso de Direito Internacional Privado, 2016).
62. Dolinger chega a chamá-la de absurda (DOLINGER, Direito Internacional Privado (parte especial): direito civil internacional. Contratos e obrigações no Direito Internacional Privado, 2007).

CAPÍTULO CINCO:
SUJEITOS GLOBALIZADOS

Depois deste longo percurso parece oportuno organizarmos nossas conclusões possíveis para um último teste prático. Ao lado das muitas dúvidas que procurei explorar, também é possível tirarmos algumas premissas.

1. Os contratos internacionais são importantes instrumentos para a economia brasileira. Eles, contudo, não se resumem ou limitam aos contratos de compra e venda internacional de *commodities* (exportações e importações).

2. As condições econômicas, sociais e tecnológicas incentivam, aliás, a profusão de negócios de natureza internacional, não só viabilizando o contato direto entre produtor/prestador e interessados, mas também permitindo que estes contratos possam ser celebrados e executados remotamente. Esta transformação de paradigma coloca, muitas vezes, contratantes não especialistas na condição de agentes de transações internacionais (comerciais, civis, existenciais etc.). Neste cenário devemos repensar o papel tradicionalmente limitado destinado à matéria, fazendo-a conversar com outras áreas de interesse contratual. Poderemos, então, pensar em eventual internacionalização das relações de trabalho (civis ou trabalhistas), de intermediação, de consumo, ambientais, de propriedade intelectual, desportivas e societárias, por exemplo.

3. A preocupação com a compreensão da internacionalidade do contrato, portanto, não é apenas empresarial e para aquisições de bens. Ela deve abranger temas que partem de aspectos patrimoniais e tecnológicos como o licenciamento de tecnologia, até aqueles associados a aspectos existenciais e personalíssimos, como autorização de uso de imagem e o consentimento para tratamento de dados pessoais[1].

4. É comum que estes negócios sejam realizados de forma simplificada (em geral massificada) e não instrumentalizada, ainda que envolvam valores bastante expressivos e objetos absolutamente relevantes. Estaremos, então, diante de contratos que nem sempre serão reduzidos a termos e, muitas vezes, precisaremos nos socorrer de outras ferramentas (além do documento em si e da legislação nacional) para interpretá-los. Além disso, muitas vezes estes negócios obedecem

---

1. Prova disso é a preocupação da Autoridade Nacional de Proteção de Dados em 'definir' cláusulas-padrão contratuais para as hipóteses de Transferência Internacional de Dados (Resolução n. 19 de 23 de agosto de 2024)

a uma certa padronização, seja aquela imposta pelo fornecedor do produto/serviço, seja recomendada pelas práticas internacionais e pelos *players* daquele setor econômico em específico.

5. Assim, embora economicamente relevantes (muitas vezes na casa dos milhares ou milhões de US$) e juridicamente complexos, nem sempre estas transações são realizadas com atenção jurídica prévia ou detalhamento negocial básico.

6. A liberdade e a igualdade são conceitos essenciais para a explicação teórica do contrato. Sua construção, contudo, é moderna e representa um momento específico no ocidente europeu. São conceitos situados no tempo e no espaço e que foram essenciais em uma conjuntura política em que era indispensável assegurar, em face do Estado, algum espaço de autonomia para o indivíduo. Esta construção, contudo, acabou se revelando excludente e não sobreviveu, ilesa, ao teste do tempo, das mudanças sociais e da transposição do modelo para outros cenários (como as antigas colônias europeias nas Américas). Com isso, a construção teórica se desvincularia do conjunto sociopolítico de circunstâncias que lhe deu o impulso inicial e ganharia perpetuidade artificial. Desligando-se da realidade imediata e do tempo específico, ganharia contorno de mitologia.

7. No Brasil, esta explicação teórica encontra ainda mais dificuldade para se conectar com o quotidiano social. Por aqui não passamos, afinal, pelos mesmos movimentos liberais, nem pelas consequências da primeira onda de industrialização. Do ponto de vista jurídico, parecia termos cristalizado uma sociedade colonial, com pouca representatividade; utilizando para isso elementos teóricos da modernidade europeia. Este descompasso acompanha a história brasileira durante todo o século XX, apesar do constante esforço da doutrina e jurisprudência. É apenas nas últimas décadas do século passado que se percebe, com nitidez, que pelas fraturas do sistema contratual brasileiro, brotavam soluções. Fruto de esforço social coletivo, especialmente a partir da redemocratização e da mentalidade que inspirava/ou os trabalhos da Constituinte de 1988, há verdadeiro esforço em se repensar o Direito contratual para a sociedade brasileira contemporânea.

8. Os desafios, no entanto, também se atualizam (internacionalização, digitalização, precarização etc.). Pensar em soluções definitivas e pontos de chegada, é como acreditar na miragem que lhe indica o oásis bem no meio do deserto. Tentamos testar estas conclusões nas três tradicionais indagações que inspiram a explicação da liberdade de contratar: (i) a forma; (ii) o objeto e (iii) os sujeitos.

9. No primeiro teste (forma), constatamos que a inovação tem permitido o exercício cada vez mais amplo da liberdade de forma. Por esta razão, não parece adequado que a explicação negocial pressuponha, em qualquer nível, uma mídia específica (a impressa, por exemplo) ou fonte exclusiva. Na prática percebemos, então, que, enquanto insistimos em um ideal para o explicar, o contrato internacional acontece por inúmeras outras interfaces, interações muitas vezes desconsideradas ou subavaliadas pela linguagem jurídica.

10. No segundo teste (objeto), percebemos que também não mais podemos presumir que a relações contratuais internacionais se desenvolvem a partir, apenas, da entrega física de mercadoria (exportação clássica de *commodities*) e que se destinam, majoritariamente, a instrumentalizar a transferência de propriedade ou operações mercantis. Em outros termos, os contratos internacionais das mais diferentes naturezas e com os mais diversos objetos (patrimoniais ou não) estão (e estarão cada vez mais) disponíveis a qualquer pessoa.

11. No teste final (sujeitos), percebemos que não podemos mais presumir que os contratos internacionais se estabelecem e devem ser tratados dentro do antigo padrão de sujeitos iguais e especialistas, autossuficientes, plenamente informados, conhecedores de todas as variáveis e riscos e mestres racionais de seu cálculo e gerenciamento. A mais ampla disponibilização dos instrumentos e dos objetos também atrai diversidade de sujeitos contratantes. Daí porque não parece mais estranho cogitar a existência de um consumidor internacional, de um trabalhador internacional ou de qualquer outro sujeito vulnerável do ponto de vista da contratação internacional.

12. Este último teste (sujeitos) também permite uma projeção: eventualmente precisaremos enfrentar não apenas o problema da compreensão e manifestação da vontade, como "quem" a realizaria. Isto é, em dado momento a resposta obtida pelo algoritmo moderno pode não mais dar conta do problema. São os limites à capacidade e, quem sabe, à categoria de sujeito.

13. Por fim, introduzimos um tema ainda considerado – no Brasil – específico dos contratos internacionais, mas que defendo ser, também, ferramenta de Direito interno[2]. Trata-se da percepção de que a matéria contratual, dada sua natureza privada, não depende, exclusivamente, de seu reconhecimento pelas fontes do Direito estatal. Muitas vezes ele sequer ocorrerá. A liberdade contratual tem, portanto, um sentido de pluralidade também em seu aspecto genético, ou seja, de produção normativa. O que tudo isto quer dizer? Que precisamos reaprender a ensinar, estudar, pensar, desenhar, negociar, construir, redigir, interpretar, executar e, eventualmente, julgar o instrumento que também chamamos de contrato, especialmente se ele vier a ser utilizado em ambiente transnacional.

14. Quanto aos critérios para a atribuição da internacionalidade do contrato, coube a doutrina e jurisprudência, no Brasil, um papel mais ativo para a

---

2. (GLITZ F. E., Contrato, globalização e lex mercatoria, 2014).

identificação de seus fundamentos. Dada a preocupação eminentemente conflitual, incialmente se atrelariam os critérios de internacionalidade do negócio à existência de um elemento jurídico que possibilitasse a incidência de dois ou mais Direitos naquele contrato. O critério jurídico aplicado de forma isolada, contudo, poderia confundir contratos nacionais (embora estrangeiros) como aqueles outros, internacionais. Daí porque passou-se a conceber a necessidade de que ele fosse combinado com um elemento econômico. A doutrina brasileira, em geral, identifica, então, os elementos jurídico e econômico como os dois critérios da internacionalidade de um contrato. Destaque-se, contudo, que nem sempre a jurisprudência o faz, como demonstraram os exemplos de julgados do STJ. Muitas vezes acaba preponderando, no caso concreto, um conjunto de características eminentemente jurídicas. Daí porque, ocasionalmente, seria necessário adotar um critério mais eclético, ponderando a importância de cada um daqueles critérios no caso concreto.

15. Em termos de texto positivo, a internacionalidade de um contrato é, hoje, no Brasil, tema de iniciativas específicas, sejam elas Convenções uniformes (CSIG, Montreal e Cidade do Cabo), Protocolos do MERCOSUL (Buenos Aires) ou legislação interna (franquias). Nestes textos usualmente se adotam apenas critérios objetivos jurídicos para atribuição da internacionalidade (normalmente territoriais). Destaque, contudo, deve ser dado para o Acordo de Buenos Aires e a Convenção de Singapura que, também, preveem a análise de contato objetivo econômico para esta definição. Uma possível inovação de tratamento interno seria a legislação das franquias que busca definir a própria internacionalidade do contrato. Teme-se, contudo, que tal conceito traga poucas consequências práticas relevantes. Embora inexistam, então, (i) critérios gerais peremptórios para a atribuição da internacionalidade de um contrato e (ii) sistematização dos critérios específicos, não se pode afirmar a inexistência de instrumentos para reconhecimento da internacionalidade no caso concreto, ainda que após operação consideravelmente mais complexa.

16. Em relação a mais reconhecível consequência da constatação da internacionalidade do contrato – o Direito material aplicável – observamos que, como já houve na antiga legislação brasileira, há hoje projetos de reforma da legislação para que, no futuro, venha a ser consagrada, entre contratantes paritários, a autonomia da escolha do Direito aplicável ao mérito do contrato internacional. Estes, projetos, contudo, ainda estão em fase de tramitação legislativa.

17. Ainda assim, existem espaços de autonomia que já são consagrados aos contratantes, exemplos seriam a possibilidade de se afastar a incidência da CISG, nos contratos de compra e venda internacional de mercadoria e o reconhecimento de efeitos de cláusula redigida sob a incidência de Direito estrangeiro que permita a escolha.

18. Este último exemplo, inclusive, fez surgir espaços indiretos de escolhas que variariam entre o *forum shopping* e a eventual escolha da própria localização da formação do contrato. Não há, contudo, unanimidade sobre a validade de tais cláusulas.

19. No regime conflitual brasileiro atualmente em vigor, os contratos internacionais celebrados de acordo com a legislação brasileira não admitiriam a escolha – direta – do Direito aplicável se estivessem submetidos a cláusula de eleição de foro nacional. Por outro lado, defende-se que tal escolha seria possível se estivessem, os mesmos contratos, submetidos ao procedimento arbitral. Nele, aliás, se reconhece não só a liberdade de escolha de fundamentação e de procedimento, como se reconheceria – para os contratos internacionais – a possibilidade de escolha do Direito aplicável ao seu (deles) mérito. O entendimento atual, portanto, é que ausente modificação legislativa relevante, conviveriam, no Brasil, dois sistemas: o judicial em que a escolha direta não seria possível e o arbitral em que ela seria. Parece oportuno destacar que esta solução só reforça a necessidade de revisão do tema; em especial em razão dos mais recentes desdobramentos internacionais e da consagrada tendência de se reconhecer ampla autonomia parta os contratos paritários.

Ganda, Clara e o rinoceronte bêbado

A primeira edição da gravura de *Dürer* contava com breve explicação, cuja tradução livre[3] seria a seguinte: *"Em 1º de maio de 1513, depois do nascimento de Cristo, foi trazido da Índia para o grande e poderoso rei Manuel de Portugal em Lisboa, um animal vivo chamado rinoceronte. Sua forma está aqui representada. Ele tem a cor de uma tartaruga salpicada e é coberto por escamas grossas. Tem o tamanho de um elefante, mas pernas mais curtas e é quase invulnerável. No nariz carrega um chifre forte e afiado, que amola nas pedras. Este estúpido animal é o inimigo mortal do elefante. O elefante o teme muito pois, quando eles se encontram, ele corre com a cabeça baixa entre as patas dianteiras e golpeia a barriga do elefante, rasgando-a, e o elefante não consegue se defender. Como o animal está tão bem armado, não há nada que o elefante possa fazer com ele. Diz-se também que o rinoceronte é rápido, vivo e astuto".*

Como sabemos, não só a data mencionada por *Dürer* é equivocada, como as características físicas atribuídas ao rinoceronte (escamas, armadura, um segundo chifre nas costas etc.) não são verdadeiras. Também inverídica sua descrição da inimizade fundamental entre os paquidermes. Ocorre, contudo, que *Dürer*, embora fosse um pintor reconhecido pela precisão nas representações de outros animais, não tinha elementos suficientes para uma melhor descrição. Lembre-se que o relato é de segunda mão (por ouvir dizer) e este seria o primeiro exemplar a pisar na Europa há muito tempo. Talvez Dürer tenha utilizado elementos conhecidos para se inspirar: sua couraça, mais se assemelha às armaduras para cavalos[4] da época e o segundo chifre seguramente se refere à confusão dos relatos de outra espécie de

---

3. Realizada a partir da transcrição disponibilizada pelo British Museum (DÜRER, Rhinocerus, 1515).
4. (MARTINS R. d., 2014).

rinoceronte (o africano) dotado de dois[5] ou a alguma simbologia poética do artista[6]. Provavelmente o pintor não buscou, no *Rhinocerus*, a representação fidedigna de *Ganda*. Sua intenção parece ter sido mais artística.

Figura 27 – Clara

Este não foi o caso de Clara. Ela era um filhote quando, em 1738, sua mãe foi morta por caçadores. Poupada porque seria muito nova, acabou nas mãos de capitão holandês e embarcada rumo a Amsterdã. Os próximos 17 anos passaria sendo exibida em diferentes capitais europeias para deleite do público que não via um rinoceronte indiano desde *Ganda*. Suas apresentações não rendiam apenas pela venda de ingressos, mas em torno dela se desenvolveu toda uma rede de *merchandising* em que eram vendidas gravuras, impressões, estátuas etc. E, assim como Ganda, ela recebeu a atenção de pintores. Em 1751, quando visitou Veneza acabou retratada por Pietro Longhi (*Pietro Falca*). A Figura 26[7] retrata Clara já sem seu chifre, perdido quando investiu contra a jaula e que estaria na mão do tratador (junto ao chicote).

Na Inglaterra, em meados de 1790, foi outro primo que fez sucesso. Dele, aliás, pouco sabemos a não ser que morreu em razão de uma inflamação causada por uma perna deslocada. O tal acidente teria ocorrido porque o paquiderme tornou-se viciado em álcool, chegando a beber três ou quatro garrafas de vinho doce por vez. Assim como suas primas, este rinoceronte indiano também chamou a atenção de um pintor: George Stubbs. Da tela (Figura 27)[8] é possível perceber os detalhes da pele do animal e da coloração rósea das pregas do couro.

Destaque, contudo, deve ser dado à visão empreendedora de *Dürer*. Sua idealização visual de *Ganda* se tornou imensamente popular na Europa, formatando a visão de como seriam os rinocerontes por séculos. A própria matriz original continuou sendo utilizada após a morte do pintor, conhecendo-se, pelo menos, nove diferentes edições. Tal popularidade não se atribui

---

5. (BESSA, 2020).
6. (MARQUES A. P., 2014).
7. (LONGHI, 1751).
8. (STUBBS, 1790-1792).

apenas à escolha do exótico tema e à curiosidade de seus contemporâneos pelas monstruosidades de além-mar; mas especialmente pela utilização da xilogravura. Ao contrário de uma pintura em quadro (por essência exclusivo), a impressão ilimitada assegurou a maior difusão, barateando seu custo e permitindo a aquisição de impressões pelas pessoas. E quanto mais acesso se tinha, mais popular ela ficava. *Ganda* por meio do *Rhinocerus* tornava-se uma mercadoria[9], acelerando a era do consumismo e da globalização.

Figura 28 – O rinoceronte bêbado

Falta-nos, contudo, testar estas conclusões em relação a realidade brasileira de maior inserção de sujeitos não especialistas no Direito Contratual Internacional.

Como já debatemos, a perspectiva da tutela de vulneráveis em relações contratuais internacionais, não é nova. Ela já se apresentava, ocasionalmente, em relações de consumo internacional e em relações de trabalho internacional. Embora fossem casos mais raros que atualmente, eles chegavam a pressionar o Judiciário brasileiro em busca de soluções, muitas vezes extremamente complexas do ponto de vista internacional. Assim, por exemplo, demandas ex-funcionários de Embaixadas e Consulados estrangeiros, privados do pagamento de verbas essenciais questionaram o conceito de imunidade; enquanto aqueles outros trabalhadores embarcados (navios e plataformas) colocavam foco sobre as cláusulas de eleição de foro e de Direito aplicável.

Este movimento também encontrou expressão internacional, especialmente, por meio dos trabalhos da HCCH no desenvolvimento de instrumentos conven-

---

9. A título de comparação, a Monalisa talvez seja, hoje, um dos quadros mais conhecidos do mundo; motivando milhões de visitas por ano ao Museu do Louvre, em Paris. Ela já serviu de inspiração para outras tantas telas (de Botero, por exemplo) e já foi reproduzida incansavelmente. Os direitos autorais para sua impressão, como se sabe, são detidos pelo Louvre que faz uso deles para vender de guarda-chuvas e camisetas, até livros e reproduções. Em 2013, uma primeira impressão do *Rhinocerus* foi leiloada por US$ 866.500,00 pela casa Christie´s (CHRISTIE´S, 2013).

cionais para temas específicos, tais como acesso à Justiça[10]; proteção a crianças[11] e a adultos vulneráveis[12]. Estes poucos e não exaustivos exemplos demonstram que o Direito internacional não é mais palco protagonizado apenas pela autonomia e que, portanto, desde já precisaremos tratar do tema da vulnerabilidade, inclusive para os contratos internacionais.

Para os contornos delineados para este Guia, talvez a situação mais emblemática da vulnerabilidade internacional é, justamente, aquela que se expressa em relações de consumo transnacionais. Estas situações, é claro, encontram seu caminho para dentro dos respectivos Sistemas jurídicos nacionais.

Muitas vezes no Brasil, aliás, estes casos sequer são percebidos como internacionais. Quem já esteve nos Juizados Especiais de uma grande cidade brasileira e prestou atenção aos casos apregoados, perceberá como são comuns as demandas envolvendo, por exemplo, Companhias aéreas internacionais. Tratam-se, é claro, como vimos (**item 3.2.2**), de litígios contratuais internacionais que talvez nem lá devessem estar em razão de sua complexidade inerente.

Mas se são assim tão comuns, eles – de fato – recebem nossa atenção? O melhor exercício para responder a esta pergunta é o profundo (e objetivo) questionamento de como temos olhado para esta situação. Retomemos, então, a metodologia que tentei explicar de identificação e solução de casos internacionais (**item 4.1**).

O primeiro passo, como vimos, seria entender se haveria jurisdição nacional. Você se deparará, com razoável certeza, com uma cláusula de eleição de foro, por meio da qual os contratantes escolheram um foro exclusivamente estrangeiro. A pergunta passa a ser, então, é o caso de aplicarmos o disposto no art. 25 do CPC?

Se sua resposta for um "**sim**", caberia àquele demandante buscar tutela jurisdicional fora do Brasil. Como sabemos, isto muitas vezes, na prática, se revela um limite ao acesso à Justiça, seja pelo custo, pela complexidade ou pelo acesso em si (competência, por exemplo).

Se sua resposta for um "**não**" – e existem vários possíveis argumentos para isso – como superaríamos o impasse de não termos, ainda, definido a *lex fori*?

---

10. Convenção da Haia de 1980 sobre o acesso internacional à Justiça, promulgada pelo Decreto nº 8.343/2014 para assegurar tratamento judicial não discriminatório.

11. Convenção da Haia de 1980 sobre os aspectos civis do sequestro internacional de crianças e Convenção da Haia de 1996 de proteção à criança, esta ainda não ratificada pelo Brasil e aquela promulgada por meio do Decreto nº 3.413/2000. Citemos, ainda, a Convenção da Haia de 2007 obre a Cobrança Internacional de Alimentos para Crianças e Outros Membros da Família promulgada no Brasil por meio do Decreto nº 9.176/2017.

12. Convenção da Haia de 2000 sobre proteção de adultos, ainda não ratificada pelo Brasil e focada naqueles que não tenham condições de se proteger em razão de deficiência ou insuficiência de autonomia.

Como posso afirmar que a cláusula – em si – é abusiva se não sabemos qual o Direito material (*lex causae*) aplicável a ela? Como posso afirmar a incidência do CDC, se ainda não sei se é o Direito material brasileiro que se aplica ao caso? Posso presumir tudo isso?

Suponhamos que você, como a ampla maioria dos precedentes nacionais, se incline para a segunda resposta, como explicaria a competência brasileira? Seguramente faria uso do art. 101[13] do CDC, para casos indenizatórios, ou do art. 22, II do CPC para casos contratuais[14]. Novamente seu problema pode ser a incidência do Direito material brasileiro ao caso.

Se, por exemplo, você comprou a passagem durante uma viagem a Miami (e voou para visitar Nova Iorque antes de voltar ao Brasil), por determinação do art. 9º da LINDB seria o Direito da Flórida o aplicável ao caso concreto, ainda que julgado por juiz nacional. Poderíamos até mesmo trocar o ângulo de análise: é adequado atribuir este risco (internacionalização da demanda) a fornecedor que presta serviço, por exemplo, exclusivamente doméstico. Imagine, por exemplo, que no exemplo anterior você se utilizou de uma *low cost* que está autorizada apenas a voar dentro dos Estados Unidos da América e que, portanto, não teria como normal o risco de ser demandada por turista estrangeiro.

Se por outro lado, você insistir em manter aplicado o Direito brasileiro, como justificaria a competência de seu domicílio se, a Convenção de Montreal[15] aplicável ao caso, determina que sua escolha deva recair entre o foro do domicílio, sede ou estabelecimento do transportador e o foro do destino?

Ou, ainda, com qual fundamento se poderia pretender perante os Juizados Especiais, se claramente este é um caso em que será necessário identificar o Direito aplicável que será, eventualmente, o estrangeiro? A permissão de se optar pelo foro do seu domicílio (art. 4º, III da Lei nº 9.099/1995 – (BRASIL, 1995)) se refere apenas a cláusulas indenizatórias; isso para não mencionar que estão excluídos de sua competência as causas consideradas complexas (art. 3º, *caput* da Lei nº 9.099/1995)? O STF, como vimos, fixou entendimen-

---

13. "Art. 101. Na ação de responsabilidade civil do fornecedor de produtos e serviços, sem prejuízo do disposto nos Capítulos I e II deste título, serão observadas as seguintes normas: I – a ação pode ser proposta no domicílio do autor."

14. "Art. 22. Compete, ainda, à autoridade judiciária brasileira processar e julgar as ações: (...) II – decorrentes de relações de consumo, quando o consumidor tiver domicílio ou residência no Brasil."

15. "Art. 33, 1 do Decreto nº 5.910/2006: A ação de indenização de danos deverá ser iniciada, à escolha do autor, no território de um dos Estados Partes, seja ante o tribunal do domicílio do transportador, da sede da matriz da empresa, ou onde possua o estabelecimento por cujo intermédio se tenha realizado o contrato, seja perante o tribunal do lugar de destino."

to de prevalência do texto Convencional sobre o da legislação de consumo (**item 3.2.2**).

Não se preocupe se um nó se formou em sua cabeça. A questão é que ele exista. E se isso é verdade para as relações internacionais de consumo "analógicas", imagine a dificuldade com as digitais que muitas vezes lidam com dados (sua imagem, por exemplo) e são percebidas como "gratuitas".

A realidade do momento em que este Guia é escrito é muito diferente daquela do início dos anos 1990 quando o Código de Defesa do Consumidor entrou em vigor. Vale dizer, talvez o Legislador não tenha antevisto este cenário. Se pensarmos que a legislação de consumo foi pensada em meados da década de 1980, talvez sequer tenham sido cogitadas as relações internacionais de consumo analógicas. Como já expliquei, o mundo era outro...

É por tudo isso que talvez o chamado caso *Panasonic* seja tão útil para análise desta complexidade e seus desdobramentos. Ele envolve um consumidor ativo, ou seja, que viajou para consumir fora do Brasil e que acabou experimentando vício do produto. Sua complexidade? A rigor, nenhuma. Na prática, evidente: ele só foi resolvido por acordo, após início do cumprimento da decisão (na ação rescisória) transitada em julgado. Foram quase 20 anos de tramitação, para se solucionar uma lide que envolvia o pedido de reembolso dos valores gastos para um conserto (em tese, inexpressivos). Mais ainda, este precedente passou a ser utilizado para fundamentar decisões de outros casos, alguns deles puramente nacionais. Vale, portanto, a pena, então, o entendermos.

Caso:

Conflito em que se discutia a responsabilização de fabricante brasileira por produto de mesma marca, adquirido no exterior. Em razão do objeto, o precedente ficou conhecido no Brasil como "Caso Panasonic".

Procedimento:

Recurso Especial nº 63981/SP, 4ª Turma do STJ, julgamento em 11.04.2000

Ação Rescisória nº 2.931, Segunda Seção, julgamento em 24.08.2005

Decisão:	Destaque:
A Corte reformou, por maioria, a decisão de segundo grau para responsabilizar a fabricante brasileira.  *QR Code 47 – Caso Panasonic*	Ementa: "Se empresas nacionais se beneficiam de marcas mundialmente conhecidas, incumbe-lhes responder também pelas deficiências dos produtos que anunciam e comercializam, não sendo razoável destinar-se ao consumidor as consequências negativas dos negócios envolvendo objetos defeituosos." (Recurso Especial, 2000).

Fatos relevantes:

Segundo consta do acórdão, o recorrente havia adquirido uma filmadora, da marca *Panasonic*, em setembro de 1991, em Miami, Estados Unidos da América. O produto, que teria sido produzido, comercializado e garantido por *Panasonic Company Inc.* (sociedade estrangeira), apresentou, posteriormente, vício e teve negada a reparação, no Brasil, pela sociedade *Panasonic do Brasil Ltda.* (sociedade brasileira). O autor atuava em causa própria e pretendia ser ressarcido pelo valor que desembolsou no conserto do equipamento. Seu pedido foi negado em primeira e segunda instâncias. Eis, então, que recorrer ao STJ sustentando ter havido negativa de vigência aos arts. 3º, 6º, IV e 28, § 5º, todos do Código de Defesa do Consumidor e nulidade da sentença por omissão sobre determinados fatos, interpretação não restritiva do art. 12, § 3º, I do CDC e, portanto, violação ao art. 458, I e II do CPC/73. Em sua defesa, Panasonic do Brasil Ltda. sustentou não ter havido prequestionamento dos referidos dispositivos, bem como, de que se tratava de caso de competência do Judiciário norte-americano e que a demanda deveria ter sido dirigida a quem vendeu o equipamento (sem similar no Brasil), pessoa jurídica distinta, não se caracterizando grupo empresarial uma vez que inexistiria contrato de controle registrado na Junta Comercial. Afirmava, ainda, que não teria produzido ou vendido o produto, nem lhe garantido, razão pela qual não se encaixaria no conceito de fornecedora. Alegava, por fim, que não teria havido publicidade enganosa pois apenas divulgava produtos produzidos no Brasil.

Resumo da decisão:

Em face desta sentença que extinguiu o feito por ilegitimidade passiva, o autor apelou, sustentando a necessidade de que a sociedade empresarial brasileira se responsabilizasse por produto adquirido no exterior uma vez que ela integrava uma corporação multinacional, colaborando com a venda, ainda que de forma indireta, dos produtos estrangeiros. O Tribunal de Justiça de São Paulo, contudo, negou provimento ao recurso por entender que não poderia obrigar a *Panasonic do Brasil Ltda*, sociedade brasileira distinta, a garantir produto, produzido e comercializado, pela matriz ou filial sediada no exterior.

Ementa:

Direito do consumidor. Filmadora adquirida no exterior. Defeito da mercadoria. Responsabilidade da empresa nacional da mesma marca ("Panasonic"). Economia globalizada. Propaganda. Proteção ao consumidor. Peculiaridades da espécie. Situações a ponderar nos casos concretos. Nulidade do acórdão estadual rejeitada, porque suficientemente fundamentado. Recurso conhecido e provido no mérito, por maioria. I – Se a economia globalizada não mais tem fronteiras rígidas e estimula e favorece a livre concorrência, imprescindível que as leis de proteção ao consumidor ganhem maior expressão em sua exegese, na busca do equilíbrio que deve reger as relações jurídicas, dimensionando-se, inclusive, o fator risco, inerente à competitividade do comércio e dos negócios mercantis, sobretudo quando em escala internacional, em que presentes empresas poderosas, multinacionais, com filiais em vários países, sem falar nas vendas hoje efetuadas pelo processo tecnológico da informática e no forte mercado consumidor que representa o nosso País. II – O mercado consumidor, não há como negar, vê-se hoje "bombardeado" diuturnamente por intensa e hábil propaganda, a induzir a aquisição de produtos, notadamente os sofisticados de procedência estrangeira, levando em linha de conta diversos fatores, dentre os quais, e com relevo, a respeitabilidade da marca. III – Se empresas nacionais se beneficiam de marcas mundialmente conhecidas, incumbe-lhes responder também pelas deficiências dos produtos que anunciam e comercializam, não sendo razoável destinar-se ao consumidor as consequências [sic] negativas dos negócios envolvendo objetos defeituosos. IV – Impõe-se, no entanto, nos casos concretos, ponderar as situações existentes. V – Rejeita-se a nulidade arguida [sic] quando sem lastro na lei ou nos autos.

Desdobramentos posteriores:

Em face do acórdão, *Panasonic do Brasil* opôs embargos de declaração (rejeitados por unanimidade). O trânsito em julgado ocorreu em setembro de 2001.

Em 2005, a Segunda Seção do STJ julgou a Ação Rescisória promovida por *Panasonic do Brasil*, por maioria, negando provimento.

Panasonic do Brasil opôs, então, embargos infringentes (rejeitados por unanimidade).

Em 06 de março de 2007 o novo acórdão transita em julgado.

Em outubro de 2008 se iniciou a fase de cumprimento de decisão.

Em 2010 o cumprimento é extinto com a transação entre as partes.

Advirta-se, desde já, que estar no presente nos dá a possibilidade de revisitar os acontecimentos passados com o conforto da presciência, tentando-nos à crítica. Deixemos esta abordagem de lado para entender o nascimento da consciência de internacionalização do Direito contratual de consumo brasileiro.

Este é um ponto essencial. O relator do Recurso Especial, Ministro Aldir Passarinho, indagava: "como, portanto, aplicar um Código de Defesa do Consumidor brasileiro, a um negócio feito no exterior, entre uma empresa estrangeira e um turista brasileiro?" (Recurso Especial, 2000).

Sua indagação demonstra que o caso havia sido percebido como internacional e que, portanto, ela mereceria uma resposta diferente, concluindo que o CDC não "alcança[ria] a relação contratual contratada no exterior", uma das razões pela qual votou pelo não conhecimento do recurso. Este voto foi acompanhado pelo Ministro Barros Monteiro.

Abriu-se, então, a divergência quando o Ministro Sálvio de Figueiredo Teixeira avaliou que a economia globalizada exigiria que "as leis de proteção ao consumidor ganhassem maior expressão em sua exegese", levando em consideração "o fator risco, inerente à competitividade do comércio e dos negócios mercantis, sobretudo quando em escala internacional, em que presentes empresas poderosas, multinacionais, com sucursais em vários países". Esta foi uma das razões pelas quais reconheceu a responsabilidade da atividade empresarial brasileira. Esta linha argumentativa foi seguida pelo Ministro Asfor Rocha e pelo Ministro Ruy Rosado de Aguiar.

Note-se, contudo, que a discussão já se desligava dos contornos internacionais do contrato que definiriam o Direito a ele aplicável para se concentrar no risco empresarial regido pelo Direito brasileiro. Assim, por maioria, a Quarta Turma do Superior Tribunal de Justiça conheceu o recurso e lhe deu provimento.

Em 2005, a Segunda Seção do STJ julgou a Ação Rescisória nº 2.931 promovida por *Panasonic do Brasil* que, por maioria, acabou rejeitada sob o fundamento de que a recorrente pretendia nova discussão de tema debatido na doutrina e jurisprudência, razão pela qual se aplicou a Súmula nº 343[16] do Supremo Tribunal Federal (Ação Rescisória, 2005).

Deste desdobramento judicial, destaco o voto divergente do Ministro Humberto Gomes de Barros que entendeu não ser aplicável o CDC ao caso, uma vez que a aquisição do produto teria ocorrido em outro país, bem como que não se poderiam confundir pessoas jurídicas distintas; enquanto o voto divergente do Ministro Ari Pargendler acrescentava que a atribuição de garantia, no Brasil, para

---

16. "Não cabe ação rescisória por ofensa a literal disposição de lei, quando a decisão rescindenda se tiver baseado em texto legal de interpretação controvertida nos tribunais."

produtos estrangeiros poderia prejudicar a indústria nacional e que o art. 12, § 3º, I do CDC "obviamente" se referia à "mercado nacional", até por força do art. 9º, do Decreto-lei nº 4.657/1942.

Embora o debate original do caso tenha ficado adstrito à possibilidade de a sociedade brasileira vir a ser responsabilizada pelos custos decorrentes do conserto de equipamento da marca *Panasonic* adquirido no exterior de sociedade estrangeira, convém para nossos objetivos – como os votos que mencionamos anteriormente – abordar o tema pelo viés da incidência (ou não) da legislação brasileira. O questionamento inicial do Ministro relator do Recurso especial, como sabemos, era pertinente pois o STJ era chamado a avaliar a aplicação da legislação brasileira (CDC) a um contrato celebrado no exterior (EUA), entre sociedade estrangeira (sediada nos EUA) e turista (domiciliado no Brasil). Também no voto divergente da Ação Rescisória se percebe a mesma preocupação e a resposta categórica: não se aplicaria.

O fundamento seria justamente a aplicação da metodologia do Direito internacional privado (**item 4.1**) que conduziria à avaliação da questão (contrato) pela perspectiva do art. 9º da Lei de Introdução (naquela época Lei de Introdução ao Código Civil – LICC). Se o objeto de conexão era o "contrato", o elemento atrairia o Direito do local de formação do contrato, ou seja, o Direito da Flórida. Assim, caberia ao julgador brasileiro (se competente), em tese, buscar entender neste Direito estrangeiro, se poderia responsabilizar (e sob qual fundamento) a atividade empresarial brasileira. Como sabemos, não foi o que aconteceu.

Antes mesmo da avaliação do Direito aplicável ao caso concreto seria imprescindível a avaliação da própria competência e, claro, da estratégia adotada pelo autor. Assim, ainda que competente o Judiciário brasileiro, valeria a pena ajuizar uma ação no Brasil para discutir aquela indenização? Sabemos que o custo – pessoal e social – da uma demanda internacional é elevado e sua tramitação complexa (vez que exigiria a utilização de mecanismos de cooperação internacional, como cartas rogatórias, sem contar a contratação de profissionais em território estrangeiro). Além disso, a eventual decisão favorável, decorrente do ajuizamento da demanda no Brasil em face de sociedade estrangeira, poderia nunca a vir a ser executada, pois dependeria da existência de bens, em território nacional, que viessem a satisfazer o crédito.

Por outro lado, se a opção fosse por ajuizar a demanda no exterior, para que a eventual decisão produzisse efeitos no Brasil, seria indispensável que fosse homologada, na época, pelo Supremo Tribunal Federal.

Da análise dos votos divergentes da Ação Rescisória, contudo, percebe-se, ainda, que houve certa confusão entre competência (CPC/73) com a questão do Direito aplicável (LICC). Como sabemos, o art. 9º da Lei de Introdução não trata de competência. Este – o Direito aplicável – seria apenas o segundo passo. E, como vimos, em tese, se o julgador fosse brasileiro, o Direito aplicável seria estrangeiro, tendo como limite da sua eficácia a ordem pública (art. 17 da LINDB). Desta forma, uma vez que o juiz brasileiro aplicasse a legislação norte-americana, precisaria substituir efeitos desta se fossem tão contraditórios com o Direito brasileiro que violassem a ordem pública nacional, identificando e justificando o afastamento (dos efeitos). A mera contradição ou diferença de tratamento da legislação estrangeira com o CDC não seria suficiente para afastá-la.

Retornando ao caso Panasonic, se percebe que não se poderia fazer incidir automaticamente (ou presumir sua aplicação) o Código de Defesa do Consumidor ao caso concreto. O que chama a atenção é que toda uma linha argumentativa foi deixada de lado para análise deste caso específico. Caberia, contudo, lembrar que caberia ao Tribunal apreciar a matéria de ofício, conforme o precedente fixado pela sua própria jurisprudência:

Referência: (Recurso Especial, 2000)	**Ementa:** "Direito estrangeiro. Prova. Sendo o caso de aplicação do direito estrangeiro, consoante as normas do Direito internacional privado, caberá ao Juiz fazê-lo, ainda que de ofício. Não se poderá, entretanto, carregar à parte o ônus de trazer a prova de seu teor e vigência, salvo quando por ela invocado. Não sendo viável produzir-se essa prova, como não pode o litígio ficar sem solução, o Juiz aplicará o direito nacional."

Em parte esta discussão foi prejudicada pela estratégia processual do autor de ajuizar a demanda em face da sociedade brasileira. Por outro lado, esta estratégia – deliberada ou não – trouxe desdobramentos importantes e que o tornaram um caso de aplicação do Direito nacional. O debate em torno da responsabilidade do fornecedor que se utiliza de marca internacionalmente consagrada passou, então, a ser o padrão para outros casos. É aqui que o caso *Panasonic* deixa de ser um caso de contrato internacional de consumo e passa a ser representativo do consumo internacionalizado. Esta análise deixo para outro espaço[17].

A lição mais relevante do caso *Panasonic* parece ser seu legado. Pesquisa na jurisprudência do STJ vai revelar poucos os casos de contratação internacional, menos ainda se envolver relações de consumo. Contudo, partes deste precedente continuam embasando outros casos, especialmente para responsabilização da atividade nacional que utiliza marca internacionalmente reconhecida.

Se, de um lado, alguns nele enxergam um "contraponto do fenômeno globalizante"[18] outros extraem fundamento para aplicação imediata da norma consu-

---

17. Posso sugerir a leitura do artigo (GLITZ F. E., 2022) e de algumas das referências lá indicadas.
18. (BRITO, 2014).

merista[19] como norma de ordem pública internacional[20]. Acredito, contudo, que a resposta se encontre mais ao meio: a Corte teria ignorado a internacionalidade do contrato ao aplicar o CDC[21].

Eis, então, a conclusão que gostaría que aproveitássemos: não importa se o caso é de um "simples" ressarcimento de valores empregados no conserto de um produto (seja uma filmadora ou um *smartphone*), a internacionalidade que lhe atribuirmos trará complexidades normativas.

A intensificação da inserção do consumidor em cadeias globais de fornecimento de produtos e prestação de serviços e a facilidade com que superamos barreiras territoriais farão com que estes casos sejam cada vez mais comuns. Não poderemos, no entanto, argumentar que não "há proteção legal suficiente" para o consumidor do mercado transnacional. Menos ainda, poderemos adotar um nacionalismo normativo persistente que se revele ou preconceituoso da norma não nacional (que presumimos "pior") ou que seja usado como barreiras ao comércio mundial.

Adicionalmente precisaremos endereçar outros temas. Sabemos, por exemplo, que o custo e dificuldade de se demandar um fornecedor no exterior podem ser proibitivos. Para abordar este tema será necessário esforço político e diplomático de implementação de ferramentas de cooperação internacional, que levem em consideração a utilização da mesma tecnologia que permitiu a contratação[22]. A melhor preparação daqueles envolvidos na solução destes casos, também ajudaria.

Conceber que juristas desconsiderem – hoje – a lógica internacional e permaneçam agrilhoados a um sedutor e acrítico nacionalismo não faz mais sentido. Presumir que "o mais favorável ao consumidor" é sempre a aplicação de sua legislação de domicílio pode, por exemplo, ser um equívoco. Assim como presumir que a "melhor" tutela é aquela que concede ao desejo individual de consumo. Precisaremos, portanto, discutir quais são padrões "mais favoráveis": aqueles que incentivam a não leitura e o consumo irracional? Ou aqueles que, por exemplo, o proíbam em face de tutela ambiental. Para sua avaliação, deixo o seguinte exemplo: a Europa promoveu forte pressão política sobre os fabricantes de *smartphones* ao exigir que, a partir de setembro de 2024, adotassem padrão

---

19. (MARQUES C. L., A proteção do consumidor de produtos e serviços estrangeiros no Brasil: primeiras observações sobre os contratos à distância no comércio eletrônico, 2002).
20. (MARQUES C. L., Lei mais favorável ao consumidor e o acordo do Mercosul sobre direito aplicável em matéria de contratos internacionais de consumo de 2017, 2019).
21. (ARAÚJO, 2005).
22. Estritamente como exemplo d podem-se se citar as cada vez mais comuns citações judiciais internacionais sendo realizadas por meio do Whatsapp, como por exemplo no caso não contratual envolvendo dívida alimentar de devedor domiciliado na África (TJPB, 2024).

universal de carregadores (EUROPA, 2022). Seria "mais favorável" ao consumidor determinar que estes mesmos fabricantes continuem fornecendo carregadores? Ou, ao permitir que não mais o façam, se estaria agindo em favor do consumidor? Lembro que a decisão europeia está em linha com mais recente política europeia para consumo que leva em consideração ao lado da proteção do consumidor, a redução do lixo eletrônico[23].

Dito tudo isso, qual o quadro normativo disponível ao consumidor brasileiro?

1. Como vimos, em termos internacionais, estaria excluída, em princípio, a incidência da CISG em razão da menção às mercadorias "adquiridas para uso pessoal, familiar ou doméstico" (art. 2º, a). (**item 3.2.1**).

2. Em termos regionais, podemos mencionar o Protocolo de Santa Maria que rege a matéria de jurisdição internacional de consumo no MERCOSUL. Ele, contudo, não está em vigor, como vimos (**item 3.2.4**).

3. Ainda no MERCOSUL podemos citar o Acordo sobre comércio eletrônico[24], aprovado em janeiro de 2021, mas que ainda não entrou em vigor para o Brasil[25] que menciona que os Estados reconhecem a importância de proteção do consumidor.

4. Também no MERCOSUL podemos citar o Acordo sobre o Direito Aplicável em matéria de Contratos Internacionais de Consumo, aprovado em dezembro de 2017. Ele também não entrou em vigor pois ainda depende da incorporação ao Direito nacional dos Estados membros. O Acordo define o contrato internacional de consumo; exclui de seus escopo (art. 3º) contratos empresariais, cíveis (estado, capacidade, sucessão e família), cláusulas arbitrais e de foro, societários e de relações falimentares; e indica o Direito aplicável. No Brasil, seu texto tramita na Câmara dos Deputados brasileiros como PDL 170/2022[26], sua análise é, contudo, mais rica se realizada em conjunto com as proposições legislativas que tramitam no Brasil. Destacamos dois deles:

4.1 O primeiro deles, PLS nº 281/2012, originariamente, previa a inclusão de inciso VII ao art. 5º para determinar a "interpretação e a integração de normas e negócios jurídicos de maneira mais favorável ao consumidor". Seu objetivo principal seria melhor regular o comércio eletrônico, embora não fizesse – em princípio – referência à internacionalidade deles. O Substitutivo excluiu esta redação, mas incluiu a menção, mais técnica, ao art. 9º da LINDB para dar tra-

---

23. (SCHAEFER & GLITZ, Obsolescência programada: entre a legalidade e a abusividade da conduta (notas a partir das decisões do STJ), 2022).
24. (BRASIL, 2024).
25. Foi ratificado pelo Uruguai e pelo Paraguai, apenas (MERCOSUL).
26. (BRASIL, 2024).

tamento aos contratos de adesão internacionais[27] e para conceituar os contratos internacionais de consumo. Com a aprovação do Substitutivo, o projeto seguiu para a avaliação da Câmara dos Deputados (PL nº 3514/2015) e encontra-se apensado ao PL nº 104/2011.

4.2 O segundo deles, PLS nº 1038/2020, originariamente previa a inclusão do conceito de contrato de consumo na LINDB, diferenciando-se do primeiro quanto aos elementos de conexão. O Projeto segue tramitação no Senado. Neste projeto, destaque-se a Justificativa que incorpora muitos dos instrumentos mais contemporâneos do Direito internacional ao seu texto e argumentação.

Legislação Projetada para Definição do Contrato Internacional de Consumo		
Substitutivo do PLS nº 281/2012	PLS nº 1.038/2020	Acordo do MERCOSUL
Art. 9-B da LINDB: "O contrato internacional de consumo, entendido como aquele realizado entre um consumidor pessoa natural e um fornecedor de produtos e serviços cujo estabelecimento esteja situado em país distinto daquele de domicílio do consumidor, reger-se-á pela lei do lugar de celebração ou, se executado no Brasil, pela lei brasileira, desde que mais favorável ao consumidor"	Artigo 9º-A da LINDB: "Os contratos internacionais de consumo, entendidos como aqueles realizados entre um consumidor, pessoa física, com fornecedor de produtos e serviços cujo domicílio ou estabelecimento envolvido na contratação esteja situado em um país distinto do domicílio do consumidor, regem-se pela lei do domicílio do consumidor ou pela lei do lugar da celebração, aplicando-se sempre a lei que for mais favorável ao consumidor."	Art. 2º do Acordo: "Contrato Internacional de Consumo: existe contrato internacional de consumo quando o consumidor tem seu domicílio, no momento da celebração do contrato, em um Estado Parte diferente do domicílio ou sede do fornecedor profissional que interveio na transação ou contrato"
Comparação – diferenças fundamentais (consumidor, fornecedor)		
Qualifica consumidor como pessoas natural (litimando, portanto).	Qualifica consumidor como pessoas física (litimando, portanto).	Define consumidor como "toda pessoa física ou jurídica que adquire ou utiliza produtos ou serviços de forma gratuita ou onerosa como destinatário final, em uma relação de consumo ou como consequência ou em função dela" (art. 2º). Trata-se de conceito mais amplo e próximo do atualmente praticado no Direito brasileiro.

---

27. Incluindo o § 5º "Não obstante o disposto neste artigo, em se tratando de contrato standard ou de adesão celebrado no Brasil ou que aqui tiver de ser executado, aplicar-se-ão necessariamente as disposições do direito brasileiro quanto revestirem caráter imperativo".

Fornecedor é aquele que tem estabelecimento em país distinto do domicílio do consumidor.	Fornecedor é aquele que tem estabelecimento ou domicílio em país distinto do domicílio do consumidor.	Fornecedor é aquele que tem domicílio ou sede em país distinto do domicílio do consumidor.
Direito do local de celebração ou Direito do local de execução, desde que mais favorável ao consumidor.	Direito do local de domicílio do consumidor ou do local celebração, desde que mais favorável ao consumidor.	Se o contrato internacional for celebrado pelo consumidor *no Estado* de seu domicílio: Direito escolhido pelos contratantes (dentre os Direitos do domicílio do consumidor, do local de celebração, do local de execução ou da sede do fornecedor) desde que mais favorável ao consumidor. Em caso de omissão, aplica-se o Direito do domicílio do consumidor. (art. 4º)
		Se o contrato internacional for celebrado pelo consumidor *fora do Estado* de seu domicílio: Direito escolhido pelos contratantes (dentre os Direitos do domicílio do consumidor, do local de celebração ou do local de execução) desde que mais favorável ao consumidor. Em caso de omissão, aplica-se o Direito do local de celebração. (art. 5º)
		Se o contrato for de *viagem e turismo* e celebrado fora do domicílio do consumidor aplica-se o Direito do domicílio do consumidor. (art. 7º)
		A forma como projetada a determinação do Direito aplicável quando celebrado para viagem e turismo parece ter sido no sentido de não aplicar a legislação da sede do fornecedor ou do local de celebração. Isto, é claro, trará enorme complexidade para a atividade que, em princípio, precisará atender (e se capacitar) para reger sua atividade de acordo com 4 diferentes padrões legislativos nacionais (excluído o seu).

Frise-se que *nenhum* deste instrumentos *está em vigor*. Neles há diferenças fundamentais que, eventualmente, precisarão ser harmonizadas. Além disso, precisaremos nos atentar para alguns aspectos.

A. Atualmente, a legislação nacional brasileira não contém, ainda, para a matéria de consumo, norma de conexão que preveja uma análise comparativa de norma mais favorável para determinação do Direito aplicável, embora exista tal previsão para o caso específico da sucessão (art. 10, § 1º, da LINDB e art. 5º, XXXI, da Constituição da República).

B. O mesmo tema (Direito aplicável a contratos de consumo internacional), ainda, é objeto da Conferência Especializada Interamericana sobre Direito Internacional Privado (CIDIP-VII). Existem distintos projetos, incluindo o brasileiro[28] que trata do tema em linhas distintas dos projetos legislativos aqui relacionados. Os trabalhos não foram concluídos e, portanto, não há um texto definitivo. A ideia seria promover um padrão interamericano de proteção para as relações internacionais de consumo. Não é impossível, portanto, que tenhamos três padrões distintos: o nacional, o americano e o do Mercosul, já que todos estão sendo debatidos ao mesmo tempo, mas se baseiam em textos com diferenças fundamentais de concepção.

QR Code 48 – Projeto brasileiro CIDIP VII

C. Sobre contratos de viagem, especificamente, deve-se mencionar a existência (e vigência) da Convenção de Bruxelas de 1970 sobre contratos de viagem organizada (pacotes). A Convenção parece ter tido objetivo mais amplo de uniformização, já que não menciona a internacionalidade do contrato em especial. Indício disso é que não há definição de critério para identificação do Direito de regência, embora o texto mencione que ele deve ser aplicado sem prejuízo de legislação específica que dê tratamento preferencial a certas categorias de viajantes (Art. 2º, 2). Esta Convenção nunca foi ratificada pelo Brasil[29].

QR Code 49 – Guidelines

D. No plano da *soft law* podemos destacar os importantes trabalhos conduzidos pela UNCTAD e, em especial, as Diretrizes para a proteção do consumidor ("*Guidelines*"), contudo, mais direcionada ao legislador nacional e o Guia prático da HCCH para acesso de turistas e visitantes internacionais à Justiça ("*Practical Guide*").

---

28. (BRASIL. Missão Permanente do Brasil junto à Organização dos Estados Americanos, 2024).
29. (UNIDROIT, 2024)

QR Code 50 – Practical guide

E. Por fim, podemos mencionar que o quadro normativo do MERCOSUL, em que há a notícia de Acordo Interinstitucional de entendimentos entre os órgãos de defesa do consumidor dos Estados parte do MERCOSUL para a defesa do consumidor visitante, celebrado em 2004. Seu objetivo principal seria a cooperação interinstitucional para a facilitação e efetivação da tutela dos consumidores viajantes que estivessem, transitoriamente, em Estado membro[30].

Este quadro se completa com uma série de Resoluções e Decisões em temas específicos. Embora as citemos como demonstração do grau de harmonização e integração da matéria de consumo, fato é que nenhuma delas apresenta desenvolvimento substancial direto, como o texto do Acordo de 2017, no tema dos contratos internacionais.

Plano de Ação para desenvolvimento e convergência de plataformas digitais para a solução de conflitos de consumo. (MERCOSUL, 2019)	
Resolução sobre a Defesa do Consumidor e Proteção ao consumidor no comércio eletrônico (MERCOSUL, 2019)	
Resolução sobre os Direitos básicos do consumidor (MERCOSUL, 1996).	

---

30. O texto do acordo não foi localizado no acervo normativo do MERCOSUL. Versão digitalizada está disponível em (CEARÁ. Ministério Público, 2004).

Resolução sobre proteção à saúde e segurança do consumidor (MERCOSUL, 1996).	
Resolução sobre garantia contratual (MERCOSUL, 1998).	
Resolução sobre o Direito à informação do consumidor nas transações efetuadas através da internet (MERCOSUL, 2004).	
Resolução sobre a proteção do consumido hipervulnerável (MERCOSUL, 2021). Ainda não vigente.	

F. Quanto à legislação brasileira, a referência obrigatória é, claro, a Lei n° 8.078/1990 (CDC). Ela, contudo, não aborda a tutela do consumo pela perspectiva internacional[31], mas a partir da noção de fornecedor estrangeiro e, portanto, da importação.

Artigo	Texto
Art. 3°	"Fornecedor é toda pessoa física ou jurídica, pública ou privada, nacional ou *estrangeira*, bem como os entes despersonalizados, que desenvolvem atividade de produção, montagem, criação, construção, transformação, importação, exportação, distribuição ou comercialização de produtos ou prestação de serviços."
Art. 12	"O fabricante, o produtor, o construtor, nacional ou *estrangeiro*, e o *importador* respondem, independentemente da existência de culpa, pela reparação dos danos causados aos consumidores por defeitos decorrentes de projeto, fabricação, construção, montagem, fórmulas, manipulação, apresentação ou acondicionamento de seus produtos, bem como por informações insuficientes ou inadequadas sobre sua utilização e riscos."
Art. 25, § 2°	"Sendo o dano causado por componente ou peça incorporada ao produto ou serviço, são responsáveis solidários seu fabricante, construtor ou *importador* e o que realizou a incorporação."

---

31. Existe uma única menção ao termo "internacional" em todo o CDC, no art. 7°, quando se refere aos Tratados internacionais como eventual fonte normativa.

Art. 32	"Os fabricantes e **importadores** deverão assegurar a oferta de componentes e peças de reposição enquanto não cessar a fabricação ou importação do produto." "Parágrafo único. Cessadas a produção ou **importação**, a oferta deverá ser mantida por período razoável de tempo, na forma da lei."

Desdobramento, entretanto, mais recente foi a reforma do CDC pela Lei nº 14.181 de 2021[32] que buscava dar tratamento ao superendividamento. Paradoxalmente, contudo, incluiria no texto do Código de Defesa do Consumidor, como cláusula abusiva aquelas que "prevejam a aplicação de lei estrangeira que limite, total ou parcialmente, a proteção assegurada por este Código ao consumidor domiciliado no Brasil." Este inciso (art. 51, XIX) acabou, adequadamente, vetado. O mesmo não ocorreu, contudo, com aquele que inclui como cláusula abusiva aquelas que "condicionem ou limitem de qualquer forma o acesso aos órgãos do Poder Judiciário;" (art. 51, XVII).

A redação destes dispositivos e sua interpretação devem ser feitas com certo cuidado. Comecemos pelo último. Trata-se de redação geral que já constou de outros instrumentos que visavam a proteção do consumidor (por exemplo, item 3 da Portaria SDE nº 03/2001[33]). Seu problema, contudo, está, justamente, em sua generalidade, isso porque, aparentemente, o dispositivo pode estar direcionado a cláusulas de eleição de foro exclusivo estrangeiro.

Acontece que a análise de eventual abusividade do contrato e de suas cláusulas (mérito) depende, previamente, da identificação do Direito aplicável ao contrato (por exemplo, se o contrato foi celebrado nos EUA, será o Direito americano aplicável a ele – mesmo que seja o conflito julgado no Brasil). Antes da análise do mérito de qualquer caso internacional, contudo, é imprescindível afirmar a competência daquele que o julga. Assim, ao se afirmar que a cláusula é abusiva, se estaria aplicando – de antemão –o Direito brasileiro (CDC), sem se saber se a pessoa que o faz é competente para julgar o contrato e, mesmo, se o Direito que deve ser aplicado é o brasileiro. Nesta esteira podemos mencionar a mesma crítica para a já citada alteração do CPC que modificou a redação do parágrafo primeiro do art. 63 para estabelecer condições para a cláusula de eleição de foro.

Neste aspecto, portanto, seria mais aconselhável que fosse – também – reformado o próprio CDC ou o art. 25 do Código de Processo Civil para se proibir ou limitar a eleição de foro estrangeiro em contratos de consumo celebrados no Brasil e, ainda, a LINDB para determinar a aplicação do Direito brasileiro quando o consumidor aqui fosse domiciliado, por exemplo. De qualquer forma, tais

---

32. (BRASIL, 2021).
33. (BRASIL. Ministério da Justiça e Segurança Pública, 2001).

reformas, em princípio, não alcançariam contratos celebrados fora do Brasil que não estivessem sujeitos à legislação e jurisdição brasileiras.

Já o proposto inciso XIX se direcionava à escolha do Direito aplicável a contratos internacionais de consumo. Em princípio, pela atual legislação brasileira, a proibição seria desnecessária já que a LINDB (art. 9º) determina a incidência obrigatória de Direito por ela definido, não cabendo às partes a sua escolha. Assim, uma cláusula, inserida em um contrato celebrado no Brasil, que determinasse a incidência de Direito diverso daquele definido pela LINDB já seria ineficaz. O problema surge quando o contrato não tiver sido celebrado/formado no Brasil, incidindo, por exemplo, legislação que permita tal escolha. Nestes casos sequer seria aplicável o CDC. A dúvida residiria, então, se, no futuro, poderia a parte invocar este dispositivo para que fosse negada a eventual homologação de sentença estrangeira?

Ao cabo de toda a análise que buscamos empreender por meio deste Guia, acredito que seja a hora de reavaliarmos como tratamos – no Brasil – o tema dos Contratos Internacionais. Apesar de sua relevância prática, nosso Sistema jurídico parece preferir tratá-los como nacionais, seja ao aceitar certas competências, seja em buscar insistentemente a incidência da norma brasileira.

Nem se diga que esta é uma tendência protetiva adotada para as contratações que envolvam vulneráveis; justamente porque ela se encontra no cerne da manutenção da atual regra do art. 9º da LINDB que veda a autonomia privada mesmo em contratos paritários.

Também não me parece que possamos presumir que aceitar a competência nacional ou insistir na incidência do Direito brasileiro servirá para dar maior proteção a quem quer que seja, já que nem sempre tais eventuais decisões serão efetivadas. Isso para não mencionar a reação em sentido contrário que apenas repassará ao contratante brasileiro algum outro ônus.

Devemos ter em mente, ainda, que estamos próximos ao limiar da transposição da linguagem negocial. Neste *breakeven*[34] contratual, precisamos começar a nos preocupar com a projeção de nossas futuras necessidade em uma sociedade em que cada vez mais estaremos diante de negócios jurídicos internacionalizados, digitais e massificados.

Richard e Daniel Susskind, por exemplo, se tornaram célebres ao defender que o futuro trará a extinção das profissões, em especial aquelas que funcionam como *gatekeepers* (guardiões) de conhecimento e técnica. Segundo os autores, a

---

34. Termo empregado por financistas e startups para designar o ponto de equilíbrio entre custo e ganho, considerado, portanto, o limiar da lucratividade do negócio.

tecnologia e o acesso ao conhecimento imporão maior democratização de acesso a serviços (reduzidos à automação, trabalhadores de menor remuneração com apoio de ferramentas de standardização e ao 'faça você mesmo')[35]. Este é um argumento que prega a extinção de algumas profissões que são percebidas como de "reservas de conhecimento", entre elas os advogados. No fundo é um argumento econômico liberal: por que o conhecimento deve ser reservado se o futuro a tornará esta restrição obsoleta? Costumo defender, contudo, que simplificar e dar acesso, nem sempre é suficiente para manejar instrumentos, compreender a técnica e antever consequências.

Assim, embora tenha estudado química e física, não sou capaz – apesar de alguma tentativa – de compreender as discussões sobre a origem do universo e a sua expansão. Neste sentido me parece simplista afirmar que o usuário não dependerá de um especialista jurídico, na medida em que alguma ferramenta tecnológica permitirá que ele mesmo peça ou solucione seu problema. Como contatamos no curso desta nossa conversa, a complexidade de contratar é muito maior que simplesmente desenhar instrumentos.

De fato, estas ferramentas até poderão ampliar acesso e diminuir custos, mas não tenho certeza se o usuário compreenderá o que está fazendo, por mais informação que lhe seja dada. A questão não é quão amigável é a interface, mas quanto se estudou, pensou e projetou para ali chegar. Para a cultura do faça você mesmo, tipicamente norte-americana, faz sentido ir a uma grande loja ou comprar on-line um *kit* de montagem de seu armário. Ele virá com instruções detalhadas e, quem sabe, até mesmo um tutorial via *streaming*. Ponto, no entanto, é que alguém esteve atrás disso: o *designer* projetou o móvel a partir de necessidade concretas identificadas pela sua experiência e estudo; quem fabricou aquelas peças precisou empregar técnicas que também não estão disponíveis ao usuário. Ele sequer precisa pensar que elas existam para satisfação de sua necessidade. Presumir, portanto, que ele compreende a operação é, no mínimo, exagero. E no final, ainda que montado errado, se o móvel ficar em pé, nosso marceneiro amador ficará satisfeito.

Em que condições isso se daria para negócios internacionais? Soluções de IA para simplificar os termos de adesão ou prestar a informação de forma completa são suficientes? É impossível dar uma resposta definitiva. Porque outras forças agem concomitantemente para embaralhar nosso jogo: no Brasil, a judicialização crescente, o nacionalismo interpretativo, a irresponsabilidade do usuário que nem lê o que aceita, a precarização de acesso à educação de qualidade e à tecnologia de acesso etc.

---

35. (SUSSKIND & SUSSKIND, The future of the professions: how technology will transform the work of human experts, 2015).

Como lhe adiantei na Apresentação, não há resposta fácil a estes desafios. Arriscaria dizer que elas passarão por um misto de melhor preparação do profissional[36]; conscientização do brasileiro como contratante e sujeito globalizado e, claro, uma abordagem técnica para além daquela praticada hoje.

---

36. Richard Susskind em outro livro famoso anunciava esta necessidade. Ele mencionava que para além da automação, a simulação e o acesso a ferramentas de aprendizagem digital seriam essenciais (SUSSKIND, Tomorrow´s lawyers: an introduction to your future, 2017). Isso já é realidade no Brasil há muito tempo, até por imposição normativa, mas, como sabemos, não é suficiente. Precisaremos antecipar a necessidade futura de acesso a nova linguagem contratual. Nossos especialistas serão, também, designers e programadores.

PARA ALÉM DE GANDA, O RINOCERONTE COMO INSPIRAÇÃO

> "Quanto dura um rinoceronte
> depois de ser enternecido?
> Que contam de novo as folhas
> da recente primavera?
> As folhas vivem no inverno
> em segredo, com as raízes?
> Que aprendeu a árvore da terra
> para conversar com o céu?"[1]

Quando elaborou o seu famoso *Rhinocerus*, Dürer já era bastante conhecido como artista e ilustrador. Sua vasta produção era muito diversa em temática. Assim como seus contemporâneos, o pintor se dedicou à arte sacra, retratando em 1507, por exemplo, Adão e Eva, reconhecida como primeiro nu artístico em tamanho natural da pintura alemã e que, hoje, se encontra exposto no Museu do Prado em Madrid. Ele também pintou o famoso autorretrato de 1500, seu último, em que se retrata de acordo com o modelo usual para Cristo. Lá estão nitidamente seu anagrama e a frase "Albertus Durerus Noricus / ipsum me propriis sic effin / gebam coloribus aetatis / anno XXVIII", ou seja, "Albrecht Dürer de Nuremberg / Para que minha própria imagem / feita com as cores da idade / aos 28 anos". Tornou-se rico e reconhecido na época por uma série de xilogravuras ("O Apocalipse") consideradas até hoje uma das principais expressões da arte alemã. Ele, contudo, também tinha profundo interesse pela natureza, retratando a flora e os animais. Neste contexto podemos citar a "Lebre Jovem" de 1502 e nosso *Rhinocerus*.

QR Code 51 – Autorretrato

---

1. (NERUDA, 2004).

Eis aqui, contudo, um paradoxo. Tal como outros artistas do renascimento, Dürer parecia mais inclinado ao realismo das representações (teria até mesmo editado um livro sobre a anatomia humana). Isto não é exatamente o que acontece como o rinoceronte indiano que retratou, ainda que se possam explicar as eventuais divergências anatômicas com o fato de ter apenas tido contato com o relato da existência de Ganda. Seu desenho acabou se tornando um ícone visual, apesar da 'concorrência' de representações mais fiéis.

Em parte, isso se deve à utilização da xilogravura como técnica de produção e distribuição em massa da imagem, permitindo o acesso popular a ela. Por outro lado, também parece ter contribuído para sua popularização a incorporação do *Rhinocerus* a diversos livros de História natural publicados posteriormente. E assim o rinoceronte encontrou caminho para inspirar outros artistas, como escultores, pintores, escritores, dramaturgos e cineastas.

Se Vinícius de Moraes achava que "Ninguém faz tudo bonito sempre. Até Deus. Ele fez o cavalo e também o rinoceronte"[2], outros buscam sua carga simbólica.

QR Code 53 – Dali

Dali e seu "rinoceronte vestido de puntillas" (1956) que adorna Marbella na Espanha, é obviamente inspirado no *Rhinocerus*. Já o dramaturgo romeno Eugène Ionesco, se propõe a usar a figura do rinoceronte para criticar a alienação, o fanatismo e o comportamento coletivo e de massa. O enredo da peça de 1959, "O rinoceronte", gira em torno do aparecimento inesperado deste animal, surpreendendo inicialmente a população de uma cidade, até que muitos outros vão passar a ser percebidos, efeito da doença que a todos transforma naquele paquiderme. Inspirado nesta peça, Millor Fernandes, mais conhecido pelas suas crônicas, retrata o rinoceronte como um animal forte e corpulento, emoldurado pelo vermelho e pela cidade, cujo *skyline* se vê ao fundo.

---

2. (FRANCO & GIAMBIAGI, 2015).

QR Code 52 – Millôr

Em 1983 era a vez de Federico Fellini empregar, no filme *E la nave va*, a metáfora do rinoceronte fêmea no barco salva vidas (e que se tornou estátua em Rimini, Itália), em alusão ao primeiro pré-guerra europeu, mas, ao mesmo tempo, evocando claramente *Ganda* e antiguidade via *Dürer*.

QR Code 54 – Rimini

Em 19 de março de 2018, *Sudan*, o último exemplar macho do rinoceronte branco do norte, sem deixar declaração de última vontade, submeteu-se a procedimento de eutanásia. Deixou filha (*Najin*) e neta (*Fatu*), mas sua família já estaria com os dias contados, já que ambas não podiam mais gestar herdeiros.

Com seus muitos 45 anos (equivalente a um centenário humano), a saúde de *Sudan* há muito estava fragilizada. Nascido em 1973, com apenas dois anos mudou-se para um zoológico na República Tcheca (então Checoslováquia) onde viveu até 2009, quando – já raridade – foi transferido para a reserva de *Ol Pejeta*, no Quênia. Seus últimos anos foram marcados não mais pela exposição pública, mas pela constante escolta militar (três homens armados)[3]. Embora seus primos poucos predadores temessem, via-se com um alvo nas costas em razão de seu invejado chifre.

Na esperança de preservar a espécie, já idoso, recorreu ao *Tinder*. Alto e forte, dizia ter como *hobbie* relaxar na grama[4]. As tentativas de acasalamento não foram bem-sucedidas.

---

3. Recomendo o documentário "Sudan, the last Northern White Rhino" disponível online (Sudan, the last Northern White Rhino, 2022).
4. (MODELLI, 2018).

Para que sua espécie não venha a ter a sina de alguns de seus próprios primos, o sêmen de *Sudan* foi congelado e a partir de técnicas biotecnológicas embriões foram obtidos, mas o desenvolvimento da tecnologia que permitiria a fertilização e a gestação por substituição (neste caso por uma rinoceronte branca do sul) só foi obtida com sucesso em janeiro de 2024 (após 13 tentativas). A gestante, contudo, faleceu em razão de uma infecção bacteriana. A autópsia revelou que o feto era um macho e seria viável[5]. Esta primeira tentativa bem-sucedida foi realizada completamente com material genético sulista, afinal, mais valioso que o chifre de *Sudan*, são seus escassos gametas.

O desenvolvimento da técnica, aliás, é virtuoso exemplo de apoio e de uma rede de contratos e cooperação internacionais: o óvulo foi colhido na Bélgica, fertilizado por sêmen austríaco acabou implantado em fêmea sulista no Quênia, por equipe internacional. A partir do reconhecimento do sucesso, ainda que custoso, da experiência, será possível utilizá-la também para a descendência de *Sudan*. A partir de óvulos de *Fatu* e do esperma congelado de outros pais premortos, já estão disponíveis alguns embriões para implante em uma gestante solidária. A pressa é que os filhotes nasçam a tempo de vir a conhecer avó e mãe genéticas e, quem sabe, aprenderem o que é ser um rinoceronte branco do norte[6].

A tecnologia digital também vem sendo utilizada neste esforço conservacionista: o cobiçado chifre de rinoceronte foi transformado em NFT[7] e leiloado, em 2021, na Cidade do Cabo pela bagatela de ZAR 105mil[8], o equivalente a R$ 37.212,00 (em novembro de 2021)[9], pela ONG *Black Rock Rhino* para financiar as atividades de preservação.

O arrematante, aparentemente com lógica puramente capitalista e nada em linha com a iniciativa, declarou que "Na pior das hipóteses, se os rinocerontes entrarem em extinção, eu ainda teria um chifre de rinoceronte, porque o NFT é um símbolo do chifre físico"[10]. A questão é que a popularização dos NFTs pode vir a servir às iniciativas de preservação animal e ambiental.

Se no início deste Guia utilizávamos a maternidade por substituição e os contratos digitais como exemplos da contratação internacional, nada mais apropriado que encerrá-lo com os mesmos exemplos. É, contudo, o momento

---

5. (O GLOBO, 2024).
6. (O GLOBO, 2024).
7. Sigla para Token não fungível nada mais é que um ativo digital que representa algo de forma única (não podendo ser replicado). Neste sentido é uma espécie de autenticação da autenticidade e identificação (não reproduzível) de um objeto digital.
8. (O GLOBO, 2021).
9. Valor obtido com o auxílio da ferramenta *Conversos de moedas* do Banco Central do Brasil, em 27/02/2024 para o valor declarado na notícia da nota anterior, nada data de sua publicação.
10. (O GLOBO, 2021).

de nos despedirmos também de *Ganda* e do seu poder de servir de inspiração. De *Dürer* a *Dali*, muitos dedicaram-se a eternizá-la. A despretensiosa musa, migrante involuntária, não poderia sequer imaginar à revolução simbólica que ajudaria a fomentar no Ocidente, quando, capturada, seguiu cativa para Lisboa.

O autor, como o pássaro pousado em suas costas[11], só pode agradecer o público que *Ganda* lhe proporcionou.

---

11. Exemplar da família do *Buphagidae*, é representado por duas espécies conhecidas: *Pica-boi-de-bico-amarelo* (*Buphagus africanus*) e *Pica-boi-de-bico-vermelho* (*Buphagus erythrorhynchus*). Desenvolveram relativa simbiose com seus hospedeiros (gado e grandes mamíferos, entre eles o rinoceronte): sua permanência é tolerada porque se alimentam de carrapatos e moscas que infestam o couro e, ao sibilar, avisam seu hospedeiro de possíveis perigos.

REFERÊNCIAS BIBLIOGRÁFICAS

AÇÃO DIRETA DE INCONSTITUCIONALIDADE, 1856 (Supremo Tribunal Federal 26 de maio de 2011).

AÇÃO RESCISÓRIA, 2.931 (SUPERIOR TRIBUNAL DE JUSTIÇA 24 de agosto de 2005).

AGRAVO DE INSTRUMENTO, 70081467748 (Tribunal de Justiça do Rio Grande do Sul 5 de setembro de 2019).

AGRAVO DE INSTRUMENTO, 0118683-25.2019.8.21.7000 (Tribunal de Justiça do Rio Grande do Sul 5 de setembro de 2019).

AGRAVO EM RECURSO ESPECIAL, AREsp 1.320.972 (Superior Tribunal de Justiça 16 de maio de 2024). Disponível em: https://processo.stj.jus.br/processo/julgamento/eletronico/documento/mediado/?documento_tipo=integra&documento_sequencial=247528818&registro_numero=201801643822&peticao_numero=&publicacao_data=20240605&formato=PDF. Acesso em: 8 jun. 2024.

AGRAVO INTERNO NO AGRAVO EM RECURSO ESPECIAL, 1341280 / DF (Superior Tribunal de Justiça 21 de agosto de 2023).

AKADDAF, F. (2001). Application of the United Nations Convention on Contracts for the International Sale of Goods (CISG) to Arab Islamic Countries: Is the CISG Compatible with Islamic Law Principles? *Pace International Law Review, 13*, pp. 1-58.

ALEMANHA. Mnistério Federal do Trabalho e Relações Sociais. (20 de janeiro de 2024). *Supply Chain Act.* Fonte: Business & Human rights: https://www.csr-in-deutschland.de/EN/Business-Human-Rights/Supply-Chain-Act/supply-chain-act.html.

ALEMANHA. Suprema Corte. (17 de outubro de 2019). *Schadensersatzanspruch bei Verletzung einer Gerichtsstandvereinbarung durch Klage vor einem US-amerikanischen Gericht.* Fonte: Bundesgerichtshof: https://www.bundesgerichtshof.de/SharedDocs/Pressemitteilungen/DE/2019/2019134.html.

ALLOG GROUP. (29 de maio de 2024). *Demurrage & Detention.* Fonte: Allog Group: https://www.allog.com.br/demurrage-e-detention/.

ALMEIDA, R. R. (Abr-jun de 2017). O conceito de contrato internacional. *Revista de Arbitragem e Mediação, 53*, pp. 47-62.

ALPA, G. (out/dez de 1998). Les nouvelles frontières du droit des contrats. *Revue internationale de droit comparé, 50*(4), pp. 1015-1030.

AMADO, J., & FIGUEIREDO, L. C. (1997). A certidão de Valentim Fernandes, documento pouco conhecido sobre o Brasil de 1500. *Textos de História, 5*(2), pp. 133-142. Disponível em: https://periodicos.unb.br/index.php/textos/article/download/27767/23867/58231. Acesso em: 19 dez. 2023.

AMARAL, A. C. (2004). *Direito do comércio internacional*: aspectos fundamentais. São Paulo: Aduaneiras.

ANÔNIMO. (1789). *A Versaille a Versaille, du 5 Octobre 1789*. Musée Carnavalet, Histoire de Paris, Paris. Disponível em: https://www.parismuseescollections.paris.fr/fr/musee-carnavalet/oeuvres/a-versaille-a-versaille-du-5-octobre-1789#infos-principales. Acesso em: 1º jan. 2024.

ANÔNIMO. (1789). *Trois-ordres*: Le tiers-etat portant sur son dos le clergé et la noblesse. 1789. Musée Carnavalet. Histoire de Paris, Paris. Acesso em 2 de janeiro de 2024, disponível em https://www.carnavalet.paris.fr/collections/revolution-francaise-ancien-regime-caricature-sur-les-trois-ordres-le-tiers-etat.

ANÔNIMO. (1800?). *Napoleon as Roman emperor holding the Civil Code?* École Polytechnique, Palaiseau. Disponível em: https://g.co/arts/DcbtEnaHrcLd1NgWA. Acesso em: 2 jan. 2024.

APELAÇÃO CÍVEL, 70072362940 (Tribunal de Justiça do Rio Grande do Sul 14 de fevereiro de 2017).

APELAÇÃO CÍVEL, 1.596.913-4 (Tribunal de Justiça do Paraná 25 de abril de 2017).

APELAÇÃO CÍVEL, 0137407-48.2017.8.21.7000 (Tribunal de Justiça do Rio Grande do Sul 12 de dezembro de 2017).

APELAÇÃO CÍVEL, 0079845-62.2016.8.16.0014 (Tribunal de Justiça do Paraná 11 de julho de 2018). Acesso em 31 ago. 2023.

APELAÇÃO CÍVEL, 1132287-71.2018.8.26.0100 (Tribunal de Justiça de São Paulo 3 de outubro de 2019).

APELAÇÃO CÍVEL, 1017219-07.2017.8.26.0004 (Tribunal de Justiça de São Paulo 9 de dezembro de 2021).

APELAÇÃO CÍVEL, 1014325-23.2023.8.26.0562 (Tribunal de Justiça de São Paulo 25 de abril de 2024).

APELAÇÃO CÍVEL, 1012543-78.2023.8.26.0562 (Tribunal de Justiça de São Paulo 23 de abril de 2024).

APELAÇÃO CÍVEL, 1001572-34.2023.8.26.0562 (Tribunal de Justiça de São Paulo 23 de abril de 2024).

APW. (3 de janeiro de 2024). *Les traités de Westphalie du 24 octobre 1648*. Fonte: Acta Pacis Westphalicae: http://www.pax-westphalica.de/ipmipo/indexfr.html

AQUINO, L. G. (jul-set de 2007). A internacionalidade do contrato. *Revista de Direito Privado, 31*, pp. 119-146.

ARAÚJO, N. (Julho/dezembro de 2005). Contratos internacionais e consumidores nas Américas e no Mercosul: análise da proposta brasileira para uma Convenção Interamericana na CIDIP VII. *Revista Brasileira de Direito Internacional, 2*(2), pp. 04-38.

ARAUJO, N. d. (1999). A nova lei de arbitragem brasileira e os "Princípios Uniformes dos Contratos comerciais internacionais", elaborado pelo UNIDROIT. Em P. B. CASELLA, *Arbitragem: lei brasileira e praxe internacional* (2 ed., pp. 133-162). São Paulo: LTr.

ARAUJO, N. d. (2003). *Direito Internacional privado*: teoria e prática brasileira. Rio de Janeiro: Renovar.

ARAUJO, N. d. (2004). *Contratos internacionais*: autonomia da vontade, *MERCOSUL e Convenções Internacionais* (3 ed.). Rio de Janeiro: Renovar.

ARAUJO, N. d. (2004). *Contratos internacionais*: autonomia da vontade, MERCOSUL e Convenções Internacionais (3 ed.). Rio de Janeiro: Renovar.

ARAUJO, N. d. (abril-junho de 2008). Contratos internacionais no Brasil: posição atual da jurisprudência no Brasil. *Revista Trimestral de Direito Civil*, pp. 267-280.

ARGENTINA. (12 de agosto de 2023). *Argentina.gob.ar*. Fonte: https://www.argentina.gob.ar/.

ASADIP. (12 de novembro de 1996). *Princípios ASADIP sobre o acesso transnacional à Justiça (TRANSJUS)*. Fonte: ASADIP: https://asadip.org/v2/wp-content/uploads/2018/08/ASADIP-TRANSJUS-PT-FINAL18.pdf#:~:text=Os%20%E2%80%9CPrinc%C3%ADpios%20ASADIP%20sobre%20o%20Acesso%20Transnacional%20%C3%A0,nos%20quais%20intervenham%20entidades%20estatais-%20em%20controv%C3%A9rsias%20de.

ASSOCIAÇÃO NACIONAL DOS EXPORTADORES DE CEREAIS. (20 de janeiro de 2024). *Contratos-Padrão ANEC – atualização*. Fonte: ANEC: https://anec.com.br/article/contratos-padrao-anec-atualizacao.

ATAÍDE JR., V. d. (2022). *Capacidade processual dos animais*. São Paulo: Revista dos Tribunais.

AYRES, I., & SCHWARTZ, A. (march de 2014). The no-reading problem in consumer contract law. *Stanford Law Review, 66*, pp. 545-609. Disponível em: https://www.stanfordlawreview.org/wp-content/uploads/sites/3/2014/03/66_Stan_L_Rev_545_AyresSchwartz.pdf. Acesso em: 19 dez. 2023.

AZEVEDO, A. J. (fevereiro de 1975). O Direito civil tende a deparecer? *Revista dos Tribunais, 472*, pp. 15-21.

BAKER & MCKENZIE. (2020). *Dispute clause finder*. Disponível em Dispute clause finder: https://disputesclause.com/guest_use/. Acesso em: 31 ago. 2023.

BAKER McKENZIE. (20 de janeiro de 2024). *Comparative Chart of International Arbitration Rules*. Fonte: GLOBAL ARBITRATION NEWS: https://www.globalarbitrationnews.com/comparative-chart/.

BAKER MCKENZIE. (2024). *Comparative Chart of International Arbitration Rules*. Fonte: Global Arbitration News: https://www.globalarbitrationnews.com/comparative-chart/.

BAKER, E. (3 de february de 2021). *Meet the Narwhal, the Long-Toothed Whale that Inspired a Magical Medieval Legend*. Fonte: The MET: https://www.metmuseum.org/blogs/metkids/2021/unicorn-narwhal.

BAKER, E., MELLORS, B., CHALMERS, S., & LAVERS, A. (2009). *FIDIC Contracts*: law and practice. London: Routledge.

BAPTISTA, L. O. (1996). Os "Projeto de Princípios para contratos comerciais internacionais" da UNIDROIT aspectos de Direito Internacional Privado. Em M. J. BONELL, & S.

(SCHIPANI, *Principi per i contratti commerciali internazionali e il sistema Giuridico Latinoamericano* (pp. 23-33). Padova: CEDAM.

BAPTISTA, L. O. (2011). *Arbitragem comercial e internacional.* São Paulo: Lex Magister.

BAPTISTA, L. O. (2011). *Contratos internacionais.* São Paulo: Lex Magister.

BAPTISTA, L. O. (3 de abril de 2014). Luiz Olavo Baptista – O Brasil e a Globalização – Pensadores do Direito Internacional. (M. A. outro, Entrevistador). Disponível em: https://youtu.be/fK2Hh9xVvqk?si=rsbLl56k1MLLDqf9. Acesso em: 19 dez. 2023.

BARALDO, F. P. (Março-abril de 2020). A lei da liberdade econômica como um instrumento para a renovação do Direito internacional privado no Brasil. *Revista de Direito Constitucional e Internacional, 118*, pp. 93-103.

BARBI FILHO, C. (dezembro de 1996). Contrato de compra e venda internacional: abordagem simplificada de seus principais aspectos jurídicos. *Revista do Curso de Direito da Universidade Federal de Uberlândia, 25*, pp. 15-37.

BARCELLONA, P. (1996). *El individualismo proprietario.* Madrid: Editorial Trotta.

BARRAL, W. (2000). *A arbitragem e seus mitos.* Florianópolis: OAB/SC.

BASSO, M. (1994). Autonomia da vontade nos contratos Internacionais do Comércio. Em L. O. BAPTISTA, H. M. HUCK, & P. B. CASELLA, In: BAPTISTA, Luiz Olavo; HUCK, Hermes Marcelo; CASELLA, Paulo Borba (Coord.). *Direito e Comércio Internacional*: tendências e perspectivas. Estudos em homenagem ao Prof. Irineu Strenger (pp. 42-66). São Paulo: LTr.

BASSO, M. (Julho/Setembro de 1996). Introdução às Fontes e Instrumentos do Comércio Internacional. *Revista de Direito Civil, Imobiliário, Agrário e Empresarial, 77*, pp. 60-71.

BASSO, M. (2016). *Curso de Direito Internacional Privado* (5 ed.). São Paulo: Atlas.

BASTOS, C. R., & KISS, E. A. (1990). *Contratos internacionais.* Saraiva: São Paulo.

BBC. (8 de maio de 2017). O que diz o primeiro documento escrito da história. *BBC News Brasil.* Disponível em: https://www.bbc.com/portuguese/geral-39842626. Acesso em: 19 dez. 2023.

BECUE, S. M., & GLITZ, F. E. (2023). Panorama sobre a internacionalização do Direito de empresa e a realidade do Direito brasileiro frente às tendências internacionais. *Revista Semestral de Direito Empresarial*, pp. 155-170.

BERMAN, M. (2007). *Tudo que é sólido desmancha no ar.* São Paulo: Companhia de Bolso.

BERNARDO, A. (19 de julho de 2023). Santos Dumont, 150 anos: as aventuras (e desventuras) do 'pai da aviação'. *BBC News Brasil.* Disponível em: https://www.bbc.com/portuguese/articles/c25gz1912qro. Acesso em: 15 jan. 2024.

BESSA, P. (2020). Dois rinocerontes: as xilogravuras de Dürer e Burgkmair no contexto do Portugal Quinhentista. *CONFIA 2020 – 8th International Conference on Illustration and Animation* (pp. 1-9). On-line: IPCA. Disponível em: https://ria.ua.pt/bitstream/10773/30979/1/PBessa_Dois%20rinocerontes_CONFIA_2020.pdf. Acesso em: 19 dez. 2020.

BOGGIANO, A. (1995). *Contratos internacionales.* Buenos Aires: De Palma.

BONELL, M. J. (2007). Towards a Legislative Codification of the UNIDROIT Principles ? *Uniform Law Review*, pp. 233-246. Disponível em: https://www.unidroit.org/english/publications/review/articles/2007-2-bonell-e.pdf. Acesso em: 22 jan. 2024.

BON-GARCIN, I. (2005). L'acculturation en matière de contrat de transport de marchandises par route: l'influence de la CMR sur le contrat de transport national. Em J.-L. NAVARRO, & G. LEFEBVRE, *L'acculturation en droit des affaires* (pp. 221-239). Montreal: Themis.

BORDALLO, E. (31 de março de 2024). Expatriados do Brasil: Emigração bate recorde em meio a desafios econômicos e envelhecimento populacional. *O Globo*. Disponível em: https://oglobo.globo.com/mundo/noticia/2024/03/31/expatriados-do-brasil-emigracao-bate-recorde-em-meio-a-desafios-economicos-e-envelhecimento-populacional.ghtml. Acesso em: 29 maio 2024.

BORGES VIEIRA, G. B. (2002). *Regulamentação no Comércio internacional*: aspectos contratuais e implicações práticas. São Paulo: Aduaneiras.

BORN, G. (16 de june de 2021). *Why States Should Not Ratify, and Should Instead Denounce, the Hague Choice-Of-Court Agreements Convention, Part I*. Fonte: Kluwer Arbitration Blog: https://arbitrationblog.kluwerarbitration.com/2021/06/16/why-states-should-not-ratify-and-should-instead-denounce-the-hague-choice-of-court-agreements-convention-part-i/.

BORN, G. (17 de june de 2021). *Why States Should Not Ratify, and Should Instead Denounce, the Hague Choice-Of-Court Agreements Convention, Part II*. Fonte: Kluwer Arbitration Blog: https://arbitrationblog.kluwerarbitration.com/2021/06/17/why-states-should-not-ratify-and-should-instead-denounce-the-hague-choice-of-court-agreements-convention-part-ii/.

BORN, G. (18 de june de 2021). *Why States Should Not Ratify, and Should Instead Denounce, the Hague Choice-Of-Court Agreements Convention, Part III*. Fonte: Kluwer Arbitration Blog: https://arbitrationblog.kluwerarbitration.com/2021/06/18/why-states-should-not-ratify-and-should-instead-denounce-the-hague-choice-of-court-agreements-convention-part-iii/.

BRASIL. (25 de março de 1824). Constituição Política do Império do Brazil. Rio de Janeiro. Disponível em: https://www.planalto.gov.br/ccivil_03/constituicao/constituicao24.htm. Acesso em: 3 jan. 2024.

BRASIL. (24 de fevereiro de 1891). Constituição da República dos Estados Unidos do Brasil. Rio de Janeiro. Disponível em: https://www.planalto.gov.br/ccivil_03/constituicao/constituicao91.htm. Acesso em: 3 jan. 2024.

BRASIL. (1 de janeiro de 1916). Lei 3.071 de 1 de janeiro de 1916. *Código Civil dos Estados Unidos do Brasil*. Disponível em: https://www.planalto.gov.br/ccivil_03/leis/l3071.htm. Acesso em: 14 jan. 2024.

BRASIL. (13 de agosto de 1929). Decreto n. 18.871 de 13 de agosto de 1929. *Promulga a Convenção de direito internacional privado de Havana*. Disponível em: https://www2.camara.leg.br/legin/fed/decret/1920-1929/decreto-18871-13-agosto-1929-549000-publicacaooriginal-64246-pe.html. Acesso em: 12 jan. 2024.

BRASIL. (22 de março de 1932). *Decreto n. 21.187 de 1932.* Fonte: https://www2.camara.leg.br/legin/fed/decret/1930-1939/decreto-21187-22-marco-1932-548999-publicacaooriginal-64245-pe.html.

BRASIL. (4 de setembro de 1942). Decreto-lei n. 4.657 de 4 de setembro de 1942. *Lei de Introdução às normas do Direito brasileiro.* Disponível em: https://www.planalto.gov.br/ccivil_03/decreto-lei/del4657compilado.htm. Acesso em: 12 jan. 2024.

BRASIL. (31 de dezembro de 1973). Lei n. 6.015 de 31 de dezembro de 1973. *Dispõe sobre os registros públicos, e dá outras providências.* Disponível em: https://www.planalto.gov.br/ccivil_03/leis/l6015compilada.htm. Acesso em: 21 jan. 2024.

BRASIL. (6 de dezembro de 1982). Lei n. 7.064 de 1982. *Dispõe sobre a situação de trabalhadores contratados ou transferidos para prestar serviços no exterior.* Brasília. Disponível em: https://www.planalto.gov.br/ccivil_03/leis/l7064.htm. Acesso em: 29 maio 2024.

BRASIL. (5 de outubro de 1988). Constituição da República Federativa do Brasil de 1988. Disponível em: https://www.planalto.gov.br/ccivil_03/constituicao/constituicao.htm. Acesso em: 1º jul. 2023.

BRASIL. (11 de setembro de 1990). Lei n. 8.078 de 11 de setembro de 1990. *Dispõe sobre a proteção do consumidor e dá outras providências.* Brasília, DF, Brasil. Disponível em: http://www.planalto.gov.br/ccivil_03/leis/l8078compilado.htm. Acesso em: 1º jul. 2023.

BRASIL. (11 de setembro de 1990). Lei n. 8.078 de 11 de setembro de 1990. *Dispõe sobre a proteção do consumidor e dá outras providências.* Brasília, DF, Brasil. Disponível em: https://www.planalto.gov.br/ccivil_03/leis/L8078compilado.htm. Acesso em: 1º ago. 2023.

BRASIL. (15 de março de 1990). Medida Provisória n. 158 de 15 de março de 1990. *Dispõe sobre a isenção ou redução de Imposto de Importação, e dá outras providências.* Brasília, DF, Brasil. Disponível em: http://www.planalto.gov.br/ccivil_03/mpv/1990-1995/158.htm#:~:text=MEDIDA%20PROVIS%C3%93RIA%20No%20158%2C%20DE%2015%20DE%20MAR%C3%87O%20DE%201990.&text=Disp%C3%B5e%20sobre%20a%20isen%C3%A7%C3%A3o%20ou,Art. Acesso em: 1º jul. 2023.

BRASIL. (26 de setembro de 1995). Lei n. 9.099 de 26 de setembro de 1995. *Dispõe sobre os Juizados Especiais Cíveis e Criminais e dá outras providências.* Brasília. Disponível em: https://www.planalto.gov.br/ccivil_03/leis/l9099.htm. Acesso em: 4 jul. 2024.

BRASIL. (9 de maio de 1996). *Decreto n. 1.902 de 1996.* Fonte: https://www.planalto.gov.br/ccivil_03/decreto/1996/d1902.htm.

BRASIL. (2 de dezembro de 1997). *Decreto n. 2.411 de 1997.* Fonte: https://www.planalto.gov.br/ccivil_03/decreto/1997/d2411.htm.

BRASIL. (23 de julho de 2002). *Decreto n. 4.311 de 2002.* Fonte: https://www.planalto.gov.br/ccivil_03/decreto/2002/d4311.htm.

BRASIL. (30 de julho de 2002). Decreto n. 4.316 de 30 de julho de 2002. *Promulga o Protocolo Facultativo à Convenção sobre a Eliminação de Todas as Formas de Discriminação contra a Mulher.* Brasília. Disponível em: https://www.planalto.gov.br/ccivil_03/decreto/2002/D4316.htm. Acesso em: 22 fev. 2022.

BRASIL. (10 de Janeiro de 2002). Lei n. 10.406 de 10 de janeiro de 2002. *Institui o Código Civil.* Brasília, Distrito Federal, Brasil. Disponível em: https://www.planalto.gov.br/ccivil_03/leis/2002/l10406compilada.htm. Acesso em: 1º jul. 2023.

BRASIL. (4 de junho de 2003). *Decreto n. 4719 de 2003.* Fonte: https://www.planalto.gov.br/ccivil_03/decreto/2003/d4719.htm.

BRASIL. (20 de maio de 2004). Decreto Legislativo n. 208 de 2004. Disponível em: https://www2.camara.leg.br/legin/fed/decleg/2004/decretolegislativo-208-20-maio-2004-532386-acordo-14426-pl.html. Acesso em: 25 jan. 2024.

BRASIL. (2 de julho de 2009). Decreto n. 6.891 de 2 de julho de 2009. *Promulga o acordo de Cooperação e Assistência jurisdicional em matéria civil, comercial, trabalhista e administrativa.* Disponível em: https://www.planalto.gov.br/ccivil_03/_ato2007-2010/2009/decreto/d6891.htm. Acesso em: 12 jan. 2024.

BRASIL. (18 de outubro de 2012). Decreto legislativo n. 538 de 2012. *Aprova o texto da Convenção das Nações Unidas sobre Contratos de Compra e Venda Internacional de Mercadorias, estabelecida em Viena, em 11 de abril de 1980, no âmbito da Comissão das Nações Unidas para o Direito Mercantil Internacional.* Brasilia, DF, Brasil. Disponível em: https://www2.camara.leg.br/legin/fed/decleg/2012/decretolegislativo-538-18-outubro-2012-774414-convencao-137911-pl.html. Acesso em: 1º jul. 2023.

BRASIL. (15 de maio de 2013). Decreto n. 8008 de 15 de maio de 2013. *Promulga a Convenção sobre Garantias Internacionais Incidentes sobre Equipamentos Móveis e o Protocolo à Convenção sobre Garantias Internacionais Incidentes sobre Equipamentos Móveis Relativo a Questões Específicas ao Equipamento Aeronáutico, firmados na .* Brasília. Disponível em: https://www.planalto.gov.br/ccivil_03/_ato2011-2014/2013/decreto/d8008.htm. Acesso em: 04 dez. 2023.

BRASIL. (16 de outubro de 2014). Decreto n. 8.327 de 16 de outubro de 2014. *Promulga a Convenção das Nações Unidas sobre Contratos de Compra e Venda Internacional de Mercadorias - U ncitral , firmada pela República Federativa do Brasil, em Viena, em 11 de abril de 1980.* Brasília, DF, Brasil. Disponível em: https://www.planalto.gov.br/ccivil_03/_ato2011-2014/2014/decreto/d8327.htm. Acesso em: 1º jul. 2023.

BRASIL. (6 de julho de 2015). Lei 13.146/2015. *Institui a Lei Brasileira de Inclusão da Pessoa com Deficiência (Estatuto da Pessoa com Deficiência).* Disponível em: https://www.planalto.gov.br/ccivil_03/_ato2015-2018/2015/lei/l13146.htm. Acesso em: 17 nov. 2023.

BRASIL. (16 de março de 2015). Lei n. 13.105 de 16 de março de 2015. *Código de Processo Civil.* Brasília, Distrito Federal, Brasil. Disponível em: https://www.planalto.gov.br/ccivil_03/_ato2015-2018/2015/lei/L13105compilada.htm. Acesso em: 1º jul. 2023.

BRASIL. (26 de dezembro de 2019). Lei n. 13.966 de 26 de dezembro de 2019. *Dispõe sobre o sistema de franquia empresarial e revoga a Lei n. 8.955 de 5 de dezembro de 1994.* Brasília, DF, Brail. Disponível em: http://www.planalto.gov.br/ccivil_03/_ato2019-2022/2019/lei/L13966.htm. Acesso em: 1º jul. 2023.

BRASIL. (24 de novembro de 2020). Decreti n. 10.550, de 24 de novembro de 2020. *Altera o Decreto n. 6.759, de 5 de fevereiro de 2009, que regulamenta a administração das atividades aduaneiras, e a fiscalização, o controle e a tributação das operações de comércio exterior.*

Brasília, DF, Brasil. Disponível em: https://www.planalto.gov.br/ccivil_03/_ato2019-2022/2020/decreto/D10550.htm. Acesso em: 04 dez. 2023.

BRASIL. (6 de fevereiro de 2020). Lei n. 13.979 de 6 de fevereiro de 2020. *Dispõe sobre as medidas para enfrentamento da emergência de saúde pública de importância internacional decorrente do coronavírus responsável pelo surto de 2019.* Brasília, DF, Brasil. Disponível em: https://www.planalto.gov.br/ccivil_03/_ato2019-2022/2020/lei/l13979.htm#. Acesso em: 1º jul. 2023.

BRASIL. (1 de junho de 2021). Lei Complementar n. 182 de 1 de junho de 2021. *Institui o marco legal das startups e do empreendedorismo inovador; e altera a Lei nº 6.404, de 15 de dezembro de 1976, e a Lei Complementar nº 123, de 14 de dezembro de 2006.* Brasília, DF, Brasil. Disponível em: https://www.planalto.gov.br/ccivil_03/leis/lcp/lcp182.htm. Acesso em: 1º jul. 2023.

BRASIL. (1 de abril de 2021). Lei n. 14.133 de 1 de abril de 2021. *Lei de Licitações e Contratos Administrativos.* Brasília, DF, Brasil. Disponível em: https://www.planalto.gov.br/ccivil_03/_ato2019-2022/2021/lei/l14133.htm. Acesso em: 1º jul. 2023.

BRASIL. (1 de julho de 2021). Lei n. 14.181 de 1 de julho de 2021. *Altera a Lei nº 8.078, de 11 de setembro de 1990 (Código de Defesa do Consumidor), e a Lei nº 10.741, de 1º de outubro de 2003 (Estatuto do Idoso).* Disponível em: https://www.planalto.gov.br/ccivil_03/_ato2019-2022/2021/lei/l14181.htm. Acesso em: 11 abr. 2024.

BRASIL. (21 de agosto de 2021). Lei n. 14.195 de 26 de agosto de 2021. *Dispõe sobre a facilitação para abertura de empresas, sobre a proteção de acionistas minoritários, sobre a facilitação do comércio exterior.* Brasília. Disponível em: https://www.planalto.gov.br/ccivil_03/_Ato2019-2022/2021/Lei/L14195.htm. Acesso em: 1º mar. 2024.

BRASIL. (29 de dezembro de 2021). Lei n. 14.286 de 29 de dezembro de 2021. *Dispõe sobre o mercado de câmbio brasileiro, o capital brasileiro no exterior, o capital estrangeiro no País e a prestação de informações ao Banco Central do Brasil.* Brasília. Disponível em: https://www.planalto.gov.br/ccivil_03/_ato2019-2022/2021/lei/l14286.htm. Acesso em: 08 jan. 2024.

BRASIL. (20 de maio de 2022). Decreto n.11.077 de 20 de maio de 2022. *Declara a revogação, para os fins do disposto no art. 16 da Lei Complementar nº 95, de 26 de fevereiro de 1998, de decretos normativos.* Brasília, DF, Brasil. Disponível em: http://www.planalto.gov.br/ccivil_03/_ato2019-2022/2022/Decreto/D11077.htm#art1. Acesso em: 1º jul. 2023.

BRASIL. (27 de dezembro de 2022). Lei n. 14.510 de 27 de dezembro de 2022. *Altera a Lei nº 8.080, de 19 de setembro de 1990, para autorizar e disciplinar a prática da telessaúde em todo o território nacional, e a Lei nº 13.146, de 6 de julho de 2015; e revoga a Lei nº 13.989, de 15 de abril de 2020.* Brasília, DF, Brasil. Disponível em: https://www.planalto.gov.br/ccivil_03/_ato2019-2022/2022/lei/l14510.htm. Acesso em: 1º jul. 2023.

BRASIL. (8 de dezembro de 2023). Decreto n. 11.817/2023. *Promulga o Protocolo de Adesão do Estado Plurinacional da Bolívia ao Mercosul, firmado em Brasília.* Brasília. Disponível em: https://www.planalto.gov.br/ccivil_03/_ato2023-2026/2023/decreto/d11817.htm. Acesso em: 8 jun. 2024.

BRASIL. (3 de outubro de 2023). Emenda Constitucional 131. *Altera o art. 12 da Constituição Federal.* Brasília. Disponível em: https://www.planalto.gov.br/ccivil_03/constituicao/

Emendas/Emc/emc131.htm#:~:text=EMENDA%20CONSTITUCIONAL%20 N%C2%BA%20131%2C%20DE%203%20DE%20OUTUBRO%20DE%20 2023&text=12%20da%20Constitui%C3%A7%C3%A3o%20Federal%20para,a%20 perda%20da%20pr%C3%B3pria%20naciona. Acesso em: 19 dez. 2023.

BRASIL. (2 de agosto de 2023). *INCOTERMS 2020 – tabela resumo*. Fonte: SISCOMEX: https:// www.gov.br/siscomex/pt-br/servicos/aprendendo-a-exportarr/negociando-com-o-importador-1/incoterms-2020-2013-tabela-resumo.

BRASIL. (30 de dezembro de 2023). Lei 14.790. *Dispõe sobre a modalidade lotérica denominada apostas de quota fixa*. Brasília. Disponível em: https://www.planalto.gov.br/ccivil_03/_ Ato2023-2026/2023/Lei/L14790.htm. Acesso em: 31 dez. 2023.

BRASIL. (3 de julho de 2023). Lei n. 14.611 de 3 de julho de 2023. *Dispõe sobre a igualdade salarial e de critérios remuneratórios entre mulheres e homens; e altera a Consolidação das Leis do Trabalho, aprovada pelo Decreto-Lei nº 5.452, de 1º de maio de 1943*. Brasília. Disponível em: https://www.planalto.gov.br/ccivil_03/_ato2023-2026/2023/lei/l14611. htm. Acesso em: 22 fev. 2023.

BRASIL. (13 de julho de 2023). Lei n. 14.620 de 13 de julho de 2023. *Dispõe sobre o Programa Minha Casa, Minha Vida, altera o Decreto-Lei nº 3.365, de 21 de junho de 1941 (Lei da Desapropriação), a Lei nº 4.591, de 16 de dezembro de 1964, a Lei nº 6.015, de 31 de dezembro de 1973 (Lei dos Registros Públicos), a Lei nº 6.76*. Brasília, Distrito Federal, Brasil. Disponível em: https://www.planalto.gov.br/ccivil_03/_Ato2023-2026/2023/Lei/L14620. htm. Acesso em: 13 jul. 2023.

BRASIL. (19 de julho de 2023). Lei n. 14.627 de 19 de julho de 2023. *Acrescenta a Estratégia 8.7 à Meta 8 do Anexo da Lei nº 13.005, de 25 de junho de 2014, referente ao Plano Nacional de Educação, para promover os direitos educacionais dos brasileiros residentes no exterior*. Brasília. Disponível em: https://www.planalto.gov.br/ccivil_03/_Ato2023-2026/2023/Lei/ L14627.htm. Acesso em: 15 jan. 2024.

BRASIL. (14 de julho de 2023). Lei n. 14.621 de 14 de julho de 2023. *Institui a Estratégia Nacional de Formação de Especialistas para a Saúde no âmbito do Programa Mais Médicos*. Brasília, DF, Brasil. Disponível em: http://www.planalto.gov.br/ccivil_03/_Ato2023-2026/2023/ Lei/L14621.htm. Acesso em: 14 jul. 2023.

BRASIL. (11 de agosto de 2023). *Painel Coronavírus*. Fonte: Coronavírus Brasil: https://covid. saude.gov.br/.

BRASIL. (12 de agosto de 2023). *Segunda família do Real*. Fonte: Banco Central do Brasil: https://www.bcb.gov.br/cedulasemoedas/notadecem.

BRASIL. (4 de julho de 2024). *Acordo sobre comércio eletrônico do MERCOSUL*. Fonte: Gov. br: https://www.gov.br/siscomex/pt-br/arquivos-e-imagens/2020/12/82753_dec_015-2020_pt_acordo-comercio-eletronico.pdf.

BRASIL. (4 de junho de 2024). Lei n. 14.879 de 4 de junho de 2024. *Altera a Lei nº 13.105, de 16 de março de 2015 (Código de Processo Civil)*. Disponível em: https://www.planalto.gov. br/ccivil_03/_Ato2023-2026/2024/Lei/L14879.htm. Acesso em: 05 jun. 2024.

BRASIL. (4 de junho de 2024). Lei n. 14.879 de 4 de junho de 2024. *Altera a Lei nº 13.105, de 16 de março de 2015 (Código de Processo Civil), para estabelecer que a eleição de foro deve guardar pertinência com o domicílio das partes ou com o local da obrigação e que o ajuizamento de ação em juízo aleatório.* Brasília. Disponível em: https://www.planalto.gov. br/ccivil_03/_Ato2023-2026/2024/Lei/L14879.htm#art1. Acesso em: 4 jul. 2024.

BRASIL. (3 de julho de 2024). Lei n. 14.913 de 3 de julho de 2024. *Altera a Lei nº 11.788, de 25 de setembro de 2008, que dispõe sobre o estágio de estudantes, para disciplinar o intercâmbio internacional.* Brasília. Disponível em: https://www.planalto.gov.br/ccivil_03/_Ato2023-2026/2024/Lei/L14913.htm. Acesso em: 4 jul. 2024.

BRASIL. (24 de janeiro de 2024). *PDL 170/2022.* Fonte: Câmara dos Deputados: https://www. camara.leg.br/proposicoesWeb/fichadetramitacao?idProposicao=2324991

BRASIL. (1815). *Codigo Brasiliense, ou, Collecção das leis, alvarás, decretos, cartas regias &c., promulgadas no Brasil desde a feliz chegada do Principe Regente N. S. a estes Estados.* Rio de Janeiro: Impressão Regia por ordem de S. J. R. Disponível em: https://bd.camara.leg. br/bd/handle/bdcamara/20319. Acesso em: 29 maio 2024.

BRASIL. (3 de maio de 2024). Lei n. 14.852 de 3 de maio de 2024. *Cria o marco legal para a indústria de jogos eletrônicos.* Brasília. Disponível em: https://www.planalto.gov.br/ccivil_03/_Ato2023-2026/2024/Lei/L14852.htm. Acesso em: 29 maio 2024.

BRASIL. Banco Central. (23 de julho de 1986). Resolução n. 1.154. Brasília, Distrito Federal, Brasil. Disponível em: https://www.bcb.gov.br/pre/normativos/res/1986/pdf/res_1154_v2_l.pdf. Acesso em: 1º jul. 2023.

BRASIL. Banco Central. (6 de junho de 2024). *O que é o DREX?* Fonte: Banco Central do Brasil: https://www.bcb.gov.br/estabilidadefinanceira/drex.

BRASIL. Câmara de Comércio Exterior. (02 de março de 2020). *Resolução nº 16.* Brasília, DF. Disponível em: http://www.camex.gov.br/resolucoes-camex-e-outros-normativos/58-resolucoes-da-camex/2669-resolucao-n-16-de-2-de-marco-de-2020. Acesso em: 31 ago. 2023.

BRASIL. Câmara dos Deputados. (2020). Projeto de Lei 4.931/2020. Brasília. Disponível em: https://www.camara.leg.br/proposicoesWeb/fichadetramitacao?idProposicao=2264349&fichaAmigavel=nao. Acesso em: 29 maio 2024.

BRASIL. Câmara dos Deputados. (18 de agosto de 2022). Mensagem de Acordos, convênios, tratados e atos internacionais n. 462/2022. Brasília, DF, Brasil. Disponível em: https://www.camara.leg.br/proposicoesWeb/fichadetramitacao?idProposicao=2334118. Acesso em: 04 dez. 2023.

BRASIL. Conselho Federal de Enfermagem. (17 de maio de 2022). Resolução COFEN n. 696/2022. *Dispõe sobre a atuação da Enfermagem na Saúde Digital, normatizando a Telenfermagem.* Brasília, DF, Brasil. Disponível em: http://www.cofen.gov.br/resolucao-cofen-no-696-2022_99117.html. Acesso em: 1º jul. 2023.

BRASIL. Conselho Federal de Medicina. (23 de março de 2022). Resolução CFM n. 2.311/2022. *Regulamenta a cirurgia robótica no Brasil.* Brasília, DF, Brasil. Disponível em: https://sistemas.cfm.org.br/normas/visualizar/resolucoes/BR/2022/2311. Acesso em: 1º jul. 2023.

BRASIL. Conselho Federal de Medicina. (20 de abril de 2022). Resolução CFM n. 2314/2022. *Define e regulamenta a telemedicina, como forma de serviços médicos mediados por tecnologias de comunicação.* Brasília, DF, Brasil. Disponível em: https://sistemas.cfm.org. br/normas/arquivos/resolucoes/BR/2022/2314_2022.pdf. Acesso em: 1º jul. 2023.

BRASIL. Conselho Federal de Medicina Veterinária. (27 de junho de 2022). Resolução CFMV n. 1465 de 27 de junho de 2022. *Regulamenta o uso da Telemedicina Veterinária na prestação de serviços médico-veterinários.* Brasília, DF, Brasil. Disponível em: http://ts.cfmv.gov.br/ manual/arquivos/resolucao/1465.pdf. Acesso em: 1º jul. 2023.

BRASIL. Conselho Federal de Medicina Veterinária. (15 de dezembro de 2015). *Museus de Anatomia Animal despertam nos visitantes o interesse pela Medicina Veterinária.* Disponível em: Conselho Federal de Medicina Veterinária: https://www.cfmv.gov.br/museus-de-anatomia-animal-despertam-nos-visitantes-o-interesse-pela-medicina-veterinaria/ comunicacao/noticias/2015/12/15/. Acesso em: 31 ago. 2023.

BRASIL. Conselho Federal de Nutrição. (22 de 10 de 2023). Resolução CFN n. 760. *Define e regulamenta a Telenutrição como forma de atendimento e/ou prestação de serviços em alimentação e nutrição por meio de Tecnologias da Informação e Comunicação (TICs).* Brasília, DF, Brasil. Disponível em: https://www.in.gov.br/en/web/dou/-/resolucao-cfn-n-760-de-22-de-outubro-de-2023-518461727. Acesso em: 17 nov. 2023.

BRASIL. Conselho Nacional de Justiça. (4 de setembro de 2018). Política de Participação Feminina. Brasília. Disponível em: https://www.cnj.jus.br/programas-e-acoes/politica-de-participacao-feminina/. Acesso em: 10 jan. 2024.

BRASIL. Conselho Nacional de Justiça. (26 de maio de 2020). Provimento n. 100 de 2020. *Dispõe sobre a prática de atos notariais eletrônicos utilizando o sistema e-Notariado, cria a Matrícula Notarial Eletrônica-MNE e dá outras providências.* Brasília, Distrito Federal, Brasil: CNJ. Disponível em: https://atos.cnj.jus.br/atos/detalhar/3334. Acesso em: 1º jul. 2023.

BRASIL. Conselho Nacional de Justiça. (2023). *Justiça em números.* Brasília: CNJ. Disponível em: https://justica-em-numeros.cnj.jus.br/. Acesso em: 19 dez. 2023.

BRASIL. Conselho Nacional de Justiça. (4 de junho de 2020). Provimento nº 103 de 2020. *Dispõe sobre a Autorização Eletrônica de Viagem nacional e internacional de crianças e adolescentes até 16 (dezesseis) anos desacompanhados de ambos ou um de seus pais e dá outras providências.* Brasília, Distrito Federal, Brasil: CNJ. Disponível em: https://atos.cnj. jus.br/atos/detalhar/3335. Acesso em: 1º jul. 2023.

BRASIL. Conselho Nacional de Migração. (9 de setembro de 2021). Resolução CNIG MJSP nº 45, de 9 de setembro de 2021. *Dispõe sobre a concessão de visto temporário e de autorização de residência para imigrante, sem vínculo empregatício no Brasil, cuja atividade profissional possa ser realizada de forma remota, denominado "nômade digital".* Brasília, Distrito Federal, Brasil. Disponível em: https://www.in.gov.br/web/dou/-/resolucao-cnig-mjsp-n-45-de-9-de-setembro-de-2021-375554693#:~:text=Disp%C3%B5e%20sobre%20a%20concess%C3%A3o%20de,%2C%20 denominado%20%22n%C3%B4made%20digital%22. Acesso em: 1º jul. 2023.

BRASIL. Empresa Brasil de Comunicação. (12 de agosto de 2023). Governo economizou R$ 1,5 bilhão com teletrabalho na pandemia. Brasília, DF, Brasil. Disponível em: https:// agenciabrasil.ebc.com.br/radioagencia-nacional/economia/audio/2021-08/governo-economizou-r-15-bilhao-com-teletrabalho-na-pandemia. Acesso em: 12 ago. 2023.

BRASIL. Instituto Brasileiro de Geografia e estatística. (2019). *Pesquisa nacional por amostra de domicílios. Módulo turismo.* Rio de Janeiro: IBGE.

BRASIL. Instituto Brasileiro de Geografia e Estatística. (2023). *Censo demográfico 2022: população e domicílios. Primeiros resultados.* Rio de Janeiro: IBGE.

BRASIL. Instituto Nacional de Estudos e Pesquisas Educacionais Anísio Teixeira. (12 de agosto de 2023). *Ensino a distância cresce 474% em uma década.* Fonte: Censo da Educação Superior: https://www.gov.br/inep/pt-br/assuntos/noticias/censo-da-educacao-superior/ensino-a-distancia-cresce-474-em-uma-decada.

BRASIL. Ministério da Justiça e Segurança Pública. (15 de março de 2001). Portaria nº 3, de 15 de março de 2001. Brasília. Disponível em: https://dspace.mj.gov.br/handle/1/7986. Acesso em: 11 abr. 2024.

BRASIL. Ministério das Relações exteriores. (2022). *Comunidade brasileira no exterior.* Secretaria de Assuntos Consulares, Cooperação e Cultura, Departamento Consular. Brasília: Ministério da Justiça. Disponível em: https://www.gov.br/mre/pt-br/assuntos/portal-consular/arquivos/14-09_brasileiros-no-exterior.pdf. Acesso em: 1º jul. 2023.

BRASIL. Ministério das Relações Exteriores. (2023). *Comunidades brasileiras no exterior (ano base 2022).* Secretaria de Comunidades brasileiras e assuntos consulares e jurídicos. Brasília: MRE. Disponível em: https://www.gov.br/mre/pt-br/assuntos/portal-consular/BrasileirosnoExterior.pdf. Acesso em: 19 dez. 2023.

BRASIL. Ministério das Relações exteriores. (2023). *Comunidades brasileiras no exterior:* ano base 2022. Secretaria de Comunidades brasileiras e assuntos consulares e jurídicos. Brasília: Ministério das Relações Exteriores. Disponível em: https://www.gov.br/mre/pt-br/assuntos/portal-consular/BrasileirosnoExterior.pdf. Acesso em: 12 ago. 2023.

BRASIL. Ministério das Relações Exteriores. (23 de fevereiro de 2024). *Código Bustamante.* Fonte: Ministério das Relações Exteriores: https://concordia.itamaraty.gov.br/detalhamento-acordo/7850?TituloAcordo=bustamante&tipoPesquisa=1&TipoAcordo=BL,TL,ML.

BRASIL. Ministério do Desenvolvimento, Indústria, Comércio e Serviços. (2023). *Perfil das firmas exportadoras brasileiras:* um panorama. Secretaria de Comércio Exterior. Brasilia: MDICS. Disponível em: https://www.gov.br/mdic/pt-br/assuntos/noticias/2023/junho/perfil_exportadoras-secex.pdf/view. Acesso em: 19 dez. 2023.

BRASIL. Ministério do Desenvolvimento, Indústria, Comércio e Serviços. (2024). Nova indústria Brasil - forte, transformadora e sustentável: plano de ação para a neoindustrialização 2024-2026. Brasília: CNDI, MDIC.

BRASIL. Ministério do Desenvolvimento, Indústria, Comércio e Serviços. (2024). *Resultados do Comércio Exterior Brasileiro – Dados consolidados.* Secretaria de Comércio Exterior. Brasília: MDIC. Disponível em: https://balanca.economia.gov.br/balanca/pg_principal_bc/principais_resultados.html. Acesso em: 8 jan. 2024.

BRASIL. Missão Permanente do Brasil junto à Organização dos Estados Americanos. (24 de janeiro de 2024). *CIDIP VII.* Fonte: OEA: https://scm.oas.org/IDMS/Redirectpage.aspx?class=CP/CAJP&classNum=2652&addendum=2&lang=p.

BRASIL. Presidência da República. (2011). *Manual de redação* (3 ed.). Brasília: Presidência da República. Disponível em: http://www4.planalto.gov.br/centrodeestudos/assuntos/manual-de-redacao-da-presidencia-da-republica/manual-de-redacao.pdf. Acesso em: 1º jul. 2023.

BRASIL. Receita Federal. (9 de setembro de 2022). Instrução normativa RFB n. 2101 de 9 de setembro de 2022. *Altera a Instrução Normativa RFB nº 1.861, de 27 de dezembro de 2018, que estabelece requisitos e condições para a realização de operações de importação por conta e ordem de terceiro e por encomenda.* Disponível em: http://normas.receita.fazenda.gov.br/sijut2consulta/link.action?idAto=126058#:~:text=IN%20RFB%20n%C2%BA%20 2101%2F2022&text=Altera%20a%20Instru%C3%A7%C3%A3o%20Normativa%20 RFB,de%20terceiro%20e%20por%20encomenda. Acesso em: 15 jan. 2024.

BRASIL. Senado Federal. (2022). *História da Colonização Portuguesa do Brasil* (Vol. 3). Brasília: Senado Federal.

BRASIL. Superior Tribunal de Justiça. (2016). Regimento Interno. Brasília. Disponível em: https://www.stj.jus.br/publicacaoinstitucional/index.php/Regimento/article/view/532/3959. Acesso em: 3 jan. 2024.

BRAUN, D. (27 de outubro de 2010). Robô reduz custo na área de compras. *Valor econômico.* Disponível em: https://valor.globo.com/empresas/noticia/2020/10/27/robo-reduz-custo-na-area-de-compras.ghtml. Acesso em: 04 dez. 2020.

BRAUN, D. (27 de outubro de 2020). Robô reduz custo na área de compras. *Valor econômico.* Disponível em: https://valor.globo.com/empresas/noticia/2020/10/27/robo-reduz-custo-na-area-de-compras.ghtml. Acesso em: 28 nov. 2023.

BRITISH MUSEUM. (8 de junho de 2024). *Rhinos in rock art.* Fonte: The British Museum: https://africanrockart.britishmuseum.org/thematic/rhinos-in-rock-art/.

BRITO, R. T. (Julho/setembro de 2014). O ambiente da nova contratualidade e a tendência da jurisprudência do STJ em matéria contratual. *Revista de Direito Civil, 1,* pp. 135-159.

BROOKER, C. (Escritor), & Pankiw, A. (Diretor). (2023). *Joan is Awful* [Filme Cinematográfico]. Netflix.

BROWER, V. (2002). *The cutting edge in surgery*: Telesurgery has been shown to be feasible – now it has to be made economically viable. The European Molecular Biology Organization. Disponível em: https://www.ncbi.nlm.nih.gov/pmc/articles/PMC1084071/. Acesso em: 12 ago. 2023.

BRUNNI, N. G. (2005). *The FIDIC forms of contracts.* Oxford: Blackwell.

BUENO, E. (2006). *A Coroa, a Cruz a Espada: lei, ordem e corrupção no Brasil colônia.* Rio de Janeiro: Objetiva.

CABRAL, J. (18 de dezembro de 2012). Clássico do dia: Lada Niva. *Auto Esporte.* Disponível em: https://autoesporte.globo.com/carros/noticia/2012/12/classico-do-dia-lada-niva.ghtml. Acesso em: 8 jan. 2024.

CABRILLAC, S., & ZEIN, Y. (2005). L´acculturation en Droit des affaires libanais: le cas du droit des contrats. Em J.-L. NAVARRO, & G. LEFEBVRE, *L´acculturation en droit des affaires* (pp. 607-650). Montreal: Thémis.

CALDEIRA, J. (2017). *História da riqueza no Brasil*: cinco séculos de pessoas, costumes e governos. São Paulo: Estação Brasil.

CALIENDO, P. (1998). Incoterms, cláusulas padronizadas de comércio internacional. *Revista da Faculdade de Direito Ritter dos Reis, 1*, pp. 119-152.

CALMON, P. (1939). *Historia do Brasil* (Vol. 1). São Paulo: Companhia Editora Nacional. Disponível em: https://dspace.mj.gov.br/bitstream/1/8714/1/historia%20do%20brasil.pdf. Acesso em: 19 dez. 2023.

CAMARA, B. P. (Julho-setembro de 2006). O contrato de compra e venda internacional de bens. *Revista de Direito Privado, 27*, pp. 07-31.

CAMELBEKE, M. v. (1986). L´adaptation du contrat international aux circonstances nouvelles. Em R. RODIERE, *Les modifications du contrat au cours de son exécution en raison de circonstances nouvelles* (pp. 169-184). Paris: A. Pedone.

CAMINHA, P. V. (1981). *Carta a el rey Dom Manuel.* Rio de Janeiro: Record.

CARBONNIER, J. (2001). *Flexible droit*: pour une sociologie du Droit sans rigueur (10 ed.). Paris: LGDJ.

CÁRNIO, T. C. (2009). *Contratos internacionais.* São Paulo: Atlas.

CARVALHO, C. A. (1899). *Direito civil brazileiro recopilado, ou, Nova consolidação das leis civis vigentes em 11 de agosto de 1899.* Rio de Janeiro: Francisco Alves. Disponível em: https://www2.senado.leg.br/bdsf/item/id/227295. Acesso em: 26 fev. 2024.

CASELLA, P. B. (1996). Utilização no Brasil dos princípios UNIDROIT relativos a contratos comerciais internacionais. Em P. B. CASELLA, *Contratos Internacionais e Direito Econômico no Mercosul* (pp. 95-105). São Paulo: LTr.

CASELLA, P. B. (2006). Autonomia da vontade, arbitragem Comercial Internacional e Direito Brasileiro. Em C. TIBURCIO, & L. R. BARROSO, *O Direito Internacional Contemporâneo: estudos em homenagem ao Professor Jacob Dolinger* (pp. 737-750). Rio de Janeiro: Renovar.

CASTRO, A. d. (2002). *Direito internacional privado* (5 ed.). Rio de Janeiro: Forense.

CASTRO, A. d. (2008). *Direito Internacional Privado* (6 ed.). Rio de Janeiro: Forense.

CCI. (2016). *ICC Constitution (June 2016).* Disponível em: International Chamber of Commerce: https://iccwbo.org/icc-constitution/#block-accordion-2. Acesso em: 31 ago. 2023.

CEARÁ. Ministério Público. (3 de junho de 2004). *Acordo Mercosul.* Fonte: MPCE: https://www.mpce.mp.br/wp-content/uploads/2016/05/AcordoMercosul.pdf.

CEDOC – FUNARTE. (12 de dezembro de 2022). *Dossiê D.8 – Cacareco Vem Aí.* Disponível em: FUNARTE: https://atom.funarte.gov.br/index.php/cacareco-vem-ai-1960-cenas-do-filme. Acesso em: 31 ago. 2023.

CHEVALIER, J., & GHEERBRANT, A. (2023). *Dicionário de símbolos: mitos, sonhos, costumes, gestos, formas, figuras, cores, números.* Rio de Janeiro: José Olympio.

CHRISTIE´S. (29 de janeiro de 2013). *Albrecht durer*: masterpieces from a private collection. Disponível em: www.christies.com: https://www.christies.com/en/lot/lot-5649301. Acesso em: 19 dez. 2023.

CISG ADVISORY COUNCIL. (22 de janeiro de 2024). *Contracts for the Sale of Goods to Be Manufactured or Produced and Mixed Contracts (Article 3 CISG).* Fonte: CISGAC: https://cisgac.com/opinions/cisgac-opinion-no-4/.

CLARCK, K. (1995). *Civilização*. São Paulo: Martins Fontes.

CNJ. (25 de janeiro de 2024). *Enunciado 369 da IV Jornada de Direito Civil*. Fonte: CJF – Enunciados: https://www.cjf.jus.br/enunciados/enunciado/493.

CNJ. (25 de janeiro de 2024). *Enunciado 37 da I Jornada de Direito Comercial*. Fonte: CJF – Enunciados: https://www.cjf.jus.br/enunciados/enunciado/62.

CNJ. (25 de janeiro de 2024). *Enunciado 559 da VI Jornada de Direito Civil*. Fonte: CJF – Enunciados: https://www.cjf.jus.br/enunciados/enunciado/630.

COÊLHO RODRIGUES, A. (1893). *Projecto do Codigo Civil Brazileiro*. Rio de Janeiro: Imprensa Nacional. Disponível em: https://www2.senado.leg.br/bdsf/item/id/518628. Acesso em: 26 fev. 2024.

COLOMB, J. C. (1886). Imperial Federation, map of the world showing the extent of the British Empire in 1886. *The Graphic July 24, 1886*. Norman B. Levanthal Map Collection of the Boston Public Library, Boston. Disponível em: https://collections.leventhalmap.org/search/commonwealth:x633f896s. Acesso em: 1º jan. 2024.

COMIC BOOK CONTRACTS. (s.d.). Disponível em: Comic book contracts: https://www.comicbookcontracts.com/. Acesso em: 31 ago. 2023.

CONSELHO DA JUSTIÇA FEDERAL. (23 de janeiro de 2024). *CJF – Enunciados*. Fonte: Enunciado 89: https://www.cjf.jus.br/enunciados/enunciado/1325.

CONSELHO DA JUSTIÇA FEDERAL. (23 de janeiro de 2024). *Enunciado 90*. Fonte: CJF – Enunciados: https://www.cjf.jus.br/enunciados/enunciado/1326.

CORREIOS. (12 de agosto de 2023). *Internacional*. Fonte: https://www.correios.com.br/enviar/encomendas/internacional.

CORTIANO JR, E., RIVABEM, F. S., & GLITZ, F. E. (abril-junho de 2019). CORTIANO JR, Eroulths; RIVABEM, Fernanda Schaefer; GLITZ, Frederico Eduardo Zenedin. Família contemporânea e nacionalidade: a insuficiência dos atuais critérios brasileiros para aquisição de nacionalidade originária. *Revista de Direito Civil Contemporâneo, 19*, pp. 187-209. Disponível em: https://glitzgondim.adv.br/wp-content/uploads/2019/08/2019-CORTIANO-JR-RIVABEM-GLITZ-Familia-contemporanea-e-nacionalidade-RDC.pdf. Acesso em: 1º jul. 2023.

COSTA, C. (17 de maio de 2019). Quantos países existem — e por que é tão difícil responder a essa pergunta? *Época Negócios/BBC NEws*. Disponível em: https://epocanegocios.globo.com/Mundo/noticia/2019/05/quantos-paises-existem-e-por-que-e-tao-dificil-responder-essa-pergunta.html. Acesso em: 10 jan. 2024.

COSTA, C. N. (2014). A construção de padrões internacionais por agentes privados e a modificação de legislação nacional: alteração do padrão de contabilidade para empresários no Brasil. *Revista de Direito Internacional, 11*(1), pp. 66-81.

COSTA, J. A., & SANTOS, R. A. (março de 2016). Contratos internacionais e a eleição de foro estrangeiro no novo Código de Processo Civil. *Revista de Processo, 253*, pp. 109-128.

COUTO E SILVA, C. V. (1976). *A obrigação como processo*. São Paulo: José Bushatsky.

CREATIVE COMMONS. (10 de junho de 2024). *BEtter sharing, brighter future*. Fonte: Creative Commons: https://creativecommons.org/.

CRETELA NETO, J. (2009). *Curso de Arbitragem* (2 ed.). Campinas: Millennium.

CRIDDLE, C. (2023). Allen & Overy rolls out AI contract negotiation tool in challenge to legal industry. *Financial Times*. Disponível em: https://www.ft.com/content/f1aff4d0-b2c5-4266-aa0a-604ef14894bb. Acesso em: 3 jan. 2024.

CROWLEY, R. (2016). *Conquistadores*: como Portugal criou o primeiro Império Global (5. ed. ed.). Lisboa: Editorial Presença.

DARANKOUM, E. S. (2002). L'application des Principes d'UNIDROIT par les arbitres internationaux et par les juges étatiques. *Revue Juridique Thémis, 36*, pp. 421-480.

DEARDORFF, A. V. (2006). *Terms of trade: glossary of international eonomics*. Singapore: World Scientific.

DEL´OLMO, F. d., & ARAÚJO, L. I. (2004). *Lei de introdução ao Código CIvil brasileiro comentada* (2 ed.). Rio de Janeiro.

DELACROIX, E. (1830). *Le 28 juillet 1830. La Liberté guidant le peuple*. Louvre, Paris. Disponível em: https://collections.louvre.fr/ark:/53355/cl010065872. Acesso em: 1º jan. 2024.

DELMAS-MARTY, M. (2004). *Por um direito comum*. São Paulo: Martins Fontes.

DELOITTE. (2017). *2017 Global Mobile Consumer Survey*: US edition. Disponível em: https://www2.deloitte.com/content/dam/Deloitte/us/Documents/technology-media-telecommunications/us-tmt-2017-global-mobile-consumer-survey-executive-summary.pdf. Acesso em: 21 dez. 2023.

DERAINS, Y., & GHESTIN, J. (1990). *La convention de Vienne sur la vente internationale et les incoterms: actes du colloque des 1er et 2 décembre 1989*. Paris: LGDJ.

DINIZ, M. H. (2012). *Lei de introdução às Normas do Direito brasileiro interpretada* (17 ed.). São Paulo: Saraiva.

DISNEY. (12 de agosto de 2023). *Ferdinand the bull (film)*. Fonte: The Official Disney Fan Club: https://d23.com/a-to-z/ferdinand-the-bull-film/.

DOCKRAY, M. (2004). *Carriage of Goods by sea* (3 ed.). London: Cavendish.

DOLINGER, J. (2007). *Direito Internacional Privado (parte especial)*: direito civil internacional. Contratos e obrigações no Direito Internacional Privado (Vol. 2). Rio de Janeiro: Renovar.

DOLINGER, J. (2007). *Direito Internacional Privado*: Contratos e obrigações no Direito Internacional Privado (Vol. II). Rio de Janeiro: Renovar.

DRAETTA, U. (2001). Les clauses de force majeure et de hardship dans les contrats internationaux. *Giurisprudenza Commerciale. Diritto del Commercio Internazionale: pratica internazionale e Diritto interno*. pp. 297-308.

DROSS, W. (2005). L´acculturation en matière de vente: l´influence de la CVIM sur la vente interne. Em J.-L. NAVARRO, & G. LEFEBVRE, *L´acculturation en droit des affaires* (pp. 143-182). Montreal: Themis.

DÜRER, A. (1515). *Rhinocerus* . British Museum, London. Disponível em: https://www. britishmuseum.org/collection/object/P_SL-5218-161. Acesso em: 19 dez. 2023.

DÜRER, A. (s.d.). Rhinoceros in profile to l. 1515 Pen and brown ink watermark. *Asset number 7358001*. British Museum, London. Disponível em: https://www.britishmuseum.org/collection/image/73580001. Acesso em: 19 dez. 2023.

DURUY, V., GROSVENOR, E. A., & NORMAN, L. E. (1912). Europe at the Death of Justinian. *Duruy's General History of the World*. University of South Florida, New York. Disponível em: https://etc.usf.edu/maps/pages/2100/2105/2105.htm. Acesso em: 2 jan. 2024.

EMBARGOS AO RECURSO DE REVISTA, E-RR-333-16.2020.5.07.0006 (Tribunal Superior do Trabalho 21 de setembro de 2023).

ENDO, H., KOBAYASHI, H., KOYABU, D., HAYASHIDA, A., JOGAHARA, T., TARU, H., SAKAI, T. (1º de dezembro de 2009). The Morphological Basis of the Armor-Like Folded Skin of the Greater Indian Rhinoceros as a Thermoregulator. *Mammal Study*, pp. 195-200.

ENGELBERG, E. (2003). *Contratos internacionais do comércio* (3 ed.). São Paulo: Atlas.

ENTINI, C. E. (17 de março de 2013). *O lançamento da candidatura de Cacareco*. Disponível em: Estadão: http://m.acervo.estadao.com.br/noticias/acervo,o-lancamento-da-candidatura-de-cacareco,8948,0.htm. Acesso em: 31 ago. 2023.

EUROPA. (19 de junho de 1980). Convenção de Roma de 1980 sobe a lei apicável às obrigações contratuais. Roma. Disponível em: https://eur-lex.europa.eu/legal-content/PT/TXT/?uri=CELEX%3A41998A0126%2802%29. Acesso em: 04 dez. 2023.

EUROPA. (23 de novembro de 2022). Diretiva (UE) 2022/2380 do Parlamento Europeu e do Conselho. *Jornal Oficial da União Eruopeia*. Acesso em 24 de janeiro de 2024, disponível em https://eur-lex.europa.eu/legal-content/PT/TXT/PDF/?uri=CELEX:32022L2380

EUROPA. Parlamento. (24 de abril de 2024). Resolução legislativa do Parlamento Europeu, de 24 de abril de 2024 sobre a proposta de diretiva do Parlamento Europeu e do Conselho relativa ao dever de diligência das empresas em matéria de sustentabilidade e que altera a Diretiva (UE) 2019/1937. Estrasburgo. Disponível em: https://www.europarl.europa.eu/doceo/document/TA-9-2024-0329_PT.html. Acesso em: 10 jun. 2024.

FAVREAU, J. (Diretor). (2016). *Mogli: O menino Lobo* [Filme Cinematográfico]. Disponível em: https://www.disneyplus.com/pt-br/movies/the-jungle-book/6mPifwCWjpbQ. Acesso em: 19 dez. 2023.

FEITOSA, M. L. (2007). *Paradigmas inconclusos*: os contratos entre a autonomia privada, a regulação estatal e a globalização dos Mercados. Coimbra: Coimbra Editora.

FERGUSON, N. (2012). *Civilização*. São Paulo: Planeta.

FERNÁNDEZ ROZAS, J. C. (2007). El arbitraje internacional y sus dualidades. *Anuario Argentino de Derecho Internacional*. pp. 01-24.

FERREIRA, F. (12 de agosto de 2023). Recursos visuais como QR Code e ícones ganham espaço na advocacia e no judiciário. Fonte: *Folha de São Paulo*: Tecnologia: https://www1.folha.uol.com.br/poder/2021/01/recursos-visuais-como-qr-code-e-icones-ganham-espaco-na-advocacia-e-no-judiciario.shtml.

FGV. (12 de agosto de 2023). *Caso "Mendes Júnior vs. Banco do Brasil"*. Fonte: Casoteca: https://direitosp.fgv.br/sites/default/files/2022-01/arquivos/narrativa_mendes_junior_vs._banco_do_brasil.pdf.

FIROOZMAND, M. R., & ZAMANI, J. (2017). Force majeure in international contracts: current trends and how international arbitration practice is responding. *Arbitration International, 33*, pp. 395-413.

FLOOD, G. (04 de abril de 2013). Former AC Milan player Taribo West is '12 years older than he claims'. *The Independent*. Disponível em: https://www.independent.co.uk/sport/football/news/former-ac-milan-player-taribo-west-is-12-years-older-than-he-claims-8560297.html. Acesso em: 22 jan. 2024.

FONSECA, P. B. (julho-setembro de 1998). Anotações pertinentes à regulamentação sobre transmissão de risco: Convenção da ONU de 1980, Incoterms e Código Civil brasileiro. *Revista de Informação Legislativa, 139*, pp. 39-56.

FONTAINE, M. (1997). Les dispositions relatives au hardship et à la force majeure. Em M. J. BONELL, & F. BONELLI, *Contratti commerciali internazionali e principi Unidroit* (pp. 183-191). Milano: Giuffrè.

FONTES, K. (16 de abril de 2018). Tecnologia blockchain deve impulsionar o comércio exterior. *Gazeta do Povo*. Disponível em: https://www.gazetadopovo.com.br/opiniao/artigos/tecnologia-blockchain-deve-impulsionar-o-comercio-exterior-7g4d4v2p9a6lu4h5zpuqcbvfd/. Acesso em: 04 dez. 2023.

FONTES, K. (16 de junho de 2018). Tecnologia blockchain deve impulsionar o comércio exterior. Fonte: *Gazeta do Povo*: https://www.gazetadopovo.com.br/opiniao/artigos/tecnologia-blockchain-deve-impulsionar-o-comercio-exterior-7g4d4v2p9a6lu4h5zpuqcbvfd/

FRADERA, V. J. (2018). A CISG como um Código da venda internacional de mercadorias. Em F. E. GLITZ, *Questões de Direito Internacional*: pessoa, comércio e procedimento (pp. 54-70). Curitiba: JML. Disponível em: https://play.google.com/store/books/details/Frederico_Eduardo_Zenedin_Glitz_QUEST%C3%95ES_DE_DIREIT?id=6GOFEAAAQBAJ. Acesso em: 23 jan. 2024.

FRADERA, V. J. (20 de junho de 2020). 40 anos da CISG. Disponível em: https://www.youtube.com/watch?v=kLoIFDjD4q0. Acesso em: 23 jan. 2024.

FRADERA, V. M. (2004). A saga da uniformização da compra e venda internacional: da lex mercatoria à Convenção de Viena de 1980. Em W. (. MENEZES, *Direito Internacional e o Direito brasileiro:* homenagem a José Francisco Rezek (pp. 809-832). Ijuí: Unijuí.

FRANÇA FILHO, M. T. (2006). História e razão do Paradigma Vestefaliano. *Anuário de Derecho Constitucional Latinoamericano*, pp. 1445-1465. Disponível em: https://biblioteca.corteidh.or.cr/tablas/R08047-32.pdf. Acesso em: 12 ago. 2023.

FRANÇA. (12 de agosto de 2023). *5 Projetos que contribuem para o progresso da e-saúde na África*. Fonte: Agence Française de Développement: https://www.afd.fr/pt/actualites/5-projetos-que-contribuem-para-o-progresso-da-e-saude-na-africa.

FRANÇA. (26 de agosto de 1789). Declaração dos Direitos do homem e do Cidadão. Paris, França. Disponível em: https://edisciplinas.usp.br/pluginfile.php/4247260/mod_resource/content/1/declaracao%20direitos%20humanos.pdf. Acesso em: 19 dez. 2023.

FRANÇA. Assemblée nationale. (19 de juin de 1790). *Décret concernant les vainqueurs de la Bastille, lors de la séance du 19 juin 1790*. Paris, France. Disponível em: https://archives-parlementaires.persee.fr/prt/46974284-6378-440b-aa88-b8af76b53ec2. Acesso em: 19 dez. 2023.

FRANCESCHINI, J. I. (2002). A lei e o foro de eleição em tema de contratos internacionais. Em J. G. RODAS, *Contratos internacionais* (3 ed., pp. 66-121). São Paulo: Ed. RT.

FRANCO, G. H., & GIAMBIAGI, F. (2015). *Antologia da maldade*: um dicionário de citações, associações ilícitas e ligações perigosas (Vol. I). Zahar: Rio de Janeiro.

FREITAS, A. T. (2003). *Consolidação das leis civis* (Vol. I). Brasília: Senado Federal. Disponível em: https://www2.senado.leg.br/bdsf/handle/id/496206. Acesso em: 23 jan. 2024.

FRIEDRICH, J. (2008). Legal Challenges of Nonbinding Instruments: The Case of the FAO Code of Conduct for Responsible Fisheries. *German Law Journal, 9*(11), pp. 1539-1564.

FRIGNANI, A. (1979). La hardship clause nei contratti internazionali e le tecniche di allocazione dei rischi negli ordinamenti di civil e di common law. *Rivista de Diritto Civile*, pp. 680-712.

G1. (14 de setembro de 2022). *Suicídio assistido:* entenda procedimento legalizado na Suíça pelo qual passou cineasta Jean-Luc Godard. Disponível em: G1 Saúde: https://g1.globo.com/saude/noticia/2022/09/14/suicidio-assistido-entenda-procedimento-legalizado-na-suica-pelo-qual-passou-cineasta-jean-luc-godard.ghtml. Acesso em: 1º jan. 2024.

G1. (12 de agosto de 2023). *Menino de dois anos compra mais de R$ 10 mil em móveis com celular da mãe nos EUA*. Fonte: Mundo: https://g1.globo.com/mundo/noticia/2022/01/25/menino-compra-moveis-com-celular-da-mae-nos-eua.ghtml.

G1. (12 de agosto de 2023). *Por que cada vez mais russas viajam ao Brasil para dar à luz*. Fonte: G1 Mundo: https://g1.globo.com/mundo/noticia/2023/03/25/por-que-cada-vez-mais-russas-viajam-ao-brasil-para-dar-a-luz.ghtml.

GABRIEL, J. (23 de junho de 2023). *Cidade em Rondônia aprova primeira lei que garante direitos a um rio*. Disponível em: Estado de Minas: https://www.em.com.br/app/noticia/nacional/2023/06/22/interna_nacional,1510776/cidade-em-rondonia-aprova-primeira-lei-que-garante-direitos-a-um-rio.shtml. Acesso em: 31 ago. 2023.

GALGANO, F. (2001). *Lex mercatoria*. Bologna: Il Mulino.

GALGANO, F. (2006). Los caracteres de la juridicidad en la era de la globalización. Em J. A. SILVA, *Estudios sobre la lex mercatoria. Una realidad internacional* (pp. 123-135). México: UNAM.

GALILEU. (30 de outubro de 2017). Arábia Saudita torna-se primeiro país a conceder cidadania para um robô. *Revista Galileu*. Disponível em: https://revistagalileu.globo.com/Tecnologia/noticia/2017/10/arabia-saudita-torna-se-primeiro-pais-conceder-cidadania-para-um-robo.html. Acesso em: 28 nov. 2023.

GALLO, M. (2009). *Revolução Francesa*. Porto Alegre: LPM.

GAMA JR, L. (15 de janeiro de 2024). *Os princípios UNIDROIT relativos aos contratos do comércio internacional*: uma nova dimensão harmonizadora dos contratos internacionais. Fonte: Organização dos Estados Americanos: https://www.oas.org/dil/esp/95-142%20Gama.pdf.

GAMA JR., L. (2006). A Convenção de Viena sobre a compra e venda internacional de mercadorias – 1980: essa grande desconhecida. *Revista de arbitragem e mediação, 9*, pp. 134-149.

GAMA JÚNIOR, L. (2006). *Contratos Internacionais à luz dos Princípios do UNIDROIT 2004*: soft Law, arbitragem e jurisdição. Rio de Janeiro: Renovar.

GAMA JUNIOR, L. (Julho de 2014). O Direito aplicável a contrato internacional de mútuo celebrado em Nova York – eleição pelas partes do Direito de Nova York e ação de cobrança aforada em São Paulo. *Revista de Direito Empresarial, 4*, pp. 295-320.

GAMA, S. J. (s.d.). *Autonomia da vontade nos contratos internacionais no Direito Internacional Privado brasileiro*: Uma leitura constitucional do artigo 9º da Lei de Introdução ao Código Civil em favor da liberdade de escolha do direito aplicável.

GARCEZ, J. M. (1994). *Contratos Internacionais Comerciais*. São Paulo: Saraiva.

GBR. (10 de junho de 2024). *Você sabe o que o banco está fazendo com seu dinheiro?* Fonte: Guia dos Bancos Responsáveis: https://guiadosbancosresponsaveis.org.br/.

GEIGER, R. (2011). Coherence in shapping the rules for international business: actors, instruments , and implementation. *The George Washington International Law Review, 43*, pp. 295-324.

GIBBS, S. (11 de fevereiro de 2016). *Amazon updates its terms of service to cover the zombie apocalypse*. Disponível em: The Guardian: https://www.theguardian.com/technology/2016/feb/11/amazon-terms-of-service-zombie-apocalypse. Acesso em: 31 ago. 2023.

GIFFONI, A. d. (outubro-dezembro de 1999). A Convenção de Viena sobre compra e venda internacional de mercadorias e sua utilidade no Brasil. *Revista de Direito Mercantil, 116*, pp. 167-170.

GILMORE, G. (1986). *The Death of Contract*. Columbus: Ohio State University Press.

GLITZ, F. (21 de junho de 2020). *Arte & Direito*: o mito de Sísifo. Curitiba. Disponível em: https://youtu.be/5UxALijptTE?si=9B5oLKNR5XCQHedi. Acesso em: 19 dez. 2023.

GLITZ, F. (2022). Preço, atraso e juros: abordagem comparativa entre o Direito brasileiro e a CISG. Em C. PEREIRA, & I. e. SCHWENZER, *CISG, Brasil e Portugal*: Convenção das Nações Unidas para os Contratos de Compra e Venda Internacional. São Paulo: Almedina.

GLITZ, F. E. (2008). *Contrato e sua conservação*: lesão e cláusula de hardship. Curitiba: Juruá.

GLITZ, F. E. (2009). Transferência do risco contratual e incoterms: breve análise de sua aplicação pela jurisprudência brasileira. Em E. e. CORTIANO JUNIOR, *Apontamentos críticos para o Direito civil brasileiro contemporâneo* II – Anais do Projeto de Pesquisa Virada de Copérnico (pp. 111-139). Curitiba: Juruá.

GLITZ, F. E. (2010). Padronização internacional do contrato: notas a partir dos Creative Commons. *Revista de Direito Econômico e Socioambiental, 1*, pp. 271-283.

GLITZ, F. E. (2013). A jurisprudência do Superior Tribunal de Justiça e a construção de um conceito de internacionalidade do contrato. *Revista de Direito Internacional, 10*, pp. 208-217.

GLITZ, F. E. (janeiro de 2013). Favor contractus: alguns apontamentos sobre o princípio da conservação do contrato no Direito positivo brasileiro e no Direito comparado . *Revista do Instituto do Direito Brasileiro da Faculdade de Direito da Universidade de Lisboa, 1*, pp. 475-542.

GLITZ, F. E. (2013). Mora na devolução do conteiner: análise da visão jurisprudencial brasileira acerca do comércio internacional. *Revista do Instituto de Direito Brasileiro da Faculdade de Direito da Universidade de Lisboa, 11*, pp. 12423-12463.

GLITZ, F. E. (2014). *Contrato, globalização e lex mercatoria* (2 ed.). São Paulo: Clássica.

GLITZ, F. E. (2014). O princípio da liberdade de forma e prova do contrato na CISG. Em P. Nalin, R. C. STEINER, & L. P. XAVIER, *Compra e venda internacional de mercadorias – vigência, aplicação e operação da CISG no Brasil.* (pp. 181-190). Curitiba: Juruá.

GLITZ, F. E. (2017). Direito estrangeiro e o juiz nacional: como as Cortes Superiores brasileiras aplicam o Direito estrangeiro. Em F. E. GLITZ, *Questões de Direito Internacional*: pessoa, comércio e procedimento (pp. 172-194). Curitiba: JML.

GLITZ, F. E. (25 de abril de 2020). Disponível em: Arte & Direito: análise da obra A Liberdade guiando o Povo: https://youtu.be/Z2QetLdBQ7Q?si=3Gbs8eHa5f1eVIxh. Acesso em: 19 dez. 2023.

GLITZ, F. E. (14 de abril de 2020). *Arte & Direito:* Marriage à la mode. Fonte: https://youtu.be/ZkTSJi0YpXQ?si=liOuGHuJ7-Ew9nna.

GLITZ, F. E. (18 de abril de 2020). *Arte & Direito*: Uma tarde de domingo na Grande Jatte. Fonte: https://youtu.be/oQS03jOHS3Y?si=aWMexGoeV7CdHeSP.

GLITZ, F. E. (jul./dez. 2020). Contrato internacional na crise: reflexões sobre as cláusulas de força maior e hardship em tempos de Covid-19. *Revista da Faculdade de Direito da Universidade Federal de Uberlândia, 48*(2), pp. 11-42. Fonte: https://glitzgondim.adv.br/wp-content/uploads/2020/12/2020-GLITZ-Contrato-Internacional-na-crise-reflexoes-sobre-as-clausulas-de-forca-maior-e-hardship.pdf.

GLITZ, F. E. (2020). *Contratos internacionais e a escolha do Direito aplicável*: tradução dos Princípios Haia e Guia da Organização dos Estados Americanos. Curitiba.

GLITZ, F. E. (2021). *Arte & Direito*: Dama com unicórnio. Disponível em: https://www.youtube.com/watch?v=3GTT0ts579w&list=PLY6dTOGgUmib5GEnqIfeVv_DGtWu0vGS7&index=17. Acesso em: 25 jun. 2024.

GLITZ, F. E. (2022). O caso Panasonic e as relações internacionais de consumo. Em A. e. FERRARO, *Derecho del consumo y normas antimonopolio* (pp. 36-51). Buenos Aires: La Ley.

GLITZ, F. E. (2024). Desafios para a internacionalização da Telemedicina: uma perspectiva brasileira. Em F. SCHAEFER, & F. GLITZ, *Telemedicina*: desafios éticos e regulatórios (2 ed., pp. 137-150). Indaiatuba: Foco.

GLITZ, F. E., & GONDIM, G. G. (2018). O Direito obrigacional brasileiro e a natureza jurídica da demurrage em contratos de agenciamento de carga. Em O. A. CASTRO JUNIOR, *Teoria e prática da demurrage de contêiner* (pp. 93-122). São Paulo: Aduaneiras.

GLOBO REPÓRTEr. (12 de agosto de 2023). *Globo Repórter mostra os nômades modernos, que levam a casa nas costas.* Fonte: https://g1.globo.com/globo-reporter/noticia/2023/03/11/globo-reporter-mostra-os-nomades-modernos-que-levam-a-casa-nas-costas-veja-a-integra.ghtml.

GLOBO. Monet. (9 de outubro de 2023). *Cláusula bizarra nos contratos de Dwayne Johnson, o The Rock, em filmes de ação é revelada.* Fonte: Monet: https://revistamonet.globo.com/filmes/noticia/2023/10/clausula-bizarra-nos-contratos-de-dwayne-johnson-o-the-rock-em-filmes-de-acao-e-revelada.ghtml.

GOLDMAN, B. (1964). Frontieres du droit et "lex mercatoria". *Archives de Philosophie du Droit, 9*, pp. p. 177-192.

GOMES, O. (1972). *Contrato de Adesão.* São Paulo: Ed. RT.

GOMES, O. (1977). *Contratos* (6 ed.). Rio de Janeiro: Forense.

GOMES, O. (2003). *Raízes históricas e sociológicas do Código Civil brasileiro.* São Paulo: Martins Fontes.

GOOGLE. (s.d.). *The Elephant Hanno.* Disponível em: Google Arts & Culture: https://artsandculture.google.com/asset/the-elephant-hanno-raffaello-sanzio-school-of/zQHcX5AvA-lSjA. Acesso em: 19 dez. 2023.

GOULART, M. E. (fevereiro de 2007). A Convenção de Viena e os Incoterms. *Revista dos Tribunais, 856*, pp. 67-91.

GOYA, F. (1799). *The Sleep of Reason Produces Monsters.* Harvard Art Museums, Boston. Disponível em: https://g.co/arts/B9hHfnHLkjcVGFfHA. Acesso em: 3 jan. 2024.

GRAHAM, Z. A., GARDE, E., HEIDE-JORGENSEN, M. P., & PALAORO, A. V. (18 de march de 2020). The longer the better: evidence that narwhal tusks are sexually selected. (T. R. Society, Ed.) *Biology Letters.* Disponível em: https://royalsocietypublishing.org/doi/10.1098/rsbl.2019.0950. Acesso em: 5 de janeiro de 2024.

GRANZIERA, M. L. (1995). Incoterms. Em J. G. RODAS, *Contratos internacionais* (2 ed., pp. 147-221). São Paulo: Ed. RT.

GREBLER, E. (1992). O contrato internacional no Direito de empresa. *Revista de Direito mercantil, 85*, pp. 22-33.

GREBLER, E. (jan./mar. 1992). O contrato internacional no Direito de empresa. *Revista de Direito Mercantil, 85*, pp. 23-24.

GREBLER, E. (out./dez. 2006). A Convenção das Nações Unidas sobre contratos de venda internacional de mercadorias e o comércio internacional brasileiro. *Revista de Direito Mercantil, Industrial, Econômico e Financeiro, 144*, pp. 59-72.

GREBLER, E. (2008). A Convenção das Nações Unidas sobre Contratos de Venda Internacional de Mercadorias e o Comércio Internacional brasileiro. *III Anuário brasileiro de Direito Internacional*, pp. 94-109. Disponível em: https://biblioteca.corteidh.or.cr/tablas/r27122.pdf. Acesso em: 23 jan. 2024.

GROSSI, P. (2007). *Mitologias jurídicas da modernidade* (2 ed.). Florianópolis: Boiteux.

GUARASCIO, F. (4 de outubro de 2022). Apple forced to change charger in Europe as EU approves overhaul. *Reuters*. Disponível em: https://www.reuters.com/technology/eu-parliament-adopts-rules-common-charger-electronic-devices-2022-10-04/. Acesso em: 3 jan. 2024.

GUIGNARD, L. (2005). Justice contractuelle: influence du droit américain? Em J.-L. NAVARRO, & G. LEFEBVRE, *L´acculturation en droit des affaires* (pp. 183-195). Montreal: Themis.

GUIMARÃES, A. M., & SILVA, G. J. (1996). *Manual de Direito do Comércio Internacional*: contrato de câmbio. São Paulo: Ed. RT.

GUIRAND, F. (1987). *New Larousse Encyclopedia of Mythology*. (R. ALDINGTON, & D. AMES, Trads.) New York: Crescent Books.

HAGUE ACADEMY. (12 de agosto de 2023). *The Hague Academy of International Law*. Fonte: Our Programmes: https://www.hagueacademy.nl/programmes/.

HCCH. (15 de junho de 1955). *Convention on the Law applicable to international sales of goods*. Disponível em: https://www.hcch.net/en/instruments/conventions/full-text/?cid=31. Acesso em: 25 jan. 2024.

HCCH. (15 de abri de 1958). *Convention on the jurisdiction of the selected forum in the case of international sales of goods*. Fonte: https://www.hcch.net/en/instruments/conventions/full-text/?cid=34.

HCCH. (15 de abril de 1958). *Convention on the Law governing transfer of title in international sales of goods*. Disponível em: https://www.hcch.net/en/instruments/conventions/full-text/?cid=32. Acesso em: 25 jan. 2024.

HCCH. (25 de novembro de 1965). *Convention of 25 November 1965 on the Choice of Court*. Fonte: HCCH: https://www.hcch.net/en/instruments/conventions/full-text/?cid=77.

HCCH. (22 de dezembro de 1986). Convention of 22 December 1986 on the Law Applicable to Contracts for the International Sale of Goods. Haia. Disponível em: https://www.hcch.net/en/instruments/conventions/full-text/?cid=61. Acesso em: 04 dez. 2023.

HCCH. (30 de junho de 2005). *Convention on choice of court agreements*. Fonte: HCCH: https://assets.hcch.net/docs/510bc238-7318-47ed-9ed5-e0972510d98b.pdf.

HERAS-SAIZARBITORIA, I. (. (2018). *ISO 9001, ISO 14001, and New Management Standards*. Cham: Springer.

HESPANHA, A. M. (1972). Prática social, ideologia e direito nos séculos XVII a XIX. *Vértice, 340-342*, pp. 3-48.

HOBBES, T. (2017). *Leviathan or, the Matter, Form, and Power of a Commonwealth, Ecclesiastical and Civil*. London: Penguin.

HOBSBAWM, E. (1995). *Era dos extremos: o breve século XX (1914-1991)*. São Paulo: Companhia das Letras.

HOFFMAN, P. (2004). *Asas da loucura*: a extraordinária vida de Santos-Dumont. Rio de Janeiro: Objetiva.

HOGARTH, W. (1743). *Marriage A-la-Mode: 1.* National Gallery, London. Disponível em: https://www.nationalgallery.org.uk/paintings/william-hogarth-marriage-a-la-mode-1-the-marriage-settlement. Acesso em: 2 jan. 2024.

HUCK, H. M. (janeiro-março de 1984). Contratos internacionais de financiamento: a lei aplicável. *Revista de Direito Mercantil, 53,* pp. 81-87.

HUCK, H. M. (3 de abril de 2014). Hermes Marcelo Huck – O Brasil e a Globalização – Pensadores do Direito Internacional. (M. A. outro, Entrevistador). Disponível em: https://youtu.be/j2gDqNJUaWU?si=K-0YL91f9_SCoZml. Acesso em: 19 dez. 2023.

IBGE. (12 de agosto de 2023). *Pesquisa Nacional por amostra de Domicílios – PNAD COVID19.* Fonte: https://www.ibge.gov.br/estatisticas/sociais/trabalho/27946-divulgacao-semanal-pnadcovid1.html?=&t=destaques.

ICA. (janeiro de 2023). *Normas e Regras da International Cotton Association Limited.* Fonte: International Cotton Association: https://ica-ltd.org/wp-content/uploads/2023/01/ica-rulebook-2023-PT-BR.pdf.

ICC. (março de 2020). *Cláusulas de força maior e hardship da ICC.* Fonte: ICC Brasil: https://www.iccbrasil.org/media/uploads/2020/04/30/forca-maior-e-hardship.pdf.

INSTITUTO PRO MUNDO; Eletrobrás. (2016). Cartilha de Promoção do Respeito à diversidade nas Empresas. Disponível em: https://eletrobras.com/pt/ResponsabilidadeSocial/promundo_cartilha_diversidade_05.pdf. Acesso em: 10 djan. 2024.

INTERNATIONAL INSTITUTE FOR MANAGEMENT DEVELOPMENT. (2023). *World Competitiveness Yearbook.* IMD. Disponível em: https://www.imd.org/centers/wcc/world-competitiveness-center/. Acesso em: 20 jan. 2024.

IPEA. (12 de agosto de 2023). *Balanço de pagamentos, balança comercial.* Fonte: Carta de Conjuntura n. 60 – nota 6 – 3 trimestre de 2023: https://www.ipea.gov.br/cartadeconjuntura/wp-content/uploads/2023/07/230717_cc_60_nota_6_setor_externo.pdf.

IPEA. (12 de agosto de 2023). *Os condicionantes do teletrabalho potencial no Brasil.* Fonte: Textos para discussão 2830: https://repositorio.ipea.gov.br/bitstream/11058/11730/1/TD_2830_web.pdf.

ISO. (10 de janeiro de 2024). Fonte: ISO: Global standards for trusted goods and services: https://www.iso.org/home.html.

JACQUES, D. C. (2005). A adoção do Princípio da Autonomia da Vontade na Contratação Internacional pelos Países do MERCOSUL. Em C. L. MARQUES, & N. d. ARAUJO, *O novo direito internacional*: estudos em homenagem a Erik Jayme (pp. 277-306). Rio de Janeiro: Renovar.

JAEGER, A.-V., & HÖK, G.-S. (2010). *FIDIC – A Guide for practitioners.* Heidelberg: Springer.

JESSUP, P. C. (1965). *Direito transnacional.* Rio de Janeiro: Fundo de Cultura.

JIMÉNEZ, G. (1996). The International Chamber of Commerce: Supplier of Standards and Instruments for International Trade. *Uniform La Review, 2,* pp. 284-298.

JOHANSEN, J. C. (1919). *Signing of the Treaty of Versailles, 1919.* National Portrait Gallery, Washington. Disponível em: https://npg.si.edu/object/npg_NPG.65.83. Acesso em: 1º jan. 2024.

JORNAL DA GLOBO. (21 de setembro de 2023). *Nômades digitais no mundo já somam 35 milhões, e estimativa é que cheguem a 1 bilhão até 2035.* Disponível em: Jornal da Globo: https://g1.globo.com/jornal-da-globo/noticia/2023/09/21/o-impacto-dos-nomades-digitais-em-grandes-cidades-do-mundo-estimativa-e-que-cheguem-a-1-bilhao-ate-2035.ghtml. Acesso em: 1º jan. 2024.

KAHN, P. (octobre-décembre de 1981). La Convention de Vienne du 11 avril 1980 sur les contrats de vente internationale de merchandises. *Revue internationale de droit comparé,* pp. 951-986.

KASSIS, A. (1984). *Théorie générale des usages du commerce*: droit compare, contrats et arbitrage internationaux, lex mercatoria. Paris: LGDJ.

KESSEDJIAN, C. (1995). Une exercice de rénovation des sources du droit des contrats du commerce internacional: les Principles proposés par l'Unidroit. *Revue Critique de droit International privé, 4,* pp. 641-670.

KIPLING, R. (2020). *A pele do Rinoceronte.* (L. S. Azevedo, Trad.) Literatura descoberta.

KLEIN, V. (2019). As contratações eletrônicas interempresariais e o princípio da boa-fé objetiva: o caso do EDI. Em G. M. MARTINS, *Direito Digital*: Direito Privado e Internet (pp. 527-542). Indaiatuba: Foco.

KROLL, S., & MISTELIS, L. P. (2011). *UN Convention on Contracts for the International Sale of Goods (CISG).* Munchen: Bech.

KÜBLER-ROSS, E. (1996). *Sobre a Morte e o Morrer.* Martins Fontes: São Paulo. Disponível em: https://cursosextensao.usp.br/pluginfile.php/48564/mod_resource/content/1/Texto%20base.pdf. Acesso em: 12 ago. 2023.

KUYVEN, F., & PIGNATTA, F. (19 de abril de 2017). Judiciário brasileiro aplica pela primeira vez a CISG. *CONJUR.* Disponível em: https://www.conjur.com.br/2017-abr-19/judiciario-brasileiro-aplica-primeira-vez-cisg/. Acesso em: 22 jan. 2024.

LAFER, C. (3 de abril de 2014). Celso Lafer – *O Brasil e a Globalização* – Pensadores do Direito Internacional. (M. A. outro, Entrevistador). Disponível em: https://youtu.be/pFFq2jtUiMc?si=XhU4WYlPMe1wH_2T. Acesso em: 19 dez. 2023.

LAGO, I. J. (jan-jun de 2017). Alguns aspectos registrais das vendas imobiliárias transnacionais no âmbito do Mercosul. *Revista de Direito Imobiliário, 82,* pp. 419-446.

LAURIE, W. A., LANG, E. M., & GROVES, C. P. (15 de december de 1983). Rhinoceros unicornis. (T. A. Mammalogists, Ed.) *Mammalian Species*, pp. 1-6. Disponível em: https://www.science.smith.edu/departments/Biology/VHAYSSEN/msi/pdf/i0076-3519-211-01-0001.pdf. Acesso em: 9 jan. 2024.

LAVEZO, M. (10 de abril de 2014). Desempregado tatua anúncios pelo corpo e procura cliente para a testa. *G1.* Disponível em: https://g1.globo.com/sao-paulo/sao-jose-do-rio-pretoaracatuba/noticia/2014/04/desempregado-tatua-anuncios-pelo-corpo-e-procura-cliente-para-testa.html. Acesso em: 28 dnov. 2023.

LE GOFF, J. (2013). *Heróis e maravilhas da Idade Média*. Petrópolis: Vozes.

LEE, J. B. (2002). A Lei 9.307/96 e o Direito Aplicável ao mérito do litígio na arbitragem comercial internacional. Em L. O. PIMENTEL, & M. G. REIS, *Direito comercial internacional*: arbitragem (pp. 37-55). Florianópolis: OAB/SC.

LEFEBVRE, B. (2005). L'évolution de la Justice Contractuelle en Droit Québécois: Une influence marquée du Droit Français quoique non exclusive. Em J.-L. NAVARRO, & G. LEFEBVRE, *L´acculturation en droit des affaires* (pp. 196-219). Montreal: Themis.

LEFEBVRE, G. (2005). L'acculturation en droit des affaires québécois: le cas de la vente documentaire internationale. Em J.-L. NAVARRO, & G. LEFEBVRE, *L'acculturation en droit des affaires* (pp. 241-291). Montreal: Themis.

LEPAN, N. (14 de abril de 2020). *Visualizing the Length of the Fine Print, for 14 Popular Apps*. Fonte: Visual Capitalist: https://www.visualcapitalist.com/terms-of-service-visualizing-the-length-of-internet-agreements/.

LOCKE, J. (2020). *Dois tratados sobre o governo*. São Paulo: Martins Fontes.

LONGHI, P. (1751). Exhibition of a Rhinoceros at Venice. *Exhibition of a Rhinoceros at Venice*. The National Gallery, Londres. Disponível em: https://www.nationalgallery.org.uk/paintings/pietro-longhi-exhibition-of-a-rhinoceros-at-venice. Acesso em: 27 fev. 2024.

LORENZETTI, R. L. (2004). *Tratado de los contratos*: parte general. Buenos Aires: Rubinzal-Culzoni.

MACMILLAN, M. (2004). *Paz em Paris*. Rio de Janeiro: Nova Fronteira.

MADRUGA FILHO, A. P. (1996). A CIDIP-V e o Direito aplicável aos contratos internacionais. *Revista de Direito de Empresa, 1*, pp. 75-124.

MAGASICH-AIROLA, J., & BEER, J.-M. d. (2000). *América Mágica*: quando a Europa da Renascença pensou estar conquistando o Paraíso. São Paulo: Paz & Terra.

MAGNUS, A. (1545). *De animalibus*. Domínio público.

MAINKA, P. J. (setembro/dezembro de 2021). O Congresso da Paz de Vestfália (1643-1648): convocação, negociações, resultados. *História Unisinos, 25*(3), pp. 460-472. doi:10.4013/hist.2021.253.06.

MANCINI, C. (28 de janeiro de 2021). Blockchain já pode estar no alimento que você come. *Exame*. Disponível em: https://exame.com/colunistas/claudia-mancini/blockchain-ja-pode-estar-no-alimento-que-voce-come/. Acesso em: 28 nov. 2023.

MANDADO DE SEGURANÇA, 33.864 (Supremo Tribunal Federal 19 de abril de 2016). Disponível em: https://redir.stf.jus.br/paginadorpub/paginador.jsp?docTP=TP&docID=11685796#:~:text=MS%2033864%20%2F%20DF,-DO%20ART.&text=%2D%20Compete%20ao%20Supremo%20Tribunal%20Federal,processo%20extradicional%20contra%20s%C3%BAdito%20estrangeiro. Acesso em: 19 dez. 2023.

MARCHAL ESCALONA, N. (2000). La Cláusula de hardship em la contratación internacional. *Revista de la Corte Española de Arbitraje, XVII*, pp. 75-104.

MARQUES, A. P. (2014). Ganda: um rinoceronte em rede. Em J. QUARESMA, *Rhinos are coming*: simultaneous exhibitions of printmaking & printmaking installation: Brazil, Poland, Portugal & South Afric (pp. 30-32). Lisboa: Centro de Investigação e de Estudos em Belas-Artes – Faculdade de Belas Artes – Universidade de Lisboa.

MARQUES, C. L. (Março de 2002). A proteção do consumidor de produtos e serviços estrangeiros no Brasil: primeiras observações sobre os contratos à distância no comércio eletrônico. *Revista da Faculdade de Direito da UFRGS, 21*, pp. 65-99.

MARQUES, C. L. (janeiro/fevereiro de 2019). Lei mais favorável ao consumidor e o acordo do Mercosul sobre direito aplicável em matéria de contratos internacionais de consumo de 2017. *Revista de Direito do Consumidor, 121*.

MARQUES, T. C., & MELO, H. P. (Maio-Agosto de 2008). Os direitos civis das mulheres casadas no Brasil entre 1916 e 1962: ou como são feitas as leis. *Revista de Estudos feministas*, pp. 463-488. Disponível em: https://www.scielo.br/j/ref/a/mkBHYrM8HVHMbwHsYTDmzKz/?format=pdf&lang=pt. Acesso em: 31 ago. 2023.

MARTIN, E. A. (2001). *A dictionary of Law* (5 ed.). Oxford: Oxford Press.

MARTÍNEZ, Á. (16 de dezembro de 2018). Freddie, antes de Mercury. *El País*. Disponível em: https://brasil.elpais.com/brasil/2018/12/15/cultura/1544891460_638265.html. Acesso em: 19 dez. 2023.

MARTINS COSTA, J. (1996). Os princípios informadores do contrato de compra e venda internacional na convenção de Viena de 1980. Em P. B. CASELLA, *Contratos internacionais e Direito econômico no MERCOSUL*: após o término do período de transição (pp. 163-187). São Paulo: LTr.

MARTINS, E. M. (2008). *Curso de Direito Marítimo* (Vol. II). Barueri: Manole.

MARTINS, F. (janeiro-março de 1979). O contrato de compra e venda internacional. *Revista de Direito Mercantil, Industrial, Econoômico e Financeiro, 33*, pp. 25-39.

MARTINS, R. d. (2014). O rinoceronte de Dürer e suas lições para a historiografia da ciência. *Filosofia e História da Biologia, 9*, pp. 199-238. Disponível em: https://www.abfhib.org/FHB/FHB-09-2/FHB-9-2-05-Roberto-Martins.pdf. Acesso em: 19 dez. 2023.

MARTINS-COSTA, J., & HAICAL, G. (2019). MARTINS-COSTA, Judith; HAICAL, Gustavo. Alteração da relação obrigacional estabelecida em acordos societários por impossibilidade superveniente não imputável às partes contratantes em virtude do desaparecimento de sua finalidade (parecer). *Revista de Direito Civil Contemporâneo, 18*, pp. 371-404.

MASKOW, D. (Summer de 1992). Hardship and force majeure. *The American Journal of Comparative law, 3*, pp. 657-669.

MAZZUOLI, V. d. (2015). *Direito Internacional Privado*. Rio de Janeiro: Forense.

MCMANUS, S. (28 de novembro de 2023). Como Inteligência Artificial pode substituir negociação de contratos. *BBC News Brasil*. Disponível em: https://www.bbc.com/portuguese/articles/cy02gj89yy9o. Acesso em: 22 jan. 2024.

MENZEL, A. (1872-1875). *The Iron Rolling Mill (Modern Cyclopes).* Alte Nationalgalerie, Berlin. Acesso em: 2 dez. 2024.

MERCOSUL. (14 de dezembro de 1996). *Resolução do Grupo Mercado Comum n. 124 de 1996.* Fonte: Normas Mercosur: https://normas.mercosur.int/public/normativas/2037.

MERCOSUL. (14 de dezembro de 1996). *Resolução do Grupo Mercado Comum n. 125 de 1996.* Fonte: Normas Mercosur: https://normas.mercosur.int/public/normativas/2038.

MERCOSUL. (08 de dezembro de 1998). *Resolução do Grupo Mercado Comum n. 42 de 1998.* Fonte: Normas Mercosur: https://normas.mercosur.int/public/normativas/1566.

MERCOSUL. (08 de outubro de 2004). *Resolução do Grupo Mercado Comum n. 21 de 2004.* Fonte: Normas Mercosur: https://normas.mercosur.int/public/normativas/803.

MERCOSUL. (4 de dezembro de 2019). *Decisão Conselho do Mercado Comum 17/2019.* Fonte: Normas Mercosur: https://normas.mercosur.int/public/normativas/3829.

MERCOSUL. (15 de julho de 2019). *Resolução do Grupo Mercado Comum n. 37 de 2019.* Fonte: Normas Mercosur: https://normas.mercosur.int/public/normativas/3768.

MERCOSUL. (26 de agosto de 2021). *Resolução do Grupo Mercado Comum n. 11 de 2021.* Fonte: Normas Mercosur: https://normas.mercosur.int/public/normativas/4116.

MERCOSUL. (s.d.). *Acuerdo sobre Comercio Electrónico del Mercosur.* Disponível em Mercosur: https://www.mre.gov.py/tratados/public_web/DetallesTratado. aspx?id=2r0+6uBvKfThjkfA76FNlg==. Acesso em: 4 jul. 2024.

MIALLE, M. (1994). *Introdução crítica ao Direito. Lisboa: Estampa.* Lisboa: Estampa.

MIRANDA, P. d. (1981). *Fontes e evolução do direito civil brasileiro* (2 ed.). Rio de Janeiro: Forense.

MISTELIS, L. (2001). Is Harmonisation a Necessary Evil? The Future of Harmonisation and New Sources of International Trade Law. Em I. FLETCHER, L. MISTELIS, & M. CREMONA, *Foundations and Perspectives of International Trade Law.* London: Sweet and Maxwell. Disponível em: http://www.jus.uio.no/pace/is_harmonisation_a_necessary_evil.louka_mistelis/sisu_manifest.html. Acesso em: 30 abr. 2024.

MODELLI, L. (20 de março de 2018). Morre último macho de rinoceronte-branco-do-norte. *Deutsche Welle.* Disponível em: Deutsche Welle: https://www.dw.com/pt-br/morre-%C3%BAltimo-macho-de-rinoceronte-branco-do-norte/a-43048120. Acesso em: 27 fev. 2024.

MOLIÈRE, J. B. (19 de dezembro de 2023). *Le bourgeois gentilhomme.* Fonte: Theatre Classique: https://www.theatre-classique.fr/pages/pdf/MOLIERE_BOURGEOISGENTILHOMME. pdf.

MONACO, G. F. (10 de junho de 2024). *Escolha da lei aplicável aos contratos internacionais como mecanismo de liberdade econômica.* Fonte: USP: https://edisciplinas.usp.br/pluginfile. php/8130000/mod_resource/content/1/Escolha%20da%20lei%20aplic%C3%A1vel%20 aos%20contratos%20internacionais%20como%20mecanismo%20de%20liberdade%20 econ%C3%B4mica.pdf.

MONTESQUIEU, C. S. (2000). *O Espírito das Leis.* São Paulo: Martins Fontes. Disponível em: https://edisciplinas.usp.br/pluginfile.php/7703960/mod_resource/content/1/Montesquieu-O-espirito-das-leis_completo.pdf. Acesso em: 3 jan. 2024.

MOREIRA, F. (9 de setembro de 2020). Homem 'empresta' a esposa ao cunhado em troca de comida, bebida e dinheiro, mas agora ela não quer voltar. *Extra.* Disponível em: https://extra.globo.com/noticias/page-not-found/homem-empresta-esposa-ao-cunhado-em-troca-de-comida-bebida-dinheiro-mas-agora-ela-nao-quer-voltar-24660452.html. Acesso em: 12 jan. 2024.

MURPHY, C. N., & YATES, J. (2009). *The International Organization for Standardization (ISO).* Londres: Routledge.

NATIONAL GEOGRAPHIC. (3 de janeiro de 2024). *Indian Rhinoceros.* Fonte: National Geographic: https://www.nationalgeographic.com/animals/mammals/facts/indian-rhinoceros.

NEGREIROS, T. (2002). *Teoria do contrato*: novos paradigmas. Rio de Janeiro: Renovar.

NELSON, K. (2000). "To Infinity and Beyond": A Limitless Approach to Telemedicine Beyond State Borders, v. 85:3, p. 1054, 2000. *Brooklyn Law Review, 85*(3), pp. 1017-1054.

NERUDA, P. (2004). *Livro das perguntas.* Porto Alegre: L&PM.

NORONHA, F. (1994). *O Direito dos Contratos e seus Princípios Fundamentais.* São Paulo: Saraiva.

O GLOBO. (12 de novembro de 2021). Chifre de rinoceronte vira NFT e é vendido em leilão em prol da preservação dos animais na África. *O Globo: Época.* Disponível em: https://oglobo.globo.com/mundo/epoca/chifre-de-rinoceronte-vira-nft-e-vendido-em-leilao-em-prol-da-preservacao-dos-animais-na-africa-1-25274242. Acesso em: 27 fev. 2024.

O GLOBO. (24 de janeiro de 2024). Primeira gravidez de rinoceronte por fertilização *in vitro* do mundo pode ser capaz de salvar a espécie; entenda. *O Globo: clima e ciência.* Disponível em: https://oglobo.globo.com/mundo/clima-e-ciencia/noticia/2024/01/24/primeira-gravidez-de-rinoceronte-por-fertilizacao-in-vitro-do-mundo-pode-ser-capaz-de-salvar-a-especie-entenda.ghtml. Acesso em: 27 fev. 2024.

OEA. (25 de janeiro de 2024). *Inter-american Convention on Contracts for the International Carriage of Goods by Road.* Fonte: Department of International Law: https://www.oas.org/juridico/english/sigs/b-55.html.

OEA. Comissão Jurídica Interamericana. (2020). *Guia relativo ao Direito Aplicável aos Contratos Comerciais Internacionais nas Américas.* Departamento de Direito Internacional. Disponível em: https://www.oas.org/es/sla/ddi/docs/publicacoes_digital_Guia_sobre_o_Direito_Aplicavel_aos_Contratos_Comerciais_Internacionais_nas_Americas.pdf. Acesso em: 10 jun. 2024.

OEA. Departamento de Direito Internacional. (17 de março de 1994). Convenção Interamericana sobre o Direito aplicável aos contratos internacionais. México. Disponível em: https://www.oas.org/juridico/portuguese/treaties/b-56.htm. Acesso em: 22 jan. 2024.

OECD. Organisation for Economic Co-operation and Development. (junho de 10 de 2022). *Roadmap for the OECD Accession Process of Brazil.* Disponível em: OCDE: https://www. oecd.org/latin-america/Roadmap-OECD-Accession-Process-brazil-EN.pdf. Acesso em: 10 jun. 2024.

OLIVEIRA, A. (04 de outubro de 2019). *'Eleição' da rinoceronte Cacareco para a Câmara Municipal de SP completa 60 anos.* Disponível em: G1 São Paulo: https://g1.globo.com/ sp/sao-paulo/noticia/2019/10/04/eleicao-da-rinoceronte-cacareco-para-a-camara-municipal-de-sp-completa-60-anos.ghtml. Acesso em: 31 ago. 2023.

OLIVEIRA, J. L. (1979). *A dupla crise da pessoa jurídica.* São Paulo: Saraiva.

OLIVEIRA, O. M. (2005). *Teorias globais: elementos e estruturas* (Vol. I). Ijuí: Unijuí.

OLIVEIRA, O. M. (2005). *Teorias globais: fragmentações do mundo* (Vol. III). Ijuí: Unijuí.

OLIVEIRA, O. M. (2005). *Teorias globais: Impérios de Poder e modos de produção* (Vol. II). Ijuí: Unijuí.

ONU. (01 de julho de 1964). Convention Relating to a Uniform Law On The Formation Of Contracts For The International Sale Of Goods. Haia. Disponível em: https://www.unidroit. org/instruments/international-sales/ulfc-1964/. Acesso em: 04 dez. 2023.

ONU. (1º de julho de 1964). Convention Relating to a Uniform Law on the International Sale of Goods. Haia. Disponível em: https://www.unidroit.org/instruments/international-sales/ ulis-1964/. Acesso em: 04 dez. 2023.

ONU. (14 de junho de 1974). Convention on the Limitation Period in the International Sale of Goods. New York. Disponível em: https://uncitral.un.org/en/texts/salegoods/conventions/ limitation_period_international_sale_of_goods. Acesso em: 04 dez. 2023.

ONU. (11 de dezembro de 1995). United Nations Convention on Independent Guarantees and Stand-by Letters of Credit. New York. Disponível em: https://uncitral.un.org/en/texts/ payments/conventions/independent_guarantees. Acesso em: 04 dez. 2023.

ONU. (12 de dezembro de 2001). United Nations Convention on the Assignment of Receivables in International Trade. New York. Disponível em: https://uncitral.un.org/sites/uncitral. un.org/files/media-documents/uncitral/en/ctc-assignment-convention-e.pdf. Acesso em: 04 dez. 2023.

ONU. (23 de novembro de 2005). United Nations Convention on the Use of Electronic Communications in International Contracts. New York. Disponível em: https://uncitral. un.org/en/texts/ecommerce/conventions/electronic_communications. Acesso em: 04 dez. 2023.

ONU. (11 de dezembro de 2008). United Nations Convention on Contracts for the International Carriage of Goods Wholly or Partly by Sea. New York. Disponível em: https://uncitral. un.org/en/texts/transportgoods/conventions/rotterdam_rules. Acesso em: 04 dez. 2023.

ONU. (20 de dezembro de 2018). New York. Disponível em: https://uncitral.un.org/en/texts/ mediation/conventions/international_settlement_agreements. Acesso em: 04 dez. 2023.

ONU. (2024). *Objetivos de Desenvolvimento sustentável.* Fonte: Nações Unidas Brasil: https:// brasil.un.org/pt-br/sdgs.

ONU. (23 de fevereiro de 2024). *United Nations Convention on International Bills of Exchange and International Promissory Notes (New York, 1988)*. Fonte: UNCITRAL: https://uncitral. un.org/sites/uncitral.un.org/files/media-documents/uncitral/en/x_12_e.pdf.

ONU. UNCTAD. (2023). *Technology and Innovation Report*. UNCTAD. New York: UN. Disponível em: https://unctad.org/system/files/official-document/tir2023_en.pdf. Acesso em: 10 jun. 2024.

ONU. UNCTAD. (2024). *E-commerce and Digital Economy Programme:* year in Review 2023. UNCTAD. Geneve: UN. Disponível em: https://unctad.org/system/files/official-document/dtlecdeinf2024d1_en.pdf. Acesso em: 10 jun. 2024.

ORDEM DOS ADVOGADOS PORTUGUESES. (12 de agosto de 2023). *Comunicado Acordo de Reciprocidade OAP e o CFOAB*. Fonte: https://portal.oa.pt/comunicacao/comunicados/2023/comunicado-acordo-de-reciprocidade-oap-e-o-cfoab/.

ORGANIZAÇÃO DAS NAÇÕES UNIDAS. (28 de 11 de 2023). *Growth in United Nations membership*. Fonte: United Nations: https://www.un.org/en/about-us/growth-in-un-membership#2000-Present.

ORREGO VICUÑA, F. (2004). Of contracts and treaties in the Global market. *Max Planck University of New York in Belgrade, 8*, pp. 341-357.

ORWELL, G. (2007). *A revolução dos bichos*: um conto de fadas. São Paulo: Companhia das Letras.

OUR WORLD IN DATA. (1º de março de 2024). *Emigrants from Brazil*: Where did they move to? 2020. Fonte: https://ourworldindata.org/migration

PARAGUAI. (23 de janeiro de 2024). *Acuerdo sobre jurisdicción en Materia de Contrato de Transporte Internacional de Carga entre los Estados Partes del Mercosur*. Fonte: Consulta Mercosur: https://www.mre.gov.py/tratados/public_web/DetallesTratado.aspx?id=+0/2roFc84xPvnTtUipZcA==.

PARAGUAI. (23 de janeiro de 2024). *Protocolo de Santa María sobre Jurisdicción Internacional en Materia de Relaciones de Consumo*. Fonte: Consulta Mercosur: https://www.mre.gov.py/tratados/public_web/DetallesTratado.aspx?id=lkk90C8cjD/9eWgqGr/GgA==.

PARIS 2024. (11 de abril de 2024). *Conheça a Phryge Olímpica e Phryge paralímpica*: a história das mascotes de Paris 2024. Fonte: Olympics.com: https://olympics.com/pt/noticias/novas-mascotes-olimpica-paralimpica-paris-2024-anunciadas.

PARRA, J. B. (1991). O rol do Estado e das associações de comerciantes na regulação dos contratos internacionais. *Revista dos Tribunais, 671*, pp. 54-60.

PATRICK, I. (11 de junho de 2024). Médico chinês opera, da Itália, paciente em Pequim com uso de robô e conexão 5G. *Folha de São Paulo*. Disponível em: https://www1.folha.uol.com.br/mundo/2024/06/medico-chines-opera-da-italia-paciente-em-pequim-com-uso-de-robo-e-conexao-5g.shtml?pwgt=kgjms3q1bgq0xvzrh1f0upqwnx9zjs7wfhjqz9pbt1llfuo2&utm_source=whatsapp&utm_medium=social&utm_campaign=compwagift. Acesso em: 25 jun. 2024.

PEREIRA, J. E. (abr./jun. 1989). Contrato internacional do comércio. *Revista de Direito Mercantil, 74*, pp. 11-22.

PEREIRA, L. C. (janeiro-março de 1997). Aspectos gerais sobre as regras nacionais de Direito Internacional privado, relativas às obrigações (análise do art. 9º, da LICC). *Cadernos de Direito Constitucional e Ciência Política, 18*, pp. 204-223.

PEREIRA, M. S. (abril-junho de 1995). Naufrágio e morte de D. Pedro Fernandes Sardinha, primeiro Bispo do Brasil: a sua revisão histórica. *Revista do Instituto Histórico e Geográfico brasileiro, 387*, pp. 285-295. Disponível em: https://drive.google.com/file/d/0B_G9pg7CxKSsNGhyVU9yVFBwbkE/view?resourcekey=0-bNEKUjuC9BcRw-arccM7Ag. Acesso em: 19 dez. 2023.

PERILLO, J. M. (1998). Force Majeure and hardship under the Unidroit Principles of International Commercial Contracts. Em *Contratación Internacional: comentarios a los principios sobre los contratos comerciales internacionales del Unidroit* (pp. 111-133). México: UNAM.

PERIN, M. S., & GLITZ, F. E. (2015). Covenants em contratos de financiamento de longo prazo: uma perspectiva jurídica. *Revista Jurídica Luso-Brasileira*, pp. 1375-1393. Disponível em: https://glitzgondim.adv.br/biblioteca/covenants-em-contratos-de-financiamento-de-longo-prazo-uma-perspectiva-juridica/. Acesso em: 15 jan. 2024.

PIMENTEL, L. O., AREAS, P. d., & COPETTI, M. (2008). Brasil. Em C. ESPLUGUES MOTA, D. HARGAIN, & G. (PALAO MORENO, *Derecho de los contratos internacionales en Latinoamérica, Portugal y España* (pp. 135-170). Madrid: Edisofer.

PINHEIRO, L. d. (2006). *Estudos de Direito Civil, Direito Comercial e Direito Comercial Internacional*. Coimbra: Almedina.

PINHEIRO, R. F., & GLITZ, F. E. (2008). Cessão da posição contratual na perspectiva do direito brasileiro contemporâneo: em busca da compreensão da relação jurídica obrigacional. *Anais doo Congresso Nacional do XVII CONPEDI* (pp. 6742-6765). Brasília: CONPEDI. Disponível em: http://www.publicadireito.com.br/conpedi/manaus/arquivos/anais/brasilia/11_426.pdf. Acesso em: 1º ago. 2023.

PONTES DE MIRANDA, F. C. (1935). *Tratado de Direito Privado* (Vol. I). Rio de Janeiro: José Olympio.

PORTUGAL. Direção Geral do Património Cultural. (s.d.). *Torre de Belém*. Disponível em: Património Cultural: https://www.patrimoniocultural.gov.pt/pt/museus-e-monumentos/dgpc/m/torre-de-belem/. Acesso em: 19 dez. 2023.

PORTUGAL. Torre de Lisboa. (s.d.). *O rinoceronte de Lisboa*. Disponível em: Google Arts & Culture: https://artsandculture.google.com/story/fAWhMvHAdydLLw?hl=pt-PT. Acesso em: 19 dez. 2023.

POSENATO, N. (. (2008). *Código europeu dos contratos: projeto preliminar* – Livro primeiro. Curitiba: Juruá.

PRIORI, M. D. (2000). *Esquecidos por Deus*: monstros no novo mundo europeu e ibero-americano. São Paulo: Companhia das Letras.

PUPO, F. (25 de março de 2022). Receita Federal mira sites de compras estrangeiros. *Folha de São Paulo*. São Paulo. Disponível em: https://folha.com/7uhsjiyc. Acesso em: 12 ago. 2023.

QUINTANA, M. (1994). *80 anos de poesia* (3 ed.). Rio de Janeiro: Globo.

QUINTANA, M. (2006). *Poesia Completa*. Rio de Janeiro: Nova Aguilar.

QUINTANA, M. (2013). *Caderno H*. Rio de Janeiro: Alfaguara.

QUINTANA, M. (2013). *Caderno H*. Rio de Janeiro: Objetiva.

RANGEL, V.M. (3 de abril de 2014). *O Brasil e a Globalização* – Pensadores do Direito Internacional. (M. d. outro, Entrevistador). Disponível em: https://youtu.be/7sEFzr6oNVI?si=e9-whjF6cUqMgAZ5. Acesso em: 19 dez. 2023.

RECHSTEINER, B. W. (2001). *Arbitragem privada internacional no Brasil* (2 ed.). São Paulo: Ed. RT.

RECHSTEINER, B. W. (2017). *Direito Internacional Privado: teoria e prática* (19 ed.). São Paulo: Saraiva.

RECURSO EM MANDADO DE SEGURANÇA, 66392 (Superior Tribunal de Justiça 16 de agosto de 2022).

RECURSO ESPECIAL, 616/RJ (Superior Tribunal de Justiça 24 de abril de 1990).

RECURSO ESPECIAL, 254544 / MG (Superior Tribunal de Justiça 18 de maio de 2000).

RECURSO ESPECIAL, 63981/SP (Superior Tribunal de Justiça 11 de abril de 2000).

RECURSO ESPECIAL, 254.544 (Superior Tribunal de Justiça 18 de maio de 2000).

RECURSO ESPECIAL, 238174 / SP (Superior Tribunal de Justiça 06 de maio de 2003).

RECURSO ESPECIAL, 712566 / RJ (Superior Tribunal de Justiça 18 de agosto de 2005).

RECURSO ESPECIAL, REsp 1177915/RJ (Superior Tribunal de Justiça 13 de abril de 2010).

RECURSO ESPECIAL, 1.280.218-MG (Superior Tribunal de Justiça 21 de junho de 2016).

RECURSO ESPECIAL, 1.633.275/SC (Superior Tribunal de Justiça 8 de novembro de 2016).

RECURSO ESPECIAL, 1286209 (Superior Tribunal de Justiça 14 de março de 2016).

RECURSO ESPECIAL, 1628974 / SP (Superior Tribunal de Justiça 13 de junho de 2017).

RECURSO ESPECIAL, 1.705.222-SP (Superior Tribunal de Justiça 16 de novembro de 2017). Disponível em: https://scon.stj.jus.br/SCON/GetInteiroTeorDoAcordao?num_registro=201700658995&dt_publicacao=01/02/2018. Acesso em: 23 fev. 2024.

RECURSO ESPECIAL, REsp 1729549 / SP (Superior Tribunal de Justiça 9 de março de 2021).

RECURSO ESPECIAL, 1.850.781/SP (Superior Tribunal de Justiça 28 de 09 de 2021).

RECURSO ESPECIAL, REsp 1867928 / SP (Superior Tribunal de Justiça 21 de junho de 2022).

RECURSO ESPECIAL, 1797109 / SP (Superior Tribunal de Justiça 21 de março de 2023).

RECURSO ESPECIAL, 1.797.109-SP (Superior Tribunal de Justiça 21 de março de 2023).

RECURSO EXTRAORDINÁRIO, 80.004-SE (Supremo Tribunal Federal 1º de junho de 1977). Disponível em: https://redir.stf.jus.br/paginadorpub/paginador.jsp?docTP=AC&docID=175365. Acesso em: 23 fev. 2024.

RECURSO EXTRAORDINÁRIO, 153531 (Supremo Tribunal Federal 3 de junho de 1997).

RECURSO EXTRAORDINÁRIO, 636.331/RJ (Supremo Tribunal Federal 25 de maio de 2017).

RECURSO EXTRAORDINÁRIO, 1394401 (Supremo Tribunal Federal 22 de junho de 2023).

RECURSO EXTRAORDINÁRIO COM AGRAVO, 1372360 (Supremo Tribunal Federal 21 de fevereiro de 2024).

REITHERMAN, W. (Diretor). (1967). *Mogli: O Menino Lobo* [Filme Cinematográfico]. Disponível em: https://www.disneyplus.com/pt-br/movies/the-jungle-book/5trzAb4Rz3F9. Acesso em: 19 dez. 2023.

REMESSA CÍVEL NECESSÁRIA, 1080560-91.2021.4.01.3400 (Tribunal Regional Federal da 1 Região 17 de outubro de 2022).

RIBEIRO, A. S. (28 de setembro de 2004). *Assembleia Legislativa do Estado de São Paulo.* Disponível em: Sua excelência, "vereador" Cacareco: https://www.al.sp.gov.br/noticia/?id=286282. Acesso em: 31 ago. 2023.

RIMKE, J. (1999-2000). Force majeure and hardship: application in International Trade pratices with specific regard to the CISG and the UNIDROIT Principles of Intrernational Commercial Contracts. *Review of the Convention on Contracts for the International Sale of goods (CISG)*, pp. 193-243.

RIVABEM, F. S., & GLITZ, F. E. (2020). Bebê globalizado: a gestação de substituição e o direito internacional privado brasileiro. *Revista da Faculdade Mineira de Direito, 23*(46), pp. 249-270. Disponível em: https://glitzgondim.adv.br/wp-content/uploads/2020/12/2020-SCHAEFER-GLITZ-Bebe-globalizado.pdf. Acesso em: 1º jul. 2023.

RODAS, J. G. (1993). *Direito internacional privado brasileiro.* São Paulo: Ed. RT.

RODAS, J. G. (2002). Elementos de conexão do Direito internacional privado brasileiro relativamente às obrigações contratuais. Em J. G. RODAS, *Contratos internacionais* (3 ed., pp. 19-65). São Paulo: Ed. RT.

RODRIGUES, M. L. (1896). *A República.* Museu de Arte da Bahia, Salvador. Disponível em: https://artsandculture.google.com/asset/a-rep%C3%BAblica-manoel-lopes-rodrigues/AQGV9DG4UbJnBg?hl=pt-br. Acesso em: 1º jan. 2024.

RODRIGUES, W. (2004). Condições internacionais de exportação e importação – INCOTERMS . Em R. DIAS, & W. RODRIGUES, *Comércio exterior*: teoria e gestão (pp. 311-337). São Paulo: Atlas.

ROMERO, L. (19 de agosto de 2012). *Não li e concordo.* Disponível em: Super Interessante: https://super.abril.com.br/tecnologia/nao-li-e-concordo. Acesso em: 31 ago. 2023.

ROPPO, E. (1988). *O contrato.* Coimbra: Almedina.

ROPPO, E. (1988). *O contrato.* Coimbra: Almedina.

ROVIRA, S. L. (1995). Estudo comparativo sobre os contratos internacionais: aspectos doutrinários e práticos. Em J. G. RODAS, *Contratos Internacionais* (2 ed., pp. 51-90). São Paulo: Ed. RT.

RUZYK, C. E. (19 de junho de 2020). Liberdade(s) e função: contribuição crítica para uma nova fundamentação da dimensão funcional do Direito Civil brasileiro. *Tese de Doutoramento em Direito na UFPR*. Curitiba, Paraná, Brasil. Disponível em: https://acervodigital.ufpr. br/xmlui/bitstream/handle/1884/19174/Carlos_Eduardo_Tese_completa%5b1%5d. pdf?sequence=1&isAllowed=y. Acesso em: 14 jan. 2024.

SAES, L. A. (jul/dez de 2013). A primeira abolição francesa da escravidão (4 de fevereiro de 1794) e o problema dos regimes de trabalho. *Saeculum – Revista de História*, pp. 125-143. Disponível em: https://periodicos.ufpb.br/ojs2/index.php/srh/article/download/19812/10947/37160. Acesso em: 31 ago. 2023.

SALAS, J. (21 de junho de 2021). Descoberto um rinoceronte gigante, maior que qualquer mamífero terrestre, que habitou a Ásia. *El País*. Disponível em: https://brasil.elpais. com/ciencia/2021-06-21/descoberto-um-rinoceronte-gigante-maior-que-qualquer-mamifero-terrestre-que-habitou-a-asia.html. Acesso em: 10 jun. 2024.

SALIBA, A. T., & SOUZA, A. R. (2017). A aplicabilidade da convenção de Montreal no direito brasileiro. *Revista de Direito Internacional, 14*, pp. 430-448.

SANTA CATARINA. (12 de agosto de 2023). *sc.gov.br*. Fonte: Portal de Serviços: https://www. sc.gov.br/.

SCHAEFER, F., & GLITZ, F. (2024). *Telemedicina*: desafios éticos e regulatórios. Indaiatuba: Foco. Fonte: https://www.editorafoco.com.br/produto/telemedicina-desafios-eticos-regulatorios-2024.

SCHAEFER, F., & GLITZ, F. E. (2022). Obsolescência programada: entre a legalidade e a abusividade da conduta (notas a partir das decisões do STJ). Em C. E. MONTEIRO FILHO, G. M. MARTINS, N. ROSENVALD, & R. DENSA, *Responsabilidade Civil nas Relações de Consumo*: tecnologia, risco do desenvolvimento, proteção de dados pessoais, superendividamento e novas situações lesivas (pp. 03-20). Indaiatuba: Foco.

SCHAEFER, F., & GLITZ, F. E. (2022). Obsolescência programada: entre a legalidade e a abusividade da conduta (notas a partir das decisões do STJ). Em C. E. MONTEIRO FILHO, G. M. MARTINS, N. ROSENVALD, & R. DENSA, *Responsabilidade Civil nas Relações de Consumo*: tecnologia, risco do desenvolvimento, proteção de dados pessoais, superendividamento e novas situações lesivas (pp. 03-20). Indaiatuba: Foco.

SCHAEFER, F., & RIBAS, O. d. (2024). Em F. SCHAEFER, & G. d. ANDRADE, *Biodireito e Direito penal brasileiro*. Indaiatuba: Foco.

SCHAMA, S. (1989). *Cidadãos: uma crônica da Revolução francesa*. São Paulo: Companhia das Letras.

SCHLECHTRIEM, P., & SCHWENZER, I. (2014). *Comentários à Convenção das Nações Unidas sobre contratos de compra e venda internacional de mercadorias*. São Paulo: Ed. RT.

SCHMITTHOFF, C. M. (1980). Hardship and intervener clauses. *The Journal of Business law*, pp. 82-91.

SCHRADER, A. (Summer de 1998). "The World Turned Upside Down": A Yorktown March, or Music to Surrender by. *American Music, 16*(2), pp. 180-216.

SCHWENZER, I., & HACHEM, P. (2009). The CISG – A Story of Worldwide Success. Em J. KLEINEMANN, *CISG Part II Conferences* (pp. 119-140). Stockholm: Iustus Förlag Uppsala. Disponível em: https://edoc.unibas.ch/45574/1/20110913164502_4e6f6c6e5b746.pdf. Acesso em: 23 jan. 2024.

SENADO FEDERAL. (23 de fevereiro de 2024). *Direito Digital.* Fonte: Comissão de Juristas responsável pela revisão e atualização do Código Civil: https://legis.senado.leg.br/sdleg-getter/documento/download/34470bd2-bc45-4144-aa1c-7941d5488c0d.

SENTENÇA ESTRANGEIRA CONTESTADA, 349-EX (Superior Tribunal de Justiça 21 de março de 2007).

SENTENÇA ESTRANGEIRA CONTESTADA, 6335 (2011/0072243-3) (Superior Tribunal de Justiça 12 de abril de 2012).

SENTENÇA ESTRANGEIRA CONTESTADA, SEC 5409 / EX (Superior Tribunal de Justiça 25 de abril de 2013).

SERKIS, A. (Diretor). (2018). *Mogli*: entre dois mundos [Filme Cinematográfico].

SEURAT, G. (1884-1886). *A Sunday on La Grande Jatte.* The Art Institute of Chicago, Chicago. Disponível em: https://g.co/arts/SNFYfLdZ4zyEm9c97. Acesso em: 2 jan. 2024.

SHELLEY, M. W. (s.d.). *Frankenstein or The Modern Prometheus.* Domínio Público. Disponível em: http://www.dominiopublico.gov.br/download/texto/pp000020.pdf. Acesso em: 2 de jan. 2024.

SILVA, A. F. (1975). *Introdução ao Direito Internacional privado.* Rio de Janeiro: Freitas Bastos.

SILVEIRA, M. H., & GLITZ, F. E. (2020). *Direito Contratual do MERCOSUL*: o papel da harmonização jurídica na construção de um Direito Comunitário. Curitiba: CRV.

SINGAPURA. IMDA. (11 de abril de 2023). *IMDA partners industry to conduct world's first live electronic transferable record (ETR) cross-border trade, supported by statutory law framework.* Fonte: Infocomm Media Development Authority: https://www.imda.gov.sg/resources/press-releases-factsheets-and-speeches/press-releases/2023/imda-partners-industry-to-conduct-worlds-first-live-electronic-transferable-record-cross-border-trade.

SOARES, G. F. (Fev de 2012). A ordem pública nos contratos internacionais. *Doutrinas Essenciais de Direito Internacional, 5*, pp. 417-426.

SODRÉ, E. (12 de agosto de 2023). Há 20 anos, o Brasil reabria os portos aos carros importados. Começava uma revolução. Fonte: *O Globo Economia*: https://oglobo.globo.com/economia/ha-20-anos-brasil-reabria-os-portos-aos-carros-importados-comecava-uma-revolucao-3031668

SOOKE, A. (28 de dezembro de 2019). A fabulosa origem do mito do unicórnio (e por que ele ainda causa fascínio). *BBC Nres Brasil.* Disponível em: https://www.bbc.com/portuguese/vert-cul-50861657. Acesso em: 19 dez. 2023.

SOTHEBYS. (23 de janeiro de 2024). *A Very Rare German Silver-Gilt-Mounted Narwhal Tusk, Maker's Mark Probably HGO, Munich, Circa 1670.* Fonte: Sotheby´s: https://www.sothebys.

com/en/buy/auction/2024/the-pleasure-of-objects-the-ian-carolina-irving-collection/a-very-rare-german-silver-gilt-mounted-narwhal?&cmp=pso7000200301.

SOUZA JÚNIOR, L. d. (2006). Autonomia da vontade nos contratos internacionais no Direito Internacional Privado brasileiro: Uma leitura constitucional do artigo 9º da Lei de Introdução ao Código Civil em favor da liberdade de escolha do direito aplicável. Em C. TIBURCIO, & L. R. BARROSO, *O Direito Internacional Contemporâneo: estudos em homenagem ao Professor Jacob Dolinger* (pp. 599-626). Rio de Janeiro: Renovar.

SOUZA, T. O. (1958). O ato notarial de Valentim Fernandes de 20 de maio de 1503. *Revista de História, 16*(34), pp. 369-378. Disponível em: https://www.revistas.usp.br/revhistoria/article/view/106736/105363. Acesso em: 19 dez. 2023.

SQUEFF, T. d., & MARTINS, F. R. (2020). Maternidade por substituição: perspectivas da Conferência da Haia e suas potenciais influências no regramento brasileiro. *Revista de Direito Internacional, 17*, pp. 539-557.

STADEN, H. (2013). *Viagem ao Brasil.* Rio de Janeiro: Fundação Darcy Ribeiro. Disponível em: https://fundar.org.br/wp-content/uploads/2021/06/viagem-ao-brasil.pdf. Acesso em: 25 jun. 2024.

STEIN, C. (1 de janeiro de 2021). Naturalia medieval: identificação, iconografia e iconologia de objetos naturais no final da idade media. *Medievalista*, pp. 211-241. Disponível em: https://journals.openedition.org/medievalista/3902?lang=fr. Acesso em: 1º jan. 2024.

STOCK, J., & HUNT, K. (2009). *UXL Encyclopedia.* New York: Gale.

STRENGER, I. (2000). *Da autonomia da vontade* (2 ed.). São Paulo: LTr.

STRENGER, I. (2000). *Direito Internacional Privado* (4 ed.). São Paulo: LTr.

STRENGER, I. (2003). *Contratos internacionais do comércio* (4 ed.). São Paulo: LTr.

STUBBS, G. (1790-1792). *Rhinoceros.* Hunterian Museum, Londres. Disponível em: https://artuk.org/discover/artworks/rhinoceros-146046. Acesso em: 11 abr. 2024.

SUDAN, *the last Northern White Rhino* (2022). [Filme Cinematográfico]. Disponível em: https://www.youtube.com/watch?v=RUgHtp0vTFw. Acesso em: 11 abr. 2024.

SÚMULA, 282 (SUPREMO TRIBUNAL FEDERAL 13 de dezembro de 1963). Disponível em: https://jurisprudencia.stf.jus.br/pages/search/seq-sumula282/false. Acesso em: 14 jan. 2024.

SÚMULA, 5 (Superior Tribunal de Justiça 10 de maio de 1990).

SUSSKIND, R. (2017). *Tomorrow´s lawyers*: an introduction to your future (2 ed.). Oxford: Oxford University Press.

SUSSKIND, R., & SUSSKIND, D. (2015). *The future of the professions*: how technology will transform the work of human experts. Oxford: Oxford University Press.

SWIFT, J. (2010). *As viagens de Gulliver.* São Paulo: Penguin-Companhia.

TENÓRIO, O. (1955). *Direito Internacional privado* (4 ed.). Rio de Janeiro: Freitas Bastos.

TERRA. (3 de abril de 2013). Nigeriano que bateu Brasil em 96 é acusado de mentir idade em 12 anos. *Terra – Futebol internacional*. Disponível em: https://www.terra.com.br/esportes/futebol/internacional/nigeriano-que-bateu-brasil-em-96-e-acusado-de-mentir-idade-em-12-anos,4170969c94ccd310VgnCLD2000000dc6eb0aRCRD.html. Acesso em: 22 jan. 2024.

TERRA. (13 de julho de 2021). Mesmo com a pandemia, internet das coisas cresce no mercado doméstico. *Terra*. Disponível em: https://www.terra.com.br/noticias/mesmo-com-a-pandemia-internet-das-coisas-cresce-no-mercado-domestico,0bc03a4633d5e4ff985f4890d72d1e13uhh9emea.html. Acesso em: 28 nov. 2023.

TESE 1035, REsp 1819826/SP (Superior Tribunal de Justiça 3 de novembro de 2020).

THORBURN, A. (1920-1921). Narwhal. *British Mammals*. London.

TILIBRA. (2024). *Contrato de Locação – 100 Folhas (Pacote com 5 unidades)*. Disponível em: Tilibra Express: https://www.tilibraexpress.com.br/contrato-de-locacao-100-folhas?gad_source=1&gclid=CjwKCAiA1-6sBhAoEiwArqlGPsNRsGo86XBucEJHjgdWSKgNWR6nPvaJFIsJDc1_Ot3LGgx3sEtk4hoCqoMQAvD_BwE. Acesso em: 8 jan. 2024.

TJPB. (8 de abril de 2024). *Celeridade*: Justiça usa WhatsApp para citar réu na África, resolve litígio e encerra processo. Fonte: Tribunal de Justiça da Paraíba: https://www.tjpb.jus.br/noticia/celeridade-justica-usa-whatsapp-para-citar-reu-na-africa-resolve-litigio-e-encerra-processo.

TOOD, P. (2016). *Principles of the carriage of goods by sea*. London: Routledge.

TRANSLEX. (15 de janeiro de 2024). *Principles of European Contract Law – PECL*. Fonte: Translex Law Research: https://www.trans-lex.org/400200/_/pecl/.

TWINING, W. (2004). Diffusion of Law: a global perspective. *Journal of legal pluralism, 49*, pp. 1-45.

ULLMANN, H. (1988). Droit et pratique des clauses de hardship dans le système juridique américain. *Revue de Droit des Affaires Internationales, 7*, pp. 889-904.

UNCITRAL. (11 de dezembro de 1985). Recommendations to Governments and international organizations concerning the legal value of computer records. Disponível em: https://uncitral.un.org/sites/uncitral.un.org/files/media-documents/uncitral/en/computerrecords-e.pdf. Acesso em: 1º ago. 2023.

UNCITRAL. (1988). *UNCITRAL Legal Guide on Drawing Up International Contracts for the Construction of Industrial Works*. New York: UN.

UNCITRAL. (1994). *Uncitral Model Law on International Credit Transfers*. New York: UN. Disponível em: https://uncitral.un.org/sites/uncitral.un.org/files/media-documents/uncitral/en/ml-credittrans.pdf. Acesso em: 23 fev. 2024.

UNCITRAL. (1994). *United NAtions Convention on the liability of operators of transport terminals in International trade*. Viena: Uncitral. Disponível em: https://uncitral.un.org/sites/uncitral.un.org/files/media-documents/uncitral/en/ott_e.pdf. Acesso em: 25 jan. 2024.

UNCITRAL. (12 de junho de 1996). Model Law on Electronic Commerce. Disponível em: https://uncitral.un.org/en/texts/ecommerce/modellaw/electronic_commerce. Acesso em: 1º ago. 2023.

UNCITRAL. (1999). *UNCITRAL Model Law on Electronic Commerce with Guide to Enactment*. New York: UN. Disponível em: https://uncitral.un.org/sites/uncitral.un.org/files/media-documents/uncitral/en/19-04970_ebook.pdf. Acesso em: 23 fev. 2024.

UNCITRAL. (5 de julho de 2001). Model Law on Electronic Signatures. Disponível em: https://uncitral.un.org/en/texts/ecommerce/modellaw/electronic_signatures. Acesso em: 1º ago. 2023.

UNCITRAL. (2002). *UNCITRAL Model Law on Electronic Signatures with Guide to enactment*. New York: UN. Disponível em: https://uncitral.un.org/sites/uncitral.un.org/files/media-documents/uncitral/en/ml-elecsig-e.pdf. Acesso em: 23 fev. 2024.

UNCITRAL. (2008). *UNCITRAL Model Law on International Commercial Arbitration 1985, With amendments as adopted in 2006*. Viena: UNCITRAL. Disponível em: https://uncitral.un.org/sites/uncitral.un.org/files/media-documents/uncitral/en/19-09955_e_ebook.pdf. Acesso em: 25 jan. 2024.

UNCITRAL. (2014). *United Nations Convention on Contracts for the International Carriage of Goods Wholly or Partly by Sea*. Viena: UN. Disponível em: https://uncitral.un.org/sites/uncitral.un.org/files/media-documents/uncitral/en/rotterdam-rules-e.pdf. Acesso em: 25 jan. 2024.

UNCITRAL. (2015). *Convention on the Recognition and Enforcement of Foreign Arbitral Awards*. New York. Disponível em: https://uncitral.un.org/sites/uncitral.un.org/files/media-documents/uncitral/en/new-york-convention-e.pdf. Acesso em: 25 jan. 2024.

UNCITRAL. (2016). *Digest of Case Law on the United Nations Convention on Contracts for the International Sale of Goods*. 2016: UN. Disponível em: https://uncitral.un.org/sites/uncitral.un.org/files/media-documents/uncitral/en/cisg_digest_2016.pdf. Acesso em: 22 jan. 2024.

UNCITRAL. (13 de julho de 2017). Model Law on Electronic Transferable Records. Disponível em: https://uncitral.un.org/en/texts/ecommerce/modellaw/electronic_transferable_records. Acesso em: 1º ago. 2023.

UNCITRAL. (2019). *UNCITRAL Model Law on Secured Transactions*. Vienna: UNCITRAL. Disponível em: https://uncitral.un.org/sites/uncitral.un.org/files/media-documents/uncitral/en/19-08779_e_ebook.pdf. Acesso em: 23 fev. 2024.

UNCITRAL. (March de 2019). United Nations Convention on International Settlement Agrrements resulting from mediation. New York. Disponível em: https://uncitral.un.org/sites/uncitral.un.org/files/singapore_convention_eng.pdf. Acesso em: 22 jan. 2024.

UNCITRAL. (2021). *UNCITRAL Arbitration Rules, Expedited Arbitration Rules and Rules on Transparency in Treaty-based Investidor-State Arbitration*. Viena. Disponível em: https://uncitral.un.org/sites/uncitral.un.org/files/media-documents/uncitral/en/21-07996_expedited-arbitration-e-ebook.pdf. Acesso em: 25 jan. 2024.

UNCITRAL. (7 de julho de 2022). Model Law on the Use and Cross-border Recognition of Identity Management and Trust Services. Disponível em: https://uncitral.un.org/en/mlit. Acesso em: 1º ago. 2023.

UNCITRAL. (2022). *UNCITRAL Model Law on International Commercial Mediation and International Settlement Agreements Resulting from mediation*. New York: UNCITRAL.

Disponível em: https://uncitral.un.org/sites/uncitral.un.org/files/media-documents/uncitral/en/22-01363_mediation_guide_e_ebook_rev.pdf. Acesso em: 23 fev. 2024.

UNCITRAL. (2023). *UNCITRAL Model Law on the use and cross-border recognition of identity management and trust services.* Vienna: UNCITRAL. Disponível em: https://uncitral.un.org/sites/uncitral.un.org/files/media-documents/uncitral/en/mlit_en.pdf. Acesso em: 23 fev. 2024.

UNCITRAL. (29 de maio de 2024). *Status: United Nations Convention on Contracts for the International Sale of Goods (Vienna, 1980) (CISG).* Fonte: UNCITRAL: https://uncitral.un.org/en/texts/salegoods/conventions/sale_of_goods/cisg/status.

UNCITRAL. (22 de janeiro de 2024). *UNICTRAL.* Fonte: Case Law on UNCITRAL Texts (Clout): https://uncitral.un.org/en/case_law.

UNCITRAL; HCCH; UNIDROIT. (2021). UNCITRAL, HCCH and Unidroit Legal Guide to Uniform Instruments in the Area of International Commercial Contracts, with focus on sales. Viena: UNCITRAL. Disponível em: https://uncitral.un.org/sites/uncitral.un.org/files/media-documents/uncitral/en/tripartiteguide.pdf. Acesso em: 15 jan. 2024.

UNIDROIT & European Law Institute. (25 de setembro de 2020). *ELI/UNIDROIT Rules.* Fonte: UNIDROIT: https://www.unidroit.org/instruments/civil-procedure/eli-unidroit-rules/.

UNIDROIT & The American Law Institute. (2006). *ALI / Unidroit Principles of Transnational Civil Procedure.* Fonte: UNIDROIT: https://www.unidroit.org/instruments/civil-procedure/ali-unidroit-principles/.

UNIDROIT. (17 de fevereiro de 1983). Convention on Agency in the International Sale of Goods. Genebra. Disponível em: https://www.unidroit.org/wp-content/uploads/2021/06/agency-convention1983.pdf. Acesso em: 04 dez. 1982.

UNIDROIT. (28 de maio de 1988). Unidroit Convention on International Factoring. Ottawa. Disponível em: https://www.unidroit.org/english/conventions/1988factoring/convention-factoring1988.pdf. Acesso em: 04 dez. 2023.

UNIDROIT. (16 de novembro de 2001). Convention ON International Interests In Mobile Equipment. Cidade do Cabo. Disponível em: Convention on international interests in mobile equipment. Acesso em: 04 dez. 2023.

UNIDROIT. (16 de novembro de 2001). Status map of the unidroit convention on international interests in mobile equipment (cape town, 2001) – signatures, entry into force. Disponível em UNIDROIT: https://www.unidroit.org/instruments/security-interests/cape-town-convention/status-map-cape-town-convention-mobile-equipment-2001/. Acesso em: 23 jan. 2024.

UNIDROIT. (2007). Guide to International Master Franchise. *(2).* Rome: Unidroit. Disponível em: https://www.unidroit.org/wp-content/uploads/2021/06/franchising2007-guide-2nd-e.pdf. Acesso em: 22 fev. 2024.

UNIDROIT. (2016). Princípios Unidroit relativos aos contratos comerciais internacionais. Roma. Disponível em: https://www.unidroit.org/wp-content/uploads/2021/06/Unidroit-Principles-2016-Portuguese-bl.pdf. Acesso em: 15 jan. 2024.

UNIDROIT. (2016). *Unidroit Principles of International Commercial Contracts.* Roma: Unidroit. Disponível em: https://www.unidroit.org/wp-content/uploads/2021/06/Unidroit-Principles-2016-English-bl.pdf. Acesso em: 10 jan. 2024.

UNIDROIT. (2023). *UNIDROIT Model Law on Factoring.* Roma: UNIDROIT. Disponível em: https://www.unidroit.org/wp-content/uploads/2023/10/UNIDROIT-Model-Law-on-Factoring-En-PDF-version.pdf. Acesso em: 23 fev. 2024.

UNIDROIT. (2023). *Unidroit Principles on Digital assets and Private Law.* Roma: Unidroit.

UNIDROIT. (23 de fevereiro de 2024). *Convention on Agency in the International Sale of Goods (Geneva, 1983).* Fonte: UNIDROIT: https://www.unidroit.org/instruments/agency/.

UNIDROIT. (25 de janeiro de 2024). Convention on the contract for the international carriage of goods by road. Fonte: UNIDROIT: https://www.unidroit.org/instruments/transport/cmr-1956/.

UNIDROIT. (22 de fevereiro de 2024). https://www.unidroit.org/instruments/franchising/model-law/. Fonte: UNIDROIT: https://www.unidroit.org/instruments/franchising/model-law/.

UNIDROIT. (25 de janeiro de 2024). International convention on travel contracts (CCV) (1970, Brussels). Fonte: UNIDROIT: https://www.unidroit.org/instruments/transport/ccv/.

UNIDROIT. (15 de janeiro de 2024). *Model Clauses for the Use of the UNIDROIT Principles of International Commercial Contracts.* Fonte: UNIDROIT: https://www.unidroit.org/instruments/commercial-contracts/upicc-model-clauses/.

UNIDROIT. (23 de fevereiro de 2024). Unidroit Convention On International Factoring (1988). Fonte: UNIDROIT: https://www.unidroit.org/instruments/factoring/convention/.

UNIDROIT. (23 de fevereiro de 2024). *UNIDROIT Convention on International Financial Leasing (Ottawa, 1988).* Fonte: UNIDROIT: https://www.unidroit.org/instruments/leasing/convention/.

UNIDROIT. (23 de fevereiro de 2024). *Unidroit model law on leasing (2008).* Fonte: UNIDROIT: https://www.unidroit.org/instruments/leasing/model-law/.

UNIDROIT; PRICL PROJECT GROUP. (23 de fevereiro de 2024). *Prínciples of reinsurance contract law (PRICL) 2019.* Fonte: Transnational Insurance Law: https://www.ius.uzh.ch/de/staff/professorships/alphabetical/heiss/projects/pricl.html.

UNILEX. (15 de janeiro de 2024). *Unilex on Unidroit Principles & CISG*: International Case Law & Bibliography. Fonte: unilex: https://unilex.info/.

UNITED NATIONS CONVENION *on the Carriage of goods by sea, 1978 (Hamburg Rules).* (1994). Viena: UNCITRAL. Disponível em: https://uncitral.un.org/sites/uncitral.un.org/files/media-documents/uncitral/en/hamburg_rules_e.pdf. Acesso em: 25 jan. 2024.

UNWOMEN, & ONU. (2020). *Women´s empowerment principles.* Fonte: Weps.org: https://www.weps.org/.

UOL. (08 de agosto de 2023). 10 mil pessoas mudam de nome para 'Subway' em troca de sanduíches grátis. *UOL.* doi:https://noticias.uol.com.br/internacional/ultimas-noticias/2023/08/08/10-mil-pessoas-mudam-nome-para-subway-em-troca-de-sanduiches-gratis.htm.

UOL. (20 de junho de 2023). Brasil tem 74 mil estrangeiros que atuam como MEIs. *UOL Empreendedorismo*. Disponível em: https://economia.uol.com.br/noticias/redacao/2023/06/20/brasil-tem-74-mil-estrangeiros-que-atuam-como-meis-veja-paises-de-origem.htm. Acesso em: 15 jan. 2024.

UOL. (11 de agosto de 2023). *Como a União Europeia pretende pôr fim aos abusos de poder das 'big techs'*. Fonte: Tilt: https://www.uol.com.br/tilt/noticias/afp/2021/11/26/como-a-uniao-europeia-pretende-por-fim-aos-abusos-de-poder-das-big-techs.htm.

UOL. (12 de agosto de 2023). *Filme? Nada! Cirurgião usa óculos 3D para comandar 'estreia' de robô em SP*. Fonte: VivaBem: https://www.uol.com.br/vivabem/noticias/redacao/2023/05/09/primeira-cirurgia-com-robo-hugo-e-feita-no-brasil.htm.

UOL. (12 de agosto de 2023). *Juiz no Canadá considera emoji de 'joinha' como assinatura em contrato*. Fonte: Internacional: https://noticias.uol.com.br/internacional/ultimas-noticias/2023/07/06/juiz-no-canada-considera-emoji-de-joinha-como-assinatura-em-contrato.htm.

UOL. (12 de agosto de 2023). *Nômades digitais adaptam empresa para poder cair na estrada*: 'Vida enxuta'. Fonte: UOL Economia: https://economia.uol.com.br/noticias/redacao/2023/06/24/nomades-digitais-trabalhar-viajando-o-mundo.htm.

VALLADÃO, H. (1972). *Direito internacional privado* (6 ed.). Rio de Janeiro: Freitas Bastos.

VARENIKOVA, M., & KRAMER, A. E. (17 de outubro de 2022). Prática de barriga de aluguel sobrevive na Ucrânia, e clientes começam a voltar. *Folha de São Paulo/The New York Times*. Disponível em: https://www1.folha.uol.com.br/mundo/2022/10/pratica-de-barriga-de-aluguel-sobrevive-na-ucrania-e-clientes-comecam-a-voltar.shtml. Acesso em: 28 nov. 2023.

VELOSO, C. (1968). É proibido proibir [Gravado por C. Veloso]. Brasil. Disponível em: https://www.deezer.com/br/track/483917562. Acesso em: 14 jan. 2024.

VENTURA, D. (23 de setembro de 2020). O mistério de Hatshepsut, a faraó 'apagada da história'. *BBC News Brasil*. Disponível em: https://www.bbc.com/portuguese/geral-54244549. Acesso em: 19 dez. 2023.

VERÇOSA, F. (2006). Arbitragem interna v. arbitragem internacional: breves contornos da distinção e sua repercussão no ordenamento jurídico brasileiro face ao princípio da autonomia da vontade. Em C. TIBURCIO, & L. R. BARROSO, *O Direito Internacional Contemporâneo*: estudos em homenagem ao Professor Jacob Dolinger (pp. 421-449). Rio de Janeiro: Renovar.

VICENTE, D. S. (2010). *História do Brasil*. Brasília: Senado Federal.

VIEIRA, I. d. (julho-setembro de 2006). Direito uniforme sobre compra e venda internacional de mercadorias: convergências e divergências em sua aplicação. *Revista de Direito bancário e de mercado de capitais*, pp. 63-83.

VIGLINO, M. R. (2016). Transporte aéreo e direito transnacional: da convergência à uniformidade. *Revista de Direito Internacional, 13*, pp. 160-174.

VOLPEDO, G. P. (1868-1902). *Il quarto stato.* Museo del novecento, Milano. Disponível em: https://g.co/arts/Z4gj9VUkHPxup69W8. Acesso em: 2 jan. 2024.

WALD, A. (Janeiro de 1985). Da licitude da inclusão de correção cambial nas operaçõews de arrendamento mercantil. *Revista dos Tribunais, 591*, pp. 17-41.

WALD, A. (2006). *Curso de Direito civil brasileiro*: obrigações e contratos (17 ed.). São Paulo: Saraiva.

WEDGE, C. (Diretor). (2002). *A Era do Gelo* [Filme Cinematográfico].

WILSON, J. F. (2010). *Carriage of goods by sea* (7 ed.). Essex: Longman.

WITZ, C. (fevrier de 2002). L'internationalité et le contrat. *Revue Lamy Droit des Affaires, 46*, pp. 59-66.

WITZ, C. (junho de 2005). The place of performance of the obligation to pay the price art. 57 CISG. *Journal of Law and Commerce, 25*, pp. 325-333. Disponível em: https://uncitral. un.org/sites/uncitral.un.org/files/media-documents/uncitral/en/witz.pdf. Acesso em: 22 jan. 2005.

WORLD ECONOMIC FORUM. (2023). *The Global Risks Report.* Geneva: WEForum. Disponível em: https://www3.weforum.org/docs/WEF_Global_Risks_Report_2023. pdf. Acesso em: 19 dez. 2023.

WTO. (12 de agosto de 2023). *DS497: Brazil –* Certain Measures Concerning Taxation and Charges. Fonte: Dispute settlement: https://www.wto.org/english/tratop_e/dispu_e/ cases_e/ds497_e.htm.

WWF. (20 de janeiro de 2024). *Rhino Conservation Programme.* Fonte: WWFIndia: https:// www.wwfindia.org/news_facts/feature_stories/protect_the_indian_rhino_secure_our_ grasslands/.

ZAGONEL, T., & GLITZ, F. E. (abril de 2018). Contratos internacionais segundo a jurisprudência do Tribunal de Justiça de Santa Catarina. *Revista da Secretaria do Tribunal Permanente de Revisão do Mercosul, 11*, pp. 228-244. Disponível em: https://glitzgondim.adv.br/wp-content/uploads/2018/05/2018-ZAGONEL-GLITZ-Contratos-internacionais-segundo-a-jurisprudencia-do-TJPR-RSTPR.pdf. Acesso em: 21 jan. 2024.

ZAMOYSKI, A. (2012). *Ritos de Paz.* São Paulo: Record.

ZAMOYSKI, A. (2020). *Napoleão*: o homem por trás do mito. São Paulo: Crítica.

ZHANG, H., ENIK, G., & TANDON, V. (2021). *I Have(n't) Read And Agree To The Terms Of Service.* Santford. Disponível em: https://web.stanford.edu/class/archive/cs/cs224n/ cs224n.1214/reports/final_reports/report053.pdf. Acesso em: 21 dez. 2023.

ZWEIG, S. (1964). *The world of Yesterday.* Nebraska Press. Disponível em: https://books. google.com.br/books?id=4f-B09t2lngC&pg=PT82&hl=pt-BR&source=gbs_ toc_r&cad=3#v=onepage&q&f=false. Acesso em: 3 jan. 2024.

ANOTAÇÕES